Ich Komme aus der Steinzeit
Heinrich Harrer
ニューギニア
オーストラリア
ニ
ユ
アラフラ

世界探検全集—16

石器時代への旅

Ich Komme aus der Steinzeit

Heinrich Harrer

ハインリヒ・ハラー

近藤等・植田重雄 訳

河出書房新社

①生産活動に欠かせない重要な道具、石斧を研ぐ。研ぎ上がるまでに３カ月はかかる。

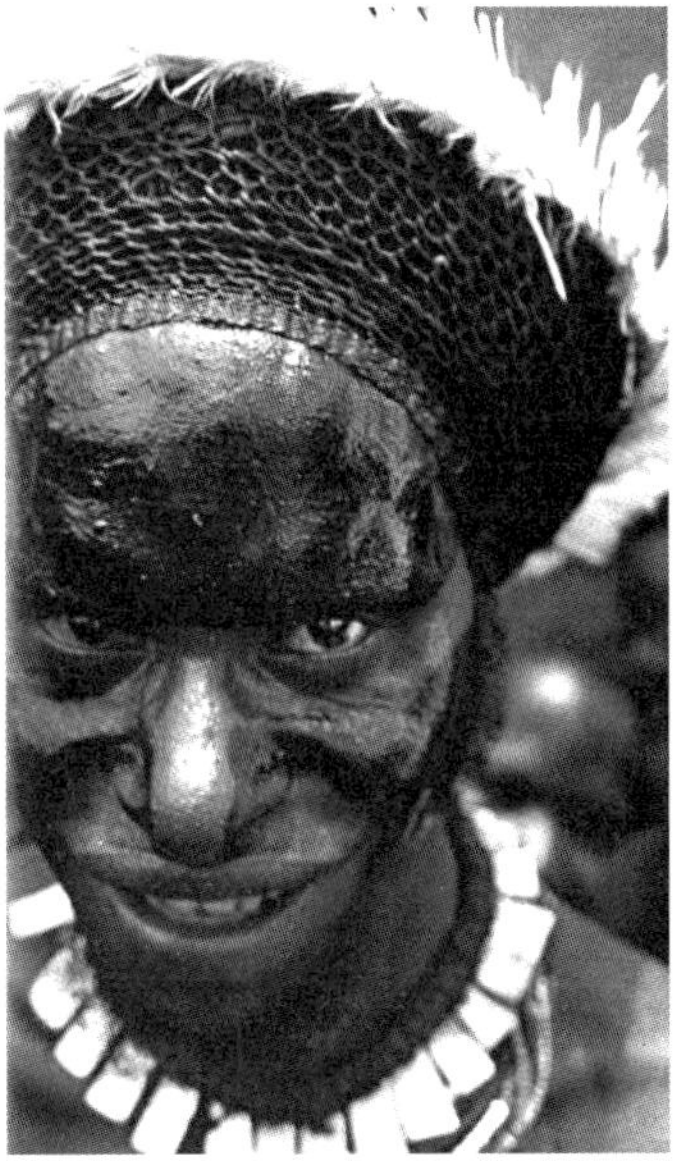

②ブタの脂、スス、粘土を使ってメーキャップした男性（左）。
③ランの茎で作った糸と骨の針で装身具を作っている若い女性（右）。

④親身な献身ぶりに対して鉄製の斧を貰った人たち。

⑤つり橋を行く人たち（上）。
⑥不覚の負傷。極楽鳥を追っていて砕石の山から谷川に転落した筆者（下）。地元住民の献身的な救助により一命を取りとめたが、即製の担架での搬送は耐えがたかった。

ナビゲーション

地球最後のカオス

角幡唯介

憧憬《どうけい》であり因縁、このうえもなく魅力的でありながら腹立たしい。いつかもう一度、と焦《こ》がれる一方、二度と足を踏みいれたくない、そんな矛盾した感情を錯綜《さくそう》させるカオス。それが私にとってのニューギニアである。

私は二度ニューギニアの探検を試み、いずれも失敗した。最初は二〇〇一年、ある登山家が企画した遠征隊に参加したときのことだ。大学を卒業したばかりの私は、三人の隊員の一番下っ端で、隊員というより従者のような立場だった。

日本からヨットで太平洋をニューギニアまで南下し、マンベラモ川をボートで遡上《そじょう》。そこから密林を踏破《とうは》し、イラガの村からハラーが初登攀《とうはん》したカルステンツ峰北壁に新ルートを開拓するという、それは海、川、山にまたがる途轍《とてつ》もないスケールの計画だった。今ふりかえっても日本人離れした発想で、隊長の常識にとらわれない人柄が反映されていたと思う。

　遠征はマンベラモ川の遡上まではうまくいったものの、そこからイラガの村まで密林を登るところで前進を断念することとなった。その後、ワメナに転進し、ニューギニア第三の高峰であるトリコラ峰北壁の初登攀には成功。ただ最大の目的であったカルステンツ峰北壁には結局登れなかったせいで、私のなかでは失敗という印象がつよく残っている。

　やり残したという思いをかかえた私は、二十年近くたった二〇一九年に、今度は登山仲間だった若手クライマーと二人で、ふたたびニューギニアの地を訪れた。ある意味、前回のリベンジである。計画は南西部の湿地帯をカヌーで漕《こ》ぎ進み、前回登ったトリコラ峰を南面から登攀して北面からワメナに下るというもので、かなり探検的要素が強い計画だったが、結局これも失敗に終わった。カヌーによる湿地帯越えは何とかうまくいったが、そこから徒歩でトリコラ峰までの山岳地帯を越えようという段階で、またしても前進困難な状況におちいってしまったのである。

　じつは、この二回の探検の失敗の原因はまったく同じである。直接的要因は独立ゲリラの活動が活発だったことだ。

　ハラーが探検した当時のニューギニアは西半分がオランダ領で、その後、本書でもしばしば言及されるように、インドネシアが軍事侵攻して同国領となった。以来、イリアンジャヤ州という州名からパプア州と改称されて現在にいたり、一貫して先住民であるパプア人が独立をもとめてゲリラ活動をつづけている。独立ゲリラは山岳地を主な拠点にしており、特にカルステンツ峰登山の根拠地となるイラガや、二度目の探検の目的地にしたトリコラ峰南面は彼らの巣《そう》窟《くつ》ともいわれていた。運の悪いことに私が探検したときは二度ともゲリラ活動が活発化した時期にあたり、襲撃や暴動が頻発《ひんぱつ》していた。いずれも湿地帯から徒歩で山岳地帯を目指そうとする段階で、地元の住民から「危険すぎるので同行できない」と協力を拒否されてしまったのだ。

本書を読むと、今も昔もニューギニアの旅を困難にしているのは、まさに坩《る》堝《つぼ》としか言いようのないほど無数の民族がせまい土地に分布した独特の土地柄だと痛感する。おそるべきことに、ニューギニアには、東側の独立国パプアニューギニアもふくめて八百もの言語が存在しているともいわれ、冗談ぬきで谷筋ひとつちがえば言語がことなるほど民族が錯綜している。だから、先住民にガイドやポーターを依頼しようと思っても、なかなか協力してもらえない。彼らにとっても、少し移動しただけで異民族が支配する土地に変わるので、行きたくないのだろう。

とはいえ彼らの協力がないとニューギニア探検は不可能だ。密林の道はどこがどうつながっているのか、外の人間には到底把握できないし、パプア人の同行なしに奥地の民族と遭遇すると何が起きるかわからない。ニューギニアには誰の縄張りでもない地は存在しないと考えてよく、よそ者が勝手に自分たちの土地に入ってくることを好まない。実際に弓矢をもった男たちに野営地をかこまれ、威嚇《いかく》されたこともあった。

こういう地なので、ニューギニアの人跡未踏地の旅では、ポーターとなる先住民が事実上の案内人となり、移動の主導権も彼らが握る。必然的に売り手市場となり、ようやくまとまった賃金契約が後でかならずむしかえされ、場合によっては途中でボイコットとなる。そういうことが毎日発生し、いい加減ウンザリしてくるわけだ。ニューギニアは古今東西の探検家を多く惹《ひ》きつけてきたが、その多くが先住民との関係をうまくきずけず失敗した人は少なくないと思われる。

そんな特殊な土地で、しかしハラーはうまくやってのけた。

第一章のカルステンツ峰の登山で登場するダニ族は、比較的温和な人たちで、良好な関係をきずきやすい。が、第三章のバリエム渓《けい》谷《こく》踏破で未知の部族の村々を通過した際は、相当な心理的ストレスがあったはずだ。

二度目の探検で、私は、ハラーが下ったバリエム川の西隣の川をカヌーで遡《さかのぼ》ったが、村に到着するたびに髭をはやした迫力満点の顔《がん》貌《ぼう》の男たちにかこまれ、無言の圧力のなか、旅の目的や意義を説明して協力を要請するというタフな交渉をしいられた。それが冗談ぬきで毎日つづき、その気苦労を思い出すと今でも気持ちがふさがってくる。本書の探検のなかではカルステンツ峰初登攀が一番華やかであるが、困難、挑戦という点では、バリエム渓谷がもっともスリリングで、行為としても読み物としても価値が高いのではないかと思う。

　土地柄をよく知るだけに、本書を読んで私が感嘆するのは、ハラーという人物の探検家としての能力の高さだ。

　ハラーといえば、ヨーロッパアルプス三大北壁のひとつで、当時、難攻不落の壁とおそれられたアイガー北壁初登攀が真っ先に思い浮かぶ。そして、ヒマラヤの未踏の〝人喰い山〟ナンガ・パルバット遠征ののち、チベットに潜入し、ダライ・ラマの教師にまでなった破天荒な旅行記『チベットの七年』（ブラッド・ピット主演で映画化もされた）で、さらにその名を高めた。だから私たちは、どうしてもハラーといえば登山家と見なしがちだ。しかし本書を読むとアイガーもナンガも、石斧の源も、バリエム渓谷も、彼の前では等しく存在していたのではないか、と思わずにいられない。

　彼の行動の基準、それは未知性にあったのだろう。誰も登ったことのない壁、誰も登ったことのない山、誰も見たことのない原始の生活、そして誰も踏破したことのない谷。世界をながめたときに彼の嗅覚をくすぐったのは、そこに未知があるかどうかという点であり、そう考えると彼は登山家である前に生粋の探検家だったのだと思う。躊躇《ちゅうちょ》なく未知の場所に飛びこみ、そして未知の前で行動する能力が極端に高いのがハラーという人物の特徴だった。

彼の能力は、未知特有の困難を前にしたときにもっとも遺憾《いかん》なく発揮されている。インドネシア軍侵攻のリスク分析を進めるくだりや、先住民ポーターの心の機微《きび》を読み解きながら、うまく関係をきずき探検を成功にみちびくのを読むと、彼が運動能力、決断力、行動力、勇気に秀でていただけではなく、取材力、観察力、情報分析能力においても突出していたことがわかる。あの複雑怪奇で渾沌《こんとん》としたニューギニアで、三つの大きな探検をすべて成功させたのは偶然ではない。私にはこの結果は驚嘆すべきものに思える。

ハラーの文章を読みながら、私は美しい鳥たちや大蝙蝠《おおこうもり》が飛びかい、傷口に蠅《はえ》がたかり、夜になると森を鳴動《めいどう》させるほど蚊がざわめく、おそろしくも魅惑的な密林の日々を思い起こした。山地民や川の民の、乾いた汗が皮膚《ひふ》にこびりつき、隆々とした肉体と一体化してしまった、あの饐《す》えた体臭が鼻先に漂うようだった。もう一度行きたいという気持ちになる一方で、やめておいた方がいいと諫《いさ》める自分もいる。本書がこの「世界探検全集」の一冊におさめられたのも、二十世紀という時代に、これほどの未知を相手にした探検がほかになかったからだろう。
ハラーという類まれな探検家と、ニューギニアという地球最後の秘境との一回かぎりの幸福な邂逅《かいこう》。それが『石器時代への旅』という本である。

角幡唯介（かくはた・ゆうすけ）

一九七六年、北海道芦別市生まれ。探検家・作家。早稲田大学政治経済学部卒、同大学探検部ＯＢ。二〇〇三年朝日新聞社入社、〇八年退社。著書に『空白の五マイル』（開高健ノンフィクション賞、大宅壮一ノンフィクション賞、梅棹忠夫・山と探検文学賞）、『雪男は向こうからやって来た』（新田次郎文学賞）、『アグルーカの行方』（講談社ノンフィクション賞）、『探検家の日々本本』（毎日出版文化賞書評賞）、『漂流』、『極夜行』（Ｙａｈｏｏ！ニュース 本屋大賞２０１８年ノンフィクション本大賞、大佛次郎賞）、『狩りと漂泊』など。

目次—世界探検全集16—石器時代への旅

世界探検全集16　石器時代への旅

円は完結した。つまり、私は文明を見すて、西暦一九六二年から飛び出して、いわば、紀元前三万年、ないし五万年に求められる時代に舞い戻って、さ迷い歩き、そしていま、ふたたび立ち帰ったのである。

石器時代への私の旅はミュンヘンにはじまった。出発に先立ち、ドイツ航空は当地で、最初の記者会見を準備していた。私が記者団に説明した計画は、彼らの注目を浴びたようである。私は故郷のわが家を、すでにすて去っていた。電燈《でんとう》や、水道や、ガラス窓があり、ピタッと閉まる戸のうしろに安全を護ってくれるわが家を見すてた。私の待望する目標は、一つの島の未開地域であった。そこには約二〇万の人が住んでいる。夜が来れば眠りにつき、川の水を手のひらから飲む。ガラスを通して物を見たこともなく、車が何であるかも知らずに、今日まで、竹の小刀と石の斧《おの》を最も効率のよい工具と考えている人たちである。彼らは、鍋で料理することも、金属を鍛えることも、布で着物を仕立てることも、とぼしい語彙《ごい》を文字に表わすことも知らない。子供のように無邪気に遊び暮らし、小犬のように移り気で、それでいて彼らの残忍《ざんにん》な行為にも出会うのだから、理解に苦しむ。これがダニ族、西ニューギニアの山間住民である。

ダニ族探検は、私の生涯で、最も窮乏《きゅうぼう》に苦しんだ困難なもので、死地を脱すること数回におよび、島を去る時には満身創痍《まんしんそうい》、骨折までしていたのだが、この探検は、その驚くほど豊かな体験によって、私を有頂天にさせてくれた。

石器時代への私の第一の旅程は、ニューヨークという石の沙漠であった。これは文明という点で、私の旅の目的地とは極に立つ。石が、方形に規格化され、鋼鉄にはめ込まれ、クロームやニッケルやブロンズを打ち込まれ、巨大なガラス面で切り裂かれている。――ここでは、未来が、もうはじまっていた。しかし、中部ニューギニアでは、過去が、まだ終ってはいない。ここでは、石が、生いたったままの姿で見られる。ダニ族が石を割る場合にも、石の新しい形を支配するのは、人間の意図であるより、むしろまったくの偶然であった。セミラミス女王の階段式庭園とヒマラヤの氷のきらめく山《さん》嶺《れい》との相反も、ニューヨークとニューギニアとの相反よりはなはだしいとは言えまい。

私が計画を立てては、アイガーの北壁、ヒマラヤ、チベット、石器時代の島ニューギニアのような目標を求めてきた理由を、私はしばしば質問された。私に答えられることは、われわれの文明世界、そして見知らぬ奇異な人々や環境との邂逅《かいこう》、この両者の間にある対照と変化が、私の生涯で、たえず私を魅惑《みわく》し続けたこと、そしてこの対照が生の評価に新しい物差しとして役に立つということだった。アイガーで私は自己を確証しようとした。ヒマラヤでは孤独を知り、チベットでは異様な人々を知った。ニューギニア島の奥地では、これらのすべてを、私は同時に見出した。身の毛もよだつ激流や河川。標高五〇〇〇メートルを越え、不思議なことに氷河や万年雪でおおわれた熱帯の山の、登攀《とうはん》不可能な北壁。前人未到の山頂の孤独。土砂降りの雨に打たれるテントの中で、たった一人で過した数夜。そしてダニ族。この、われわれにはほとんど不可解な人々。いまでもなお、遠い原始時代のわれわれの祖先と同じ生活を送っている人々。

そんなわけで、私を待ちうけているものを、私は予想できると思っていたし、準備は万全であると思いこんでいた。しかし私が知っていることとは、いったい何であったのか。

ちょうど私がアイガーの北壁を登攀する準備をしていた一九三七年の夏、私ははじめてオランダ探検隊の話を耳にした。彼らはニューギニア奥地に分け入って、そこに「氷の山頂」を発見したのだった。この山と、五〇三〇メートルのその山頂には、人の名が与えられた。それは三百余年前、最初のヨーロッパ人として、ニューギニアのジャングルの彼方に雪を見た男、すなわち、オランダ王室に仕える航海者、ヤン・カルステンツの名前であった。

南アメリカやアフリカにも、赤道の近くに、雪や氷河でおおわれた山があることは知っていたし、エクアドル・アンデス山脈にある六三〇〇メートルのチンボラッソ、中央アフリカの五二〇〇メートルのルウェンゾリも知ってはいた。しかし太平洋の島に、椰子《やし》や蘭や、蒸し暑いジャングルの上にもそんな山があろうとは、私にはとても信じられなかった。

ポルトガル人は、一五二六年、ニューギニアを発見した。だが、彼らは島の北岸に沿って航行したので、前に控えた低い山脈が、この雪の奇跡への眺望をさえぎってしまっていた。およそ一〇〇年後の一六二三年、もう一人のヨーロッパ人、すなわちヤン・カルステンツは、「ペラ号」、「アルンハイム号」の二隻《そう》を率いて、ニューギニア南岸沿いに航行した。ここには、前をさえぎる山脈はなかった。そしてある日、カルステンツが、海岸近くを、風を間切ってジグザグに航行していると、たまたま、キラキラと晴れ渡った一日が、陸と海を領してくり広げられたに違いない。こんな天候は、ニューギニアならずとも、きわめて稀であろう。かくて、ヤン・カルステンツはヨーロッパから来た最初の人として、──おそらくはじめは白い雲と考えただろうが──雪を頂く山嶺が、地平から抜きんでてきらめくのを見たのである。カルステンツはヨーロッパに帰航して、自分の見てきたことを物語った。そして嘲笑《ちょうしょう》と不信とを買った。しかし、彼の報告は忘れられなかった。約三〇〇年後、イギリス探検隊が、この島の奥地へ入っていった。彼らは、ヤン・カルステンツが言い張り、そして、やがて有名になった事柄を確証した。想像を絶した美しさをもち、熱帯性多湿の周囲とは全然そぐわない山が、ニューギニアの原始林の上に君臨していたのである。

いまや私は、そこへ向かう途上にある。だが、石器時代に到達する最後の道程に入るに先立って、私は、高度に文明化された現代のみが提供しうる豪奢《ごうしゃ》な生活を楽しんだ。私はニューヨークで機上の人となり、ハワイ諸島へ飛んだ。そして、熱心なスキーヤーである私は、いつか波乗りをしようという長いこと抱き続けた望みを果たした。

この楽しみも長くは続かなかった。日はいたずらに流れていった。遅くとも一九六二年一月初旬までには、ニューギニアに着いていたかった。それまでに私は、太平洋諸地域のことがらについて、充分、見聞を広めていた。時間は切迫している。私は楽園ハワイを去らなくてはならない。さし当って知らなければならない別の場所、つまり、タヒチへ行くためである。

タヒチで、私は、ニューギニア奥地探検の直接の準備をはじめた。私は子安貝を集めた。こんなことでさえ、これから私が入ろうとしている世界が、どれほど異なった世界であるかを明らかにしてくれる。ふつう、人は、外国を訪れる前に、銀行へ行って、貨幣を交換する。しかしニューギニアのダニ族の通貨は、世界中どこの銀行にも記帳されていない。したがって、通貨の子安貝を集めなければならない。こうして、私は日本に向かってタヒチを立つ時には、ダニ族の身としては富豪になっていた。熱心に蒐集《しゅうしゅう》したものである。

次の滞在地、日本は幻滅ではじまった。私は霊峰フジヤマを見たかった。残念なことに、それは厚い雲におおわれていた。しかし後で、東京から香港に向けて出発した直後、――私はもう富士を見られないものと、思い諦めていたが――最初の失望は十分つぐなわれた。われわれは霊峰の上を飛んでいた。山頂は、雲海から抜きんでて、燦然と光り輝いていた。

私は香港での滞在を、チベットからくる芸術品や祭具を探すことですごした。チベットの主都ラッサは、なにしろ二〇〇〇キロ以上離れているのだから、そんな馬鹿な、と思われるかもしれない。しかし、かなり以前から流れている噂《うわさ》によると、中共軍がチベットをくまなく占領し、ほとんどすべての祭具、芸術品を略奪したが、販路が無いので、香港に売り捌《さば》いたというのである。この噂が、どうして起こったのか、私は知らない。確かなことは、噂を裏書きしうるものが、香港ではなにひとつ見られなかったことである。

　旅は、香港から、さらにバンコックへと進んだ。バンコックでは、今後のために、タイ北部探検が可能かどうかを調査し、それからオーストラリアへ飛んだ。当地で私は、ブッシュ・ウォーカーのために、講演を行なった。これはボーイ・スカウトのような団体であるが、そこで、私は医学生ラッセル・キパックスと知り合いになった。私の計画を聞いている時の彼は、燃え上がる炎のようだった。これで、私は探検隊の医者を見出した。

　ニューギニアに至る、その次の、そして最後の中継地は、ニュージーランドであった。ここで、私は、クライスト・チャーチ市の山岳会の人々に、アルプスおよびヒマラヤ登山の話をした。そして、中部ニューギニアのカルステンツ山を試みたいという計画に触れると、フィル・テンプルと名乗る青年が、大いに賛成してくれた。彼は、すでに奥地探検に参加した経験をもっている。こうして三人目の人を得た。彼は、一月に、私の後からニューギニアに来るという。

　私は飛行機でふたたびシドニーに戻り、そこから、オーストラリア領ニューギニアのラエへ飛んだ。一月のはじめ、キパックスが着き、すこしおくれて、テンプルも合流した。石器時代への探検はいつはじめてもよかった。カルステンツの発見後、ちょうど三三九年、カルステンツ・ピラミッドへの接近は目前に迫った。われわれは、世界第二の広さをもつ島の奥地へと分け入った。そこでは、世界中の何処よりも、人間は原始的であり、ジャングルは繁茂《はんも》し、流れは危険であった。われわれは、世界で最も偉大な博物館の門をくぐった。われわれは闘技場にふみ入ったのだ。一歩ふみ誤まるか、ちょっと軽率に行動すれば、それは死を意味するかもしれなかった。

この波瀾《はらん》に富んだ探検のあいだ、テントの中にうずくまり、岩塊《がんかい》に腰をおろし、あるいは、原生林の大樹に寄りかかったまま、疲れ、休み、飢え、飽食し、力に満ち、あるいは、膝頭をガクガクいわせながら、その場所場所で、暇をみては日夜、わたしはこれを書きとめた。こうして、この「石器時代の日記」が生まれたのである。

一九六二年十二月

第一章　赤道直下の氷の峰へ

Asti, asti bandar ko bakoro!
そろりそろりと猿を捕えよ。
（インドの諺《ことわざ》）

一月四日――ラエでの最後の準備

われわれの前には、フォン湾が、夕べの最後の光の中できらめき、後方のラエでは、夜の最初の光が、ほのかにきらめいている。そのすこしうしろ、町のすぐ傍《そば》から、フォン半島のジャングルがもうはじまっている。暗く、脅かすように、ジャングルはいまそこに横たわっている。

ラッセル・キパックスが到着した。この三〇歳になるオーストラリアの医者は、カルステンツ山へ私と同行する三人の白人の一人である。いま、ラエでの最後の晩がすぎていく。われわれは、この辺ではごくふつうの杭上《こうじょう》家屋の、高いテラスに坐って、長いことなじんできたジャングルのざわめきに耳を傾けた。動物の啼《な》き声、枝の折れる音、流れの落ちる音、これらが入りまじった、親しみぶかい美しい音楽。私は、また、ジャングルのざわめきに慣れなければならない。

明日は飛行機で、ニューギニアのオーストラリア統治領を去り、オランダ領ホーランディアへ飛ぶつもりである。そこで、カルステンツ連峰アタックの最後の準備を完了しなければならない。いったいそれには、どのくらいの日時がかかるだろう。私にはわからない。ラッセル・キパックスも肩をすぼめ、口許をゆがめただけだった。われわれは、オランダ政府と、その出先管理局の絶大な支援を受けてはいたが、それでも当地では、ヨーロッパ的尺度で推し量ることは許されない。赤道直下では、何事につけても人々はいっこうに急がない。だから、忍耐だ。

一月五日——クロンドゥイフ号機上で——ラエからホーランディアへの飛行

汗でぐっしょりになって、われわれは機上の人となり、席についてから、ぐったりと、クロンドゥイフ号の離陸を待った。やがて出発したわれわれは、涼しい上層へと舞い上った。スチュアデスは、ブロンドの、ふっくらしたオランダ娘だったが、こんな上空にきても、サービスしてくれる彼女の、ばら色のパウダーで化粧した顔には、玉の汗が浮いている。乗客は一〇人。ラッセル・キパックスと私は、この機上では、変人扱いである。というのも、ホーランディアまでしか行かないからで、他の乗客は、さらにビアクまで飛び、そこで立派な国際線航空路に乗り換えるというわけだ。

私は、改めて、途方もない距離を感ぜざるをえない。われわれヨーロッパ人は、太平洋の地図を、三〇〇〇万分の一、ないし五〇〇〇万分の一の縮刷版「世界地図」で知っているのにすぎない。それで多くの人は、家に坐ったまま、ニューギニアを小さな島と思っている。しかし、ラエ—ホーランディア間の飛行距離でさえ、九〇〇キロに達するのだ。この島の東西の延長にいたっては、二〇〇〇キロ以上におよんでいる。これは、ドイツの北辺から、オーストリアを越え、イタリアの南端に達する距離より大きい。そしてニューギニアの全面積は、大ブリテンの二倍半より広いのである。

われわれは、地上をおおって人を寄せつけないジャングルや、くねくねと曲がりくねった流れや、あまり高くない山なみの上を飛んでいる。やがて原始林の中に、ぽつんぽつんと開墾《かいこん》された土地が現われる。見渡すかぎり果てしないジャングルの海の中の、この斑点には、原住民の小屋らしいものは、ほとんど認められない。次々と滝のある峡谷《きょうこく》が現われる。その白い泡は、太陽に照らされて、ジャングルの暗い大地から湧きあがるようにみえる。

午後になって間もなく、われわれは、ホーランディアの絵のような島や、入江の上空を旋回《せんかい》していた。フンボルト湾には、がっしりした杭の上に建てられた家が、水のただ中に見られた。舷側《げんそく》に浮材を張り出したオウトリガー、つまり原住民の細長いボートのことだが、これだけが風景に活気を与えるもので、その他は静まりかえっている。ボートの間には、過ぎ去った動乱の証人のように、日本軍やアメリカの軍用船の残骸が横たわっている。第二次世界大戦の痛ましい遺物である。

飛行機はいま、海から陸へ進もうとしている。広いセンタニ湖上を飛び、やがてパイロットは、ホーランディア飛行場の滑走路へと、コースをとる。クロンドゥイフ機の車輪は、大地に向かって下降する。大地と、湿度の高い灼熱とに向かって。

一月五日――ホーランディア

ニューギニア山岳地区の弁務官、ラーファ・デンハーンが、われわれを空港に出迎えた。彼は威風堂々とした人物で、黒メガネをかけ、もったいぶった口髭をたくわえて、流暢に五カ国語を話した。税関は、デンハーンが一緒にいたおかげで、ほんの形式だけですんだ。それで、着陸後まもなく、われわれは、彼の黒塗りのフィアットに乗り込んだ。行く手はカーブまたカーブで、それが四五キロもつづいた。飛行場はホーランディアの町から、それだけ離れているのだ。

われわれがはじめて落ち着いた話をしたのは、弁務官の事務所においてだった。そこでデンハーンは、「巡察官」バート・フィゼンガを紹介してくれた。二五歳になるブロンドの大男である。デンハーンが彼を私に推薦した理由は、オランダ領にある最高峰の初登攀に、オランダ人が一人参加しているということは、フェアでもあり、登山家仲間では至当なことだ、と私が証明したからである。これに加えて政府当局は、さらにもう一人、オランダ人の地質学者を探検隊に加える用意があるかどうか、を私に問い合わせてきた。私が同意すると、鉱山局長のヴィレム・ファルク博士が、自ら同行することに決まった。

明日は、われわれの最後のパートナー、二二歳のニュージーランド人、フィル・テンプルが合流することになっている。テンプルは、すでに一九六一年、高地への探検に参加している。

インドネシアによる侵攻の危険があるにもかかわらず、探検を遂行することに危惧を感じないかと、私は何度も尋ねられた。私の答えは、いつも同じである。誰であれ、自分の計画を、迫りくる危機や政治的事件に従属させるなら、とうてい積極的な生には到達しえないだろう。したがって私にはもちろん、目先のきかない政策などの尻を追い回す気はない。インドネシア軍が大挙上陸すれば、われわれのグループは、どんな危険に曝《さら》されるかわからない。この点について、私は長いこと計算してきた。私は、あらかじめ用意して、いざという場合のため、探検隊の荷物に、帆具、釘、より糸、索具、ロープ、帆としても使える一〇枚のポンチョ、さらにニューギニアからオーストラリアまでの地図と海図を加えた。いざという場合、これらを使って、南岸づたいにオーストラリア領ニューギニアへ、必要とあれば、さらにオーストラリアまでも帆走できる。これで安らかに眠れるだろう。準備は万事完了した。

一月一一日

フィル・テンプルとバート・フィゼンガとは、すでにボコンディニへ飛び、そこからさらに、カルステンツ山脈と相対する町、イラガへ向かった。フィルは、おそらくもう、イラガから、われわれの計画した基地へ向かう途上にあるだろう。彼は、昨年の探検で精通した地域に、ヒュッテを設営することになっている。

ファルク博士、ラッセル・キパックス、そして私は、まだここホーランディアに滞在している。ファルクと私は、食糧を買い求めた。その外、斧とブッシュ・ナイフをそれぞれ一〇〇丁買った。そのうえ、われわれは五〇キロの子安貝と約八〇キロの装身具、時計と砥石《といし》を持っている。時計や砥石は、イラガで募集するポーターの賃金である。われわれは、まる一日荷造りをした。暑く、むしむしして、ちょっと動いただけで額に汗がにじむ。かがむと、汗は玉になって流れ、荷物やルックザックを濡らした。

探検隊の医者キパックスは、朝から晩まで、私がヨーロッパから運んできた大量の薬を、喜々として取捨選択した。彼は慎重に、愛情をこめて、薬品を三つにまとめ、装備を造った。

明日には、われわれもホーランディアを立つ。クロンドゥイフ機は九時に出発するはずである。われわれはワメナに飛び、そこからおそらく明後日、前進基地イラガに向かうことになるだろう。

ニューギニアを解放するというスカルノの威嚇《いかく》は、ジャカルタから頻々《ひんぴん》と響いてくる。それで最近、六〇人以上もの新聞記者がホーランディアに着き、政府経営の二つの小さなホテルに群がっている。話題は戦争だ。しかし、われわれには関係がない。明朝八時、二〇〇〇キロもの探検隊の荷物の積み込みをはじめ、一時間後には出発するのだ。

一月一二日——ワメナ

探検隊の編制は、行くさきざきで、ピッタリ息が合っている。ワメナでも、われわれの到着に先立って、準備はすべて完了していた。「カマ」機のパイロット、ヨハンセンは、われわれが着陸するとすぐ、第一便の荷物を搭載して、イラガにとび立った。輸送には、三ないし四往復しなければならないと思う。われわれ三人は、明日、追いつくつもりだ。今晩は、政府当局の絶大な援助に謝辞を述べるために二、三のオランダ人を訪ねよう。

一月一三日——イラガ

われわれの乗った小さな飛行機二機が、着陸前の旋回をはじめると、イラガには、もう大変な人数が、われわれを歓迎しようと群がっているのがのぞめた。山間の原住民、ダニ族が数百人も、やがて地上に下り立ったわれわれを取り囲んで、「ワァワァワァ」という独特な叫び声をあげた。フィルとバートは、われわれのいる処まで、人をかき分けてくるのに苦労していた。山の傾斜した滑走路への離着陸は、私が心配していたよりは、ずっと簡単だった。二機の飛行機は傾斜面を下へと滑走し、しだいに速度を増して、フワリと鳥のように、深い谷からまた舞い上がる。数分後、飛行機は、ジャングルでおおわれた東の山の彼方に消えていく。その美しい光景を、われわれは並んで立ったまま、安心して見ていられるようになった。

われわれのキャンプ地は滑走路より一〇〇メートル低いところにある。炊事小屋が立てられ、その回りには溝が掘られた。キャンプ地は、ダニ族の主食、タロ薯《いも》の畑で囲まれている。予想通り、雨になった。

一月一五日

テントの中は快適に整備されている。したがって雨が降っても、われわれは上機嫌だ。私の頭は探検の計画でいっぱいである。すべて準備が整っても、私はまだ時間がほしかった。二、三民族学の研究をするためである。

世界中どこでもそうだが、ここでもポーターを探すのは困難である。バート・フィゼンガは、まる一日、人集めに狂奔し、それでも、やっと一〇〇人は集めた。これは必要とする人数の半分である。当然のことながら土着のダニ族との間に、若干のゴタゴタがあった。彼らは高地一帯に散らばって生活している。その数は約二〇万に達するが、そのうちの六〇〇〇がイラガ盆地に居住している。部族ごとに分れ、さらに氏族ごとに細かく分れて、彼らはさまざまな方言を話す。私は、探検のそれぞれの時期に、それぞれの方言を学ばなければならなかった。ダニ族は文字を知らない。そのため、どうしても誤解は避けられない。それでも、この種の障害は、厳然《げんぜん》たる自然のそれにくらべれば、むしろ愉快であるとさえ言える。ダニの男たちは頑強で、畏敬《いけい》の念をいだかせる。丈が大きく、皮膚は黒く、誇らしげに頭を上げている。それにもかかわらず、しばらくの間は、彼らを見ると、失笑を禁じえない。彼らはラードと煤《すす》で顔をぬりたくっている。ところで身につけているものといったら、ただ一つ、中をえぐりぬいた植物の実だけである。ウリ科の一種だが、大きさはさまざまである。彼らはこれをペニスにかぶせている。そして驚いたりよろこんだりすると、興奮して「ワァワァワァ」と叫びながら、親指の爪で、この乾燥した実の皮をはじくのである。

ダニの女は、男より小柄だが、力では男に負けない。彼女たちは腰のものだけをまとっている。樹皮や黄色いラン科植物の繊維から、彼女たちはそれを、大層美しく巧みに編んでいる。

われわれの理解したところでは、ダニには、男も女も、慎《つつし》みというものは無縁である。私がキャンプで、走ったり、坐ったり、立ったり、寝ころんだりしていると、彼らは群がるように周りに立って、帽子やパイプに触り、笑い、身振りを入れ、「ワァワァワァ」と叫ぶ。まるで、犬がたくさん、そうぞうしく吠えているように聞える。

昨日ちょっとしたさわぎが持ち上がった。テントの間から、蛇が一匹現われたのである。ダニたちは叫びをあげて、そこから駈《か》けてきた。バート・フィゼンガが蛇の頭をブッシュ・ナイフで打ち落すと、やっと彼らは、のろのろ用心深く帰っていった。

今日の午前、フィル・テンプルは一〇人のポーターを連れて出ていった。ベース・キャンプを設営し、そこまで行く途中に、地下壕の小屋を補設するためである。われわれの計画は、イラガとベース・キャンプとの間に、馬鈴薯《ばれいしょ》の貯蔵庫を建てることだ。これによって、第二の行程はかなりうまく遂行されることと思う。もちろん、この計画は、ポーターを十分集められると予想して立てられたものだ。念のため、飛行機を配置して食糧を投下させる可能性も、検討してみた。まだ三日ある。三日後には、出発できるものと期待する。Asti, asti bandar ko bakoro とインド人は言う。つまり「猿は、ゆっくりゆっくり捕えろ」という意味だ。いまこそ私は、この諺を毎日かみしめなければならない。

一月一六日

われわれは――つまりファルク博士、フィル、バート、ラッセル、そして私だが――それぞれ一人ずつ下僕を手に入れた。私の下僕はオスカーという。私が勝手にそう名づけたのである。しかしダニ族はSの音をうまく発音できない。そこで、お互いの間では「オカー」とよぶことに落ち着いた。

ラジオで聞いたところでは、今日の払暁、インドネシア軍がエトナ湾上陸を企てたという。インドネシアはオランダ軍により撃退されたが、再度の攻撃は覚悟しなければならない。もっともなことではあるが、そのためパートナーの間に、また逡巡《しゅんじゅん》が頭をもたげた。しかし私が探検への感激を鼓舞《こぶ》してやれば、この逡巡もなんとかできると思う。たったいまも、テンプルやフィゼンガと話し合ってきたところだ。彼らは皆いっしょに奥地へ入るつもりでいる。たとえ何が起ころうと、カルステンツへ行くのだ。ファルク博士だけは、腸を悪くしてしまったので、われわれの許を去らねばならない。

一月一七日

私のパイプ。確かにこの地では、パイプは喫煙の楽しみだけのものではない。古都の気持よいソファに腰かけたようであり、また、私の想いを、いわば部屋を流れる軽やかな紫煙《しえん》に乗せて、瞑想《めいそう》的な気分にしてくれる友人でもある。またきわめて実際的な目的も持っている。われわれを毎朝起こしてくれるのは、原住民の豚である。騒々しく鼻を鳴らしながら、むかつくような小さい蠅《はえ》の群を従えて歩いているのだが、この豚共は、この世で一番タバコの煙が嫌いらしい。そこで私は毎朝、豚がブーブー鼻を鳴らすのを聞くと、まずパイプに火をつけ、テントを煙で一杯にし、それからはじめて入口を開ける。こうすれば、不愉快な蠅の群にも、どうにか安心できる。

やがてダニたちがやってきて、テントの入口に立つ。おしあい、へしあい、しゃべり散らし、たとえようもないほどぞうしい。今朝はバートが堪忍袋の緒を切り、ピストルを下に向けて、ぶっぱなした。最初、彼らはパっと飛びすさって離れたが、後はもう何事もなかったように平気で笑いながら、またやって来て、改めてさわぎ出す。バートは諦めて、テントに戻ってきてしまった。

こんな折には、たいてい女たちも仲間に入っている。彼女たちはほとんどいつもタロ薯の一杯入った網をもち、テントの周りに円く坐って、眺めている。ある者は、丸い枠を使って、ランの繊維から網を編んでいる。いつもながら、私は、美しく色さまざまな模様を編みこむ彼女たちの才能には驚嘆させられる。

ダニの女の主な仕事は、男たちも同じだが、「見ること」であり、ただそれだけである。われわれの持ち物を、彼らは、何から何まで仔細に観察する。何か珍しいものを発見するたびに、称賛をこめて「ワァワァワァ」と歓声を上げる。そして男たちは、よろこびのしるしに、親指の爪でペニスの鞘をはじくのである。

われわれのキャンプは、まあ華やかと言ってもよかろう。ここには快活な気分がみなぎっている。ダニの小さなクリーム色の犬も、この気分にすっかり感染してしまった。犬は朝から晩まで尾をふりながら、われわれや、われわれのする仕事の周りを嗅《か》ぎまわっている。おそらく、アフリカ・ピグミー族の犬と同じで、ファラオ犬の一種だろう。というのは、ここの犬も、ファラオ犬と同じように、吠えないし、従って狩にはおあつらえむきだからである。

一月一八日

ラッセル・キパックスと私だけが残っている。ファルク博士は飛行機でホーランディアに戻ったし、フィル・テンプルは山麓《さんろく》部に基地を設営し、バート・フィゼンガはワメナで食糧を調達している。これから増えるポーターのために、少なくともあと六〇〇キロの米が必要だ。この米は空から基地へ投下されるはずになっている。

それで基地の撤収は、また延期せざるをえない。待つ間を利用して、ラッセルと私は、今朝から三日の旅に出た。われわれは、四〇〇〇メートル級の未登頂の山ケラボを試み、その途中で、ホンク湖に行こうと思う。この湖については、私は何も知らない。いや誰も知らないのだ。だからこそ、私を魅了してやまないのである。

いま私は、道もなくツルツルすべる苔と雨の森林にはじめて出会い、やっと立ち直った。こういった森林のもつ陰険さは、およそ、自分の身体で感得した。われわれはまず、二二〇〇メートルのキャンプ地から二〇〇メートルの谷底、岩を噛むイラガ川までくだった。この川はルーフェル川と合流する。イラガ川に橋としてかかっているのは、太い丸太で、その下半分は水に洗われていた。敏捷《びんしょう》に、しかも優雅に、ポーターたちは荷物をしょったまま、その上を駈け渡った。彼らは裸足で歩くことに慣れているから、こんなことは、いと易《やさ》しい。しかし鋲《びょう》を打った靴では、ツルツルした樹にまったく足がかりがなかった。一歩また一歩と、私は慎重にバランスをとった。眼前は右も左も流れが渦巻いている。馬乗りにまたがっても、向こう岸につくことは不可能だろう。流れは非常に強いから、水中に脚を垂らそうものなら、たちまち引き込まれてしまうに違いない。もう六歩、おそらく、あとたった五歩、安全な岸はすぐそこだ。その時、私の左足がちょっと脇へすべった。ほんのわずか、しかしそれで十分だった。駈けろ、瞬間、私の頭にひらめいたのは、これだけだった。しかし、右足はもう樹の上になかった。次の一歩で私は完全にバランスを失った。最後の力の緊張、跳躍、足下に岩が、水に濡れたゴツゴツした岩が……。一瞬私は、岩に顔をぶつける、と思った。本能的に、川上の方へ、つまり流れに逆らって、水中に身を投げた。水は私を樹にたたきつけた。懸命に樹にしがみつこうとする。しかし山で鍛えた本能も、水の中では正確に働かない。樹の下を勢いよく流れる水の渦に巻きこまれ、たちまち深みへ引きずり込まれた。絶望的な状況である。浮き上がろうにも、水の圧力が妨げる。水流はうしろへ、からみあった枝は前へ圧しつける。水だけがゴーゴーと枝の間を流れ去って行く。慌ててはいかん、ちらっと私はそう考えた。他のことを考える余裕は、もう全然ない。行動を起こさなければならない。しかし行動しようにも、水で枝に圧しつけられていて、手さぐりで調べるだけの余地きりなかった。ついに枝の間に穴を一つみつけた。私はそれをつかみ、身体をうしろへ引くと、流れと腕と両方の力を使って、無理やり穴へ身体をおし込んだ。突然、手足が自由に動いた。水はものすごい勢いで、私を水面に押し上げた。流れの力はゆるくなり、私は楽に岸へ泳ぎついた。するとと私の「下僕」であるオカーが、にやにやしながら、私を陸へ引き上げてくれた。こうして大地にしっかり立ってみると、私の処置がまちがっていたことは、自分にもわかった。流れと逆の方にではなく、同じ方向へ飛び込むべきだったのである。第一、穴がなかったら、枝にからまれて救いようもなく、私は一巻の終わりだったろう。しかも第二に、この穴はひどく危険なものだった。なぜなら、かなり小さい隙間を水がおし通る場所では、水の動く広い余地のある場所、つまり橋のうしろより、水流がずっと速いからである。

　オカーは前後左右から、私に触ってみた。二人のダニがそれを眺めていた。最後に彼らは声をそろえて「ワッワッワッ」と叫んだ。彼らは、私が無傷なのを確認した、というわけなのである。ただ私の古帽子だけは、例の場所に置いてきてしまった。

　川を離れ、急な斜面を登って、さらに先へと進み、ジャングルへ入って行った。木の根や、斜めに傾いた木が、行く手を遮っている。幾重にも重なりあい、それぞれ勝手な方向に倒れている。まるで猿のように、身をよじって通り抜け、木を両腕で持ちあげて進み、よじのぼり、バランスをとって歩き、とうとうせまい路へ出た。路といっても、茂ったジャングルに雨でできた溝にすぎない。しばしば急坂になって、蔓草《つるくさ》で覆われたズルズルすべる石灰質のガレ場へと続いている。

こんな路を五時間も進んだ。やがてラッセル・キパックスは、水に落ちてズブ濡れの私と同様、汗でぐっしょりになってしまった。ついに小道に着いた時には、二人とも、乾いた布は一片も身につけていなかった。もう、どうしても休憩しなければならない。骨が砕けそうだった。

ダニはまったく別である。彼らは、いまなお山猫のようなしなやかさで、入り組んだ木や根をすりぬけ、笑い、わめき散らし、片時も休もうとはしない。

ラッセルは火をつけようとした。だがマッチは、彼のも私のも、濡れてしまっていた。その上、またぬか雨が降りはじめた。それでわれわれは、文明の賜である魔法の棒を持ったまま、しゃがみこんでしまった。乾いてさえいれば、火ぐらい手品のようにつくのだが。

オカーは、われわれがマッチ棒に精根をすり減らしているさまをしばらく見ていたが、やがて、木の枝を一本手にとると、それを真中から折って、その割れ目に火口をさしこんだ。火口には何か植物の髄を使った。それから小枝や木の葉をすこし集めて、小さな山を作り、その上に、火口のついた枝をのせた。さて、オカーは、いつも持ち歩いているコイル状の籐《とう》を、肩の下から取り出し、この細長い籐を枝の下に差し通し、左右の足で枝をおさえながら、籐を押したり引いたりしはじめた。こうすると、籐のコイルをピンと張ることができる。彼の動きは、だんだん速くなり、間隔をますます短くして、籐のひもは、木と火口の上をこすった。すると突然、木がちぎれた。つまり摩擦熱で焼け焦げてしまったのである。しかしそれと同時に、火口が燃えあがった。これが太古の「火つけ鋸《のこぎり》」である。

ラッセルと私はココアの準備をした。ダニたちは火の中に石を投げ込み、石の上でタロ薯を焼いた。

小一時間後、さらに先へ進んだ。休憩した場所は、海抜三五〇〇メートルの所にあった。さあ、またくだりだ。

約二〇〇メートルほどくだると、また川へ出た。川幅はおよそ一〇メートル、流れはかなりゆるやかだから、きっと楽に渡れるだろう。そのかわり、川はきたない。この辺では、すべてが白茶けてきたなかった。大地も、水も、ダニ族も。そして川を徒渉しおわれば、ラッセルや私も、そうなってしまうだろう。

しかしわれわれは、それをやってのけた。川を過ぎて、森林の間の明るく開けた所を、二度三度、通り抜ける。薄茶のシンホニーを後にすると、ふたたび白い石灰地帯と赤いシャクナゲがあった。やがて、また雨が落ちはじめた。ちょうどその時、荒廃した小屋がみつかった。ダニ族は、腰をおろす所には何処にでも、ちょっと長い休みさえあれば、小枝や、竹や、木の葉や、羊歯《しだ》を使って、こうした小屋を建てる。雨を避けるためである。そして移動する場合には、小屋を放置していくか、歓呼と共に燃してしまうか、どちらかである。次の休憩地でも、彼らはまた一軒建てるだろう。材料はくさるほどある。そして、小屋はみるみるうちにでき上がってしまう。

ラッセルと私にとっては、長い登りとはなはだしい高低差のあった第一日目は、かなり辛かった。疲労困憊し、二人とも脛を擦りむいていた。いま気がついたのだが、川に落ちた際、私は、思ったよりもひどく大腿部に打撲を受けていた。しかし、この平らたい小屋の中は居心地がいい。ポーターたちは、いつもより沢山の羊歯を屋根に詰めてくれた。それでいまは雨の音も、わずかにサラサラと聞かれるだけだった。火が燃えている。今度はマッチでつけた。熱くなった石の間で、タロ薯、蛙、野菜らしきものが、蒸し焼きにされている。われわれは石器時代の食事を待っている。

いま、一〇人のポーターが同行している。もともとわれわれは、この半数を連れて出発するつもりだった。しかしポーターの他に、ポーターのためのポーター、つまりポーターの薯を運ぶ者が必要なのだ。そのために、はじめに考えていたより、結局だんだん多くなってしまった。

一月一九日

われわれは海抜三二〇〇メートルで夜を過した。早朝、まずすこしくだると、また激流に達した。ラッセルは私の肩をたたいて、ポツンとある「橋」を指さした。昨日と同じ丸木橋だが、水はもっと激しく泡立ち逆巻いている。ここで落ちたら、それこそ絶体絶命である。ダニは、またしても裸足で、いともやすやすと丸木を越えてしまった。私は昨日の怪我にこりて、最初の所だけ、立って進んだ。樹の皮がむけて、すべすべした所にくると、馬乗りになって、身体をすべらしながら進んだ。ラッセルも私をまねた。それでも、水はときどき大変な圧力で足や脛を打つので、無事向こう岸につくには、非常な努力を必要とした。

それに続くジャングルの道は簡単に要約できる。想像を絶した湿地に浸《つか》って歩くか、縦横に倒れた樹の上をバランスをとりながら進むか、のどちらかである。倒木の下には、枝や草がからみあって何も見えない、黒々とした地底があった。われわれは、どの道を選ぼうかと迷って、たびたび立往生した。どろどろした沼の中はいやらしいが安全であり、倒木の上はきたなくはないが気を許せない。荒れ狂う川は、進路にずっと平行していた。これは、おそらくホンク湖から流れ出ているのだろうから、ホンク川とよんでよかろう。ジャングルから湧き出てホンク川に注ぎ込む細い流れを、われわれは何度も渡らなければならなかった。

苦しい格闘を続けて前進してきた風景は、それでいて童話のような美しさである。絢爛たるランや、赤や白のベゴニヤ、その他、熱帯の花が、いたる処に生い茂っている。苔むして、びっしり立っている樹幹は、伝説の生き物が彷徨する魔女の森の舞台面を想わせる。繁茂した葉の間から、光が漏れ輝いて、この世のものともみえない。

いまいるキャンプまで着くのに、五時間以上も費やしてしまった。実際は、ここ三八〇〇メートルの地点で、小休止だけするつもりだった。しかしラッセルも私も、第一日目の行程が過大な要求だったことを、とっくに認めていた。それで、今日はここに野営することにした。ラッセルはもう眠っている。テントを張り終えると、彼は、エヴェレスト山頂にでも登ったような感じだ、と言っていた。

ダニたちは肉体の消耗を全然感じていないらしい。めいめい一五キロの荷物をしょってきたのに、まったく休もうとはしない。森のあちこちで彼らが犬のように吠え啼いているのが聞える。時に、キャンプには一人もいないことがある。やがて彼らはまた現われて、好奇心からテントの中に群がる。何にでも好奇心をもつのは、彼らの特徴だが、しかしこの点で、決してわれわれと違う感じ方をしているわけではない。われわれが食事の最中であろうと、彼らは他人のコップやスプーンを使ってみる。ラッセルか私がテントの外へ追い出しても、それがなぜだかまったくわからない。ついさっきも、オカーは私の金歯を発見すると、外へとび出して駈け回り、いまだに興奮して、親指の爪でペニスの鞘を鳴らし、私の歯がどうなっているかを、他の者に吹聴している。

彼らは森をうろつきまわって、食べられるものは何でも、果実、小さな蛙、時には二十日鼠や山鼠さえも運んでくる。鼠をそのまま火に投げ込み、毛が燃えきってしまうと、切り裂いて、腸の部分を取り去り、後は全部むしゃむしゃと食べてしまう。

一月二〇日

ホンク湖まで分け入って、ケラボ山に登ることは、もう断念しなければならない。どんなことがあっても、明日はイラガに戻っていたいと思う。それで、われわれは今暁引き返し、すでに川に着いた。カルステンツ連峰が招いている。

森林には雨が降っていたが、帰途は、登りにくらべれば、楽しかった。いま、われわれは昨日の野営地で小休止している。ポーターたちはコウモリ鼠の毛を焼き取っている。さっき私は、ライカを入れるバッグの中に、この鼠をみつけた。この中に貯蔵しておいたのだ。毎度のことだ。笑ってすませるより他ない。彼らの無邪気な遊びに悪い顔もできない――彼らは何でも自分の物と思っているのだ。それでも、特定の物に対しては、はっきりした所有観念をもっている。途中で、まったく家の建っていない野菜畑を何度も見たが、そこからすこしでも物を取ることは、ダニ族には思いもおよばないことらしい。この畑は他人のものなのだ。

われわれはさらに先へ進み、もう昨日の野営地に到達した。道はイラ川とケラボ川にはさまれた尾根を走っている。最後の一五〇メートルの登りは、ブッシュ・ナイフで道を開きながら進み、やがて途方もなく広い開墾地へ出た。その中央には大きな野菜畑があって、杭の柵で囲まれている。それは故郷アルプスの柵に似て、私の想いをかきたてる。畑にはタロ薯、トウモロコシ、大豆、豌豆、カボチャ、胡瓜が植わっている。われわれは二個の子安貝と引替えに、原住民から、ホウレンソウ――つまりタロ薯の葉だが――トウモロコシ、大豆、一人二本宛の胡瓜を求めた。ダニ族の珍味が前に並べられている。

原住民はなぜほとんど水を飲まないのか、その理由が、だんだん分ってきた。彼らの食べ物は非常に水分が多いので、ふつうの渇きはほとんど感じないのだ。彼らは最も原始的な土器さえ知らないから、植物も肉も、熱い石の間で蒸され、シチューにされる。われわれの贅沢は、石器時代の関知するところではない——生存にどうしても必要なものだけが生産されている。そして必要なものは、そう多くない。今宵、われわれが食事をしめくくる最高のものとするのを惜しまない水浴の楽しみでさえ、——言葉の本当の意味で——にごっている。つまり、われわれはイラ川の泥でにごった満々たる水に浸ったのである。

一月二一日

日曜日。五時間の行程を終えて、われわれはふたたび、子供の群れに囲まれながら、基地に入った。ケラボ山にも登らず、ホンク湖にも行かなかったが、すばらしい、そして何よりも有益な旅だった。ケラボ峡谷の地図作成上、かなり正確なデータを手に入れたし、当地のジャングルでは、どの程度の速度で歩けるかも分ったし、さらに、ポーターを十分吟味することもできた。ポーターは、私が他の大陸で募集したものと比較して、決して劣らなかった。助力を厭わないし、好意的だし、快活で、強く、しかも持久力がある。しかし責任感に欠け、不潔な性向をもつ点では劣っている。わけてもこの旅行は、ラッセルと私にとって、非常によい訓練になった。まあ、満足していいだろう。

バート・フィゼンガはまだワメナから戻ってこない。準備の仕事もなく、例外的に雨のない一日を楽しんだ。しかし、今日ここで晴れていても、望む目標、カルステンツ山脈の上は、暗澹たる天候かもしれない。

ラッセルと私は、いま、夕べと静寂とを楽しんでいる。それぞれ自分の想いに耽っている。私は、今日、小高い丘で行なわれたトサカ競走を思い浮かべる。その時そこは晴れ渡っていて、女たちは周囲の見物席に立ち、自分の夫がこの滑降競技に勝つかどうかと、興奮に震えていた。もしこれがオーストリアなら、私も仲間に入っただろう。しかしここはイラガである。ダニが一人、はじめは物珍しげに、しまいにはびっくりして、私を見つめている。私が二、三本のマッチを使って、パイプに火をつけたからである。このように人生はすべて相対的なものだ。

このダニ族はまったく驚くべき人たちである。彼らは驚くべき世界に生きている。われわれが色のついた紙を棄てると、それをみんな、彼らは自分の短い縮れ毛や、耳や、竹の腕輪に挿してしまう。荷箱についている鉄のバンドを石で叩きつぶし、飾り帯にして身につける。最初の日、ラッセルがもう使えなくなった長いボールペンを棄てると、すぐ一人のダニが現われて、それを、牛のように穴を空けた鼻に挿してしまった。彼はいまだに、それをつけているかもしれない。この種の鼻飾りをしているのは男たちだけである。彼らの鼻中隔は、子供の頃から、親族の一人によって、細い木の棒を使って穴をあけられる。棒は段々太く、穴は段々大きくなって、ついには猪の牙を平たく磨いた祭の日の飾りを挿すことができるようになる。ふつうの日には、鳥の骨とか木の栓をはめているだけである。だが、運よくラッセルのボールペンを見つけた者は、年中それをつけている。おそらく彼は、一族で最も綺麗な鼻飾りと考えているのだろう。耳朶《みみたぶ》にも穴があけられていて、たいていは細い竹筒で飾られているのだが、これもまた、技術文明の害をこうむらざるを得なかった。一度など、われわれが棄てた懐中電燈の電池を耳に下げたから、耳朶はほとんど肩のあたりまで引っ張られていた。一方その妻は、空《から》になった絆創膏巻を、耳飾り用に、すばやく拾ってしまって、それを誇りにしていた。一番面白かったのは酋長で、彼は、私の妻からきた手紙の封筒を、褌にしていかにも満足気であった。

ダニは、竹製のハーモニカ以外、楽器というものに縁がない。太鼓を全然知らない。しかし、音楽に対する感受性は優れたものを持っている。先日の旅で、道すがら聴いた、あのリズミカルで幽愁を含んだ歌が、それを証明している。ここ基地では、ラジオからヨーロッパやアメリカの音楽が響くと、彼らは恍惚として耳を傾けている。

一月二二日

バート・フィゼンガがワメナから帰ってきて、明後日、もし天候がよければ、残りの食糧を飛行機で投下する手筈になっている、と報告した。明後日は水曜である。とすると、木曜日には出発できよう。たとえ天候に恵まれず、空からの投下を延期せざるを得ない場合にも、ラッセルと私は、ポーターの一部を連れて、出動するつもりでいる。そうなれば、バートは、ここで好天と飛行機を待つことになろう。

われわれのいるこの場所は、目下、軍需倉庫の感がある。ルックザックや荷箱がいたる処に積まれ、数千の缶詰がうずたかく山をなしている。ここから山のベース・キャンプまで空輸されることになる投下嚢は、慎重に梱包しなければならない。まず防水のプラスティック箱に入れ、さらに二枚の麻袋に入れる。こうすれば、投下されたザックが地上でぶつかり布が裂けても、必需品の塩や、砂糖のような高価な食糧を、こぼさないですむだろう。缶詰は一枚の麻袋に入れただけだった。それから豚を忘れてはいけない。思わぬ拾いものだが、バートがピストルで射殺し、飛行機で運ぼうと、すでに荷作りのすんでいる豚が一頭あったのである。

うれしいことに、いまや、すべてが活動しはじめた。この頃では、どんなに気分転換してみても、私の忍耐はもうギリギリの限度まできていた。しかし、探検をする場合、忍耐は最も重要な旅の荷物

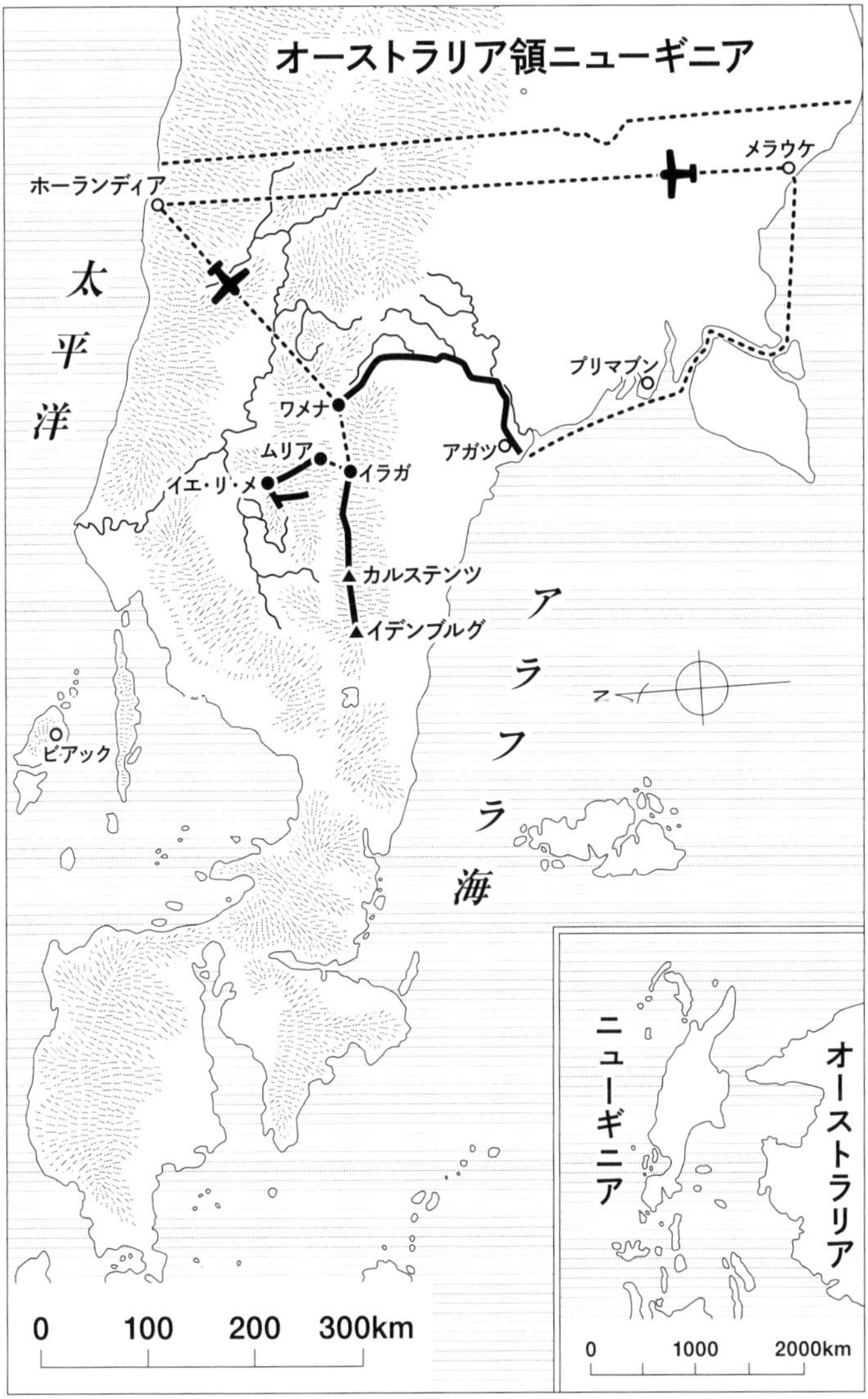

ニューギニア探検路程図

の一つなのだ。政府や管理局や、土着民のポーターでさえそうだが、これらをせきたてられると考えるくらいなら、家に坐っていた方がましである。「猿はゆっくりゆっくり捕えろ」とインド人は言う。何処よりこの熱帯では――もちろんヒマラヤの高地でもそうだが、特にここニューギニアの息も詰まるジャングルでは――このような冷静の哲学は不可欠のものである。この哲学がなかったら、とても見知らぬ生活のリズムに適合できるものではない。嫌でもそうせざるをえないのだ。結局は、原住民が欲するように、私も欲することになってしまう。われわれはダニ族を必要とするが、彼らはわれわれを必要としない。イラ川、ケラボ川の流れる峡谷での、ちょっとした遠足の場合にさえ、このことは明瞭になった。本来、彼らが指導者なのであって、ラッセルや私ではなかった。彼らが道を知り、彼らが道を見つけた。獣を狩し、荷物を背負い、野営地を決めたのも彼らである。

今日もほとんど雨は降らなかった。夕暮れ近くなったいま、メッサーシュナイト山脈の奇峰が、低く垂れこめた雲霧の上に現われた。――荘厳な姿である。この魅惑的な島には、まだ、ここにも未踏の地があり、あすこにも神秘や冒険があり、いたる処に未知の石器時代がある。探検家の願望はすべて、この地で叶《かな》えられるであろう。

だが夢を結ぶ暇もない。すぐ目前には、目標たるニューギニア最高峰、カルステンツ山脈の山々が横たわっている。

バート・フィゼンガの報告によると、オランダの統治は、バリエム地区で、かなり難しくなっているらしい。原住民の間に血なまぐさい戦闘が起こり、この地域の種族には血の報復が荒れ狂って、またまた多数の死者が出た。政府の警察パトロールでさえ、投げ槍で襲撃されたそうである。われわれは月の光を浴びてテントの前に坐り、ジンを飲みながら、バートの話を聞いた。フィゼンガは数年来、山岳パプア族の間で管理官として暮らしていたので、豊かな経験をもっている。われわれは興味深く傾聴した。

一月二三日

フィル・テンプルと一緒に行ったポーターたちが、今日昼前に仮設ベース・キャンプから戻ってきて、フィルからの手紙をもたらした。この手紙で、彼はとくに三人のポーターをほめちぎっている。バートはすぐ労賃を調べ、計算した。それを見ていて、バートのような男をパーティーの一員としたことが、どんなに価値あることかに気がついた。彼はダニの遇し方を知っている。つまり正式に論功行賞の「ショウ」を開いて、この三人のポーター各々に鉄の斧を与えたのである。ダニにとって、これが何を意味するかは、石斧でさえ彼らには完全無比な工学技術であることをおもえば、ただちに推量しえよう。そしてさらに、バートが、ブッシュ・ナイフと美しいタヒチ産子安貝を与えると約束したら、彼らは、いままでとは打って変わって、もう一度、よろこんで新しいベース・キャンプへお伴する、と言いだした。

ラッセルや私にとって、ダニ族を理解することは、依然として困難である。彼らの言語はきわめて原始的で、多くの単語は互いに似通って区別がつかないように思われる。言葉に表現できる数は、一と二だけである。それ以上は指で示される。私は決まって答をまちがってしまうのだが、今日バートが、まちがう理由を説明してくれた。すなわち、ダニが右手を高く上げ、小指と薬指を曲げたら、それは「三」ではなく「二」を意味しているのだ。つまり親指、人差し指、中指はまだ立っているからで、問題は曲げた方の指なのだ。同様に、拳を握れば、「零」ではなく「五」を意味する。ラッセルや私では、数が合わなくても、不思議はない。

ダニ語が単純で、語彙にとぼしいのは、次の点にも原因があるようだ。つまり、たとえば母に相当するダニ語は同時に「母」の概念と関連する一切、したがって妊娠、分娩、哺乳をも意味するのである。もちろん第一日目に私は文章を一つ理解してしまったが、その日のうちに、この文章を何度となく耳にすることができた。》Maajo uragin《――「雨が来る」という文である。雨は始終やってくる。

　この最初の二つの単語からはじめて、当然さらに次の関連が開けてくる。まず知り、さらに詳しく会得する訳だ。私はひそかに、ポーターの一人一人にダニ語の名前をつけて、学習を容易にした。彼らの一人を》Taro《とよんだのは、彼が特に煙草好きだからである。》Taro《は「煙草」と同義、したがって「喫煙する、煙をだす」をも意味する――彼を見ては、これを思い出すのである。大変な笑い上戸の小娘がいるが、これは》Niniki《と名づけられた。この語は、心やよろこび、逆に苦しみや泣くなど、あらゆる種類の心情の動きに当てられる。さらに、一番ガッシリしたポーターを、私は》Wam-eik《という名前にした。彼がその鼻に目立って美しい猪の牙をつけているからである。その妻は、私個人のダニ語では、》Yawi《という。彼女がランの繊維で編んだ特に美しい腰蓑をつけているからである。》Yawi《とは極楽鳥のことだ。

　これらの際立った人々と、その特徴とに徐々に親しみながら、同時に私は、彼らの言語、感情、性格をすこしずつ学んでいる。ついでに言うと、男たちのもつ変わった点の一つだが、彼らは、たえず歯をギリギリ鳴らしていて、これに慣れるには苦労した。

　ラッセルは特殊な方法でダニと接触することができる。彼は毎日、診察時間を設けて、傷や膿腫の手当をした。未開人にとって、苦痛や病気は、もっぱら悪魔や悪霊の仕業であるから、苦痛をしずめ、病気をなおしてやれば、これほど彼らを拘束するものは他にない。

　この日記に書き加えておかねばならないことが、まだ二、三残っている。最初、暇がなくて書けなかったのである。第一はウフンドゥニ族の、強大な権力をもつ大酋長の訪問。彼は、知識や生活様式の点では、彼の従者とすこしも変わらず原始的であるが、それにもかかわらず、その身辺には威厳が光り輝いている。誇り高く頭をあげ、その動作は荘重である。しかし、指相撲、腕相撲の類いの、私の故郷で農民がやっている力だめしを二、三教えてやると、大酋長の子供のように素直な心は、非常な勢いで横溢し、爆発した。たいがいは彼の負けであった。しかし、私は息子のようにお前が好きだ、と確言してやると、彼の敗北の悲しみは、たちまち手放しのよろこびにかわった。ラッセルはわれわれの遊びを見ていたが、その時、ダニ族のもっている特殊な筋肉を発見した。この筋肉は長く駈ける時に役立つらしい。ヒカガミの処にあって、もちろんわれわれにもあるのだが、外からはわからない筋肉で、ダニ族の場合には、二頭膊筋のように、はっきり表面に出ている。五時間もジャングルを歩いて私が疲れきっているのに、ポーターたちは休みもしないで、猿のように樹の上を飛び廻っていたが、そのわけがやっと判った。

こうして日記を書いていると、例の三人の英雄、バートが表彰したフィルのポーターたちが、テントの中の私のそばに坐り、新しい斧をチーズ・ナイフで磨いている。彼らは誇りに上気して、讃美してもらいたがっているのが、手にとるようにわかる。三人の野蛮人。しかしいったい「野蛮」とはなにか。彼らは「野蛮」なのではない。ただ彼らの社会が、われわれのそれとは違った厳たる秩序に方向づけられているのにすぎない。われわれには彼らの不潔さがたまらないのとまったく同じに、彼らはわれわれの法律などには我慢ならないだろう。きまりきった話だ。まして、彼ら原住民にわれわれの秩序を短時日のうちに押しつけようとするのは、確かに根本的にまちがっている。

一月二四日

イラガでの最後の日。明日は、赤道の南、緯度もさして違わない氷の山を目指し、ベース・キャンプへと出発するのだ。送信機は、やむなく断念せねばならない。というのは、バートが未明にボコンディニ発信局との無線連絡をキャッチしようとしたが、機械は破損したらしい。しかし故障にもプラスの面はある。つまり荷物が軽くなる。どうしても海岸との連絡が必要ならば、伝道団のある処まで伝令を送らなければならない。そこからなら、ワメナおよびホーランディアと毎日無線連絡がとれる。言うまでもないが、ベース・キャンプと伝道団との間の伝令には、どうしても数日歩かなければならない。アメリカ人宣教師ゴードン・ラーソンは、情報伝達を快く承知してくれた。

新しいキャンプまで六日はかかるから、一月三〇日にはそこに着く、とみつもった。一部のダニは妻と一緒に行きたがっているのが、やや気になる。そうなれば、あまりに膨大なキャラバンになってしまう心配がある。この点については、なおバートとよく相談しなければならない。

私は昼間、心ひそかにイラガと別れを告げた。私はもう一度、飛行機の滑走路に立った。今日はほとんど雨が降らなかったので、メッサーシュナイト山脈の平らな山や切り立ったピークへの、最後のすばらしい眺望が得られた。しかし、いまや私の思いは、明日のカルステンツ連峰への道に集中している。

ダニ語で、カルステンツ地方は「ドゥグンドゥグ」、つまり蘆《あし》の花とよばれる。この言葉でダニが考えるのは、沼に繁茂するスゲ科植物の、白く突き出した雌花である——雪と氷に覆われた連峰の詩的比喩だ。

一月二五日

昨日、さらに一七〇〇キロの食糧が基地に投下された。われわれも、すでに二時間歩いてきた。六時に起きた時、天気は曇っていたが、出発する七時頃、雲は薄くなり、やがて晴れわたってしまった。やはり私がおそれた通りになって、一部のダニは妻を伴っている。すくなくとも二〇〇人の男女がキャラバンをなして、叫び、吠え、笑いながら、ぞろぞろと続き、いま最後の村を通過しているところだ。

バートはポーターの機嫌を損じるのをおそれて、女たちが途中まで同行するのを許した。いま、われわれは小休止しているが、バートは「婦人問題」の解決におおわらわである。女たちがいつまでも一緒にいたのでは、食糧がかかりすぎる、ということだけが問題なのではない。われわれがおそれるのは、むしろ、もっと重大な危険である。このような見透しのきかないジャングルの中では、個々の氏族の間に暴行の起こる可能性が多分にあり、そうなれば、激しい反目がすぐにも爆発するだろう。結果は復讐、殺戮、そしておそらく戦争である。ダニも最後にはこれを認め、女たちはぞろぞろイラガへ帰って行った。

正午。フィル・テンプルがベース・キャンプへの途中に設営して置いたヒュッテで休憩する。キャラバンが全部ここに集まるのに、約一時間かかった。女たちがいなくてさえ、一二〇人もの人数だ。ダニ族の疲れをしらない勤勉さは、ここでもまた実証された。荷物をおろすや、たちまち彼らは森のあちこちで樹を伐採し、薪を集めはじめる。やがて最初の焚火が燃え上がり、いたるところで、考えられないような忙しさで活動が行なわれる。夕方七時頃、もうかなり暗くなるまで、仕事は続いた。シャクナゲの咲くジャングルの中のキャンプ地には、雨覆いのしっかりした宿泊所が七つでき上がった。部分的にはイラガの小屋より雨に強そうである。

　ダニ族が自分の小屋を建てる場合、丸太や枝を使って、丸く作ったり、四角く作ったりする。屋根を葺《ふ》くには、好んでネズの木の樹皮を用いる。ヤシ科植物の一種で、葉の堅いものが手に入る場合には、これも使う。これは瓦のような形をしているので、交互に重ね合わせることができるから、便利である。

　今日の昼間、行軍している最中に、ダニとわれわれの間の平和が、しばし、脅かされた。酋長の一人が突然思いついて、自分の一族だけに別の道を行かせようとした。彼は、これについてバートと口論し、例によってバートはカッとなってしまった。そうしている間に、バートはブッシュ・ナイフで、酋長の長いペニス鞘の先を、誤って切り落としてしまった。これはダニにとって、とくに酋長にとっては、死にも値いする恥辱であった。一族一党に対する威信を失墜することになってしまう。数分の間、ポーターたちは逃亡するどころか、われわれにつかみかからんばかりの勢いであった。バート・フィゼンガは、あらん限りの経験と調停技術を駆使して、やっと一件を丸くおさめた。

　やがて平和が取り戻され、口論は忘れられた。思うに、ダニが執念をたぎらせるのは、復讐しようとする時だけらしい。それ以外の場合には、およそ何でも、自分自身の犯行さえも、忘れてしまう。バートの説明によると、何かの件に関してダニを相手どって訴訟を起こし、有罪にすることは、ほとんど不可能のようだ。つまり犯行と審理との間には、たいてい相当の時間がたっており、この犯行が悪霊によってつぐなわれなかったとすれば、それでも犯人を罰するなどということは、ダニにはとても考えられないのである。かつてあるオランダの管理官が、ダニを罰するために、ダニの間で行なわれている通りのことをした。彼は盗みを働いた男の小屋に火を放ったのである。これならダニにもわかる。そうなればダニは、たとえ短い間にせよ、悔いにおののきながら、自分の小屋を建て直す。そして霊に罰せられたと思いこむ。しかし、このダニは上訴もできるということを聞きかじっていて、この権限を行使した。事件は国際連合の委員会にもちこまれた。当の土着民は、とっくの昔に事件を忘れてしまっているのに、国連の委員たちは、かかる処置の合法性について、いまだに論争を重ねている。もちろん、こうして審理している間に、いつの間にか、原始的な掘立小屋は「家」に変わってしまっていた。

周囲には焚火が燃え、樹の影を空き地に映し、無気味に躍らせている。小屋の屋根からは濃い湯気が立ちのぼり、火に照らされて、赤く、黒く、黄色に輝いている。ロマンティックな光景である。ダニたちは依然として休もうとはしない。まだ樹を掘り倒している。彼らは夜通し火を絶やすわけにはいかないのである。そうでなくとも、ここは二五〇〇メートルの高度だ。まして、裸の男には気温が低すぎるのも当然だ。ある者は、小屋の前に掘られた料理用の穴のそばにうずくまって、タロ薯が焼けたかどうかに、気を配っている。またある者は、食べられる動物を探している。さっき、一人が蝙蝠《こうもり》をつかまえてきた。私にはまったく食欲がわかなかったが、彼はこの珍味を見ただけで、口に唾が出るらしい。処変れば品変る、である。

一月二六日

今朝六時にはもう、キャンプがさわがしくなった。最初に聞えてきたのは、私のテントの庇の下にいるオカーと二人のダニの声である。まず私にわかったのは》Maajo uragin……《雨が来る……の言葉である。珍しくもない、と思いながら、テントを開けた。するとダニたちは麻袋の中に胎児のように丸くなって寝ていた。夜になると、もう一つ袋を頭にかぶって眠るのだ。

七時頃出発。道は深い峡谷を進む。尾根から流れ出てくる小川がいくつもある。谷の底は一面苔に覆われて、すべりやすい。尾根には、禿げて眺望の開けそうな場所はほとんど見られないが、この点ではわれわれも同じである。》Maajo urame《——雨が降ってきた。雨と霧で灰色一色の中に、幽霊のように、葉のない樹が立っていて、腕の沢山ある生き物に似ている。またしても倒木の上をバランスをとりながら進み、それが果てしなく続いた。倒木の下には、水がザアザアと、恐れを誘うように底深く流れているので、覗きみることもできなかった。

やがて海抜三〇〇〇メートルまで登って、いま、最初の休息をとっている。一五〇人のポーターからなるキャラバンが一カ所に集まるには、やはり一時間を要した。フィルがわれわれのために残していった紙片を、バートが見つけた。しかし彼は、それを読みもしないで、棄ててしまった。フィルは別に意味もなく紙切れを棄てたのだ、そうバートは思ったからである。してみると、植民局の有能な官吏も、探検において、先行者が後に残して行く伝達がどれほど重要なものか、まだわかっていないようだ。

ここはイラガの谷が見える最終の地点であり、また高原への進出をのぞむ最初の地点でもある。明日は高原の麓へ達し、ついに雨の森林から抜け出すだろう。

第二キャンプは密生したジャングルにある。ほとんど空き地はない。すこし休んですぐ出発し、昼頃ここへ着いた。またフィルの紙片を見つけた。それによると、フィルの部下は犬を二匹捕え、その晩のうちに平らげてしまったそうである。

私はテントで横になっている。妙なことに、今日は静かである。雨が亜麻布にパラパラとかすかな音をたてる。時折り、鳥の鳴き声が聞かれるだけだ。私は外へ出て、小さな歌い手たちを見ようと思った。しかし鳥が止まっている木は、ひどく高く、葉が茂っている。地上にも動物らしいものはほとんど見られない。時々、樹の根の上をイモリがかすめ去っていく。それ以外には、生き物はまったくいないらしい。

一月二七日

第三キャンプに到着。高度計によると、三二一〇メートルある。道は非常に消耗するものだった。すこし休んだぐらいでは、とても、ものを書く気になどならなかった。

バート、ラッセル、そして私は、簡単な状況討議をして、基地におけるダニの一日の食糧を、きちんと決めることにした。食糧は十二分に用意してあったが、ポーターの若者たちは、まるで元気のいい犬のようだ。やればやるだけ、食べてしまう。適度に嘔吐してしまう場合もあるが、それは、ただもう、もっと食べたいためである。食糧の「配給」だの「節約」だの、これに類する単語は、ダニ語にも、その観念の中にもない。なにかすこしでもあれば、食べられてしまう。

天気はやや快方にむかい、一時は太陽も顔をみせた。太陽はキャンプの周囲に、まるで魔法のように、本当のものとも思われない絢爛たる色彩を現出させた。山の背には、真中が、赤味がかったヴァイオレットのすばらしい菊や、黄色がかったオレンジの蘭がある。その間には、ドイツの樅によく似た、棘と白い花のある小さな樹が生えている。白い花はクリスマスの星のように見える。私は密生した熱帯植物の間に立って、故郷に想いを馳せ、針葉樹や雪を懐かしんだ。その他の植物——ヒマラヤ杉に似た樹、ネズの木、シャクナゲ——は、高度が上がるにつれて、丈が低くなる。だが蚊や蝿は、低い谷にいるのと同じで、大きく、執拗につきまとって不愉快である。キャラバンの人数も、前と変わらない——これだけ大勢の人間が集まっているのだから、時に意見の相違があるのは、どうしようもないが、それでも逃亡したりするポーターは、いまのところ一人もいない。いつまでも、そうあってほしいものだ。

一月二八日

ジャングルでの日曜日。早朝いきなり大騒動がもちあがった。ダニの一人が、タコノキの葉で作った合羽に、血痕がついているのを見つけた。この血が何処から出たのか、誰にも皆目わからなかった。それでダニたちは気味悪がった。彼らにしてみれば、これは悪い前兆で、疑いもなく、今日は悪いことに見舞われる、というのだ。バートが説得してみたが、無駄だった。出発を延期するより仕方がない。八時に、やっと出発したのだが、その時には、たいていのポーターが、ネズの木で長さ三ないし四メートルの鋭利な投げ槍を作り、その先を、消えかかった焚火のなかにさしこんで、丈夫なものにしてかついでいた。

こうして出発が遅れたために、今日も、次の野営地にたどり着いたら、午後になってしまった。途中ダニは、ジャングルでは誰が主人であるか、を教えてくれた——主人はあくまで彼らである。彼らは異口同音に、フィルが踏査したルートをとることを拒絶した。しかし、おかげで後悔しないですんだ。

この最後の行程は、お伽噺の世界そのままの森を通っていく。歩きよく、速度を上げて前進した。交互にリズミカルに歌いながら、また、槍を高く振りあげながら、ダニは行進した。きっと、血で汚れたあの合羽を思い出した時に、そうするのだろうが、彼らは、しばしばドッと戦いの鋭い雄叫《おたけ》びをあげた。やがて不意にジメジメした森林が終り、広大な高原に到着した。さらに歩くこと一時間で、北イエネンゲナ・ホカジョグ湖に達し、ここにキャンプを置いた。この野営地は湿地が多く、景色に生気を与えるものといっては、樹のように大きな二、三本の羊歯のみである。

ラッセルはいまベスト・コンディションである。われわれのテントがまだ建っていなかったので、彼はもう鴨狩りに行ってしまった。私はテントの中に半分体を入れ、半分は乗り出して横になり、この地域の略図を書いている。歩いてきた路の左の方、つまり南には、ヴィレム山脈の石灰質の山巓《さんてん》が聳《そび》えている。雪に覆われた山かと思うほど白い。この山脈の前に湖がある。静まりかえり、さざ波一つ立てない。「ドゥグンドゥグ」地域の本当の雪山はもちろんなにも見えない。例によって、それは厚い雲に包まれている。

一月二九日

この厳然たる美を前にして、私は霊感に打たれ、立ちつくしている。二つの巨大な岩壁、それにはさまれた氷河の亀裂、山襞《やまひだ》の上を流れる片雲。青くキラキラ輝く氷の表面を日光がすべっていく――この瞬間、私は口もきけない。私を感動させるものが何であるか、それを言葉にすることはできない。私は何処にいるのか、アルプスか、ヒマラヤか、いや、私のいるのは南太平洋の赤道下である。昨日やっと蒸し暑い密林を抜け出して、いまこの力強く積み重ねられた岩と氷に対面しているのだ。

一時間あまり前、われわれはキャンプから湖に向かって出発した。雨が降っていた。自然は荘厳といっていいほど静かであった。野鴨が二羽、湖面に二条の航跡を残している。行手には、なだらかで歩き易い登り道が続いた。やがて山稜の高みに達した。と、大きく美しく、カルステンツ連峰が眼前にあった。ほとんどすべてのピークが未登頂である。

カルステンツ連峰登山の歴史は、ちょうど五〇年前にはじまった。当時、イギリス人A・F・R・ヴォラストンが南から接近した。いまわれわれに見せているこの堂々たる姿を、ヴォラストンが一枚でも写真にとって、持ち帰っていたら——きっと、この氷をいただいたピークは、処女峰のまま、われわれの前に横たわることはなかったろう。その写真は世界中の登山家を、ここへひき寄せてしまったに違いない。われわれは進まなければならない。ラッセルも、歓喜に我を忘れ、独りでに足を前へ進めている。バート・フィゼンガはダニを説きすすめている。雨が強くなったので、ダニはここに小屋を建てて、もう動きたくないらしい。しかし、われわれは先へ行くのだ。いま、目標をすぐ眼前にしているのだ。

ポーターは三時間の強行軍に耐えた。こちらの興奮が彼らに伝染したのかもしれない。尾根また尾根と横断して進んだ。湿気と寒さが着物にしみ込んでくる。その頃、先頭に立ったダニが避難小屋を見つけ、われわれがそこへ着いた時には、もうどうすることもできなかった——身体から湯気を立てながら、こごえて、彼らは小屋の中でおし合い、へし合いしている。この場から引っぱり出すことは無理である。他の者も段々こちらへ近づいてくる。長い列をなして歩いている。木の葉で作ったトンガリ帽子をかぶり、ちょうど、仕事を終えてガラスの城に帰る小妖精のようだ。もう一度休憩をとるより他に、手段はなかろう。ダニは苦労して火をつけた。そうする間にも、慎重に、とがった雨笠を頭から落して、短い縮れ毛を濡さないように用心している。ついでながら「パプア」とはマレー語で「羊のような縮れ毛」の意味である。髪の毛を長く編むことは男の特権で、女は短くしていなければならない。ついに二、三カ所で焚火が燃え上がり、小妖精がその周りにうずくまった。私も寒さにぞくぞくしてきた。暖かそうな焚火の一つに私もわりこんだ。すると——私は夢みるように想いにふけっていたのだが——ポーターの中でもがっしりした一人が、いきなりうしろから、私に殴りかかった。

私にはすぐはっきりした。暴動だ。われわれは、ダニに対して支配力を持たないとしても、断固として防御しなければならない。サッと身をひるがえすや、私は、若者の頭からとがった雨笠をもぎとり、鼻につけている湾曲した猪の牙を、むんずとつかんだ。そしてジリジリと彼の顔を手元へ引き寄せた。数秒、彼の眼は険悪に火花を散らした。どんな結果になるか、もうわからなかった。一瞬にして、バート、ラッセル、私が、いかなる状況に置かれているかが明らかになった——四〇倍の勢力の真只中に置かれた三人の白人。そうしようと思えば、いつでも好きなときに、彼らは襲いかかることができる。

結局、彼らの世界ではわれわれは闖入者《ちんにゅうしゃ》にすぎない。彼らは石器時代人の習俗をもつだけでなく、石器時代人の心情さえもっている。その心とは、どんなものか。それについて、われわれがなにを知っているというのだ。皆無だ。いまにして、われわれはこのことを思い知った。私は他の連中の視線を感じた。当然のことだが、彼らは、いま私が、顔と顔をつき合わせ、にらみ合っている最中の、この男の味方であるのに決まっていた。しかし、ふと男の眼が、哀願でもするように、やさしくなるのに気がついた。私がおどかしてやったので、彼は服従したのかもしれない。とにかく彼を離してやると、小走りに去って行った。数秒後、他の者たちは、何事もなかったように、火を見つめていた。ダニたちも、この偶発事件を、よくよく心の戒めにしてほしいものだ。

ダニにまじって火にあたっていても、もう心は楽しまなかった。そのうえ、着物も身体もぐしょぐしょで冷たく、犬のようにみじめだった。深紅のシャクナゲは、谷間のものよりいっそう濃かったが、それさえ、沈みきった私の気持を引き立ててはくれない。一人で遠くへ行ってしまいたい想いに駆られて、私は駈けだした。しかし二〇〇メートルも行かないうちに、》Nowok《と叫ぶ親しい声を耳にした。それが出発の意味であることは知っていた。皆を出発させ、さらに移動する準備を、バートが完了したのであった。

三日半の間ずっと、深い水溜りをとび越したり、浅瀬を探して川を横切ったりするのに、私は懸命だった。それでもまだ、身体には乾いた部分が、いくらか残っていた。しかし大抵の場合、一日の行程を終える寸前になって、きっとまた川が流れていた。水はごうごうと渦巻き、俺を渡って行こうったって無駄だぞ、と、そう嘲笑しているように見える。浅瀬が全然見つからないのだ。だが、今日は違っていた。私はズブ濡れだったから、逆に、河という河を嘲笑してやった——望む所とばかり、水にザンブと浸って、こぎ渡った。浅瀬を探す心配などない。むしろ、汚れを落して向こう岸に着き、サッパリしたくらいである。もうこれ以上濡れるきづかいはなかった。

私は一隊よりもずっと先を歩いていたので、キャラバンは、もう私に追いつけない。突然、谷の狭間から煙が立ちのぼっているのが見えた。私はすぐ考えた。明日、われわれが着くのを、基地で待つことになっているフィルが、一日歩いて、迎えに来てくれたのだ。事実、彼がもう、身の丈ほどもある草をかき分けて、こちらへやってくるのが見える。われわれは心から挨拶を交わしあった。フィルは、今日は月曜か火曜か、ときいた。月曜である。つまり、計画より四二時間も早く、基地のすぐそばに来ていたのである。ダニの案内がよかったのだ。

私はいまここに横たわっている。一月二九日の夕べ。私は乾いた服に着換えた。ああ何ということだ。私は乾いた着物がどんなものか忘れていたのだ。こんなすばらしいものは無い。

孤独な一時期が終わって、フィルもよろこんでいた。数日前に、彼は、最後の一人だったポーターにも逃げられてしまっていた。チームはまだ完全であると、彼に伝えられるのは、うれしいかぎりだ。しかも、疲れ、凍えきったダニたちは、目的地に着くや、また元気を取り戻して、上機嫌である。「ワァワァワァ」と大声で叫ぶと、彼らがとりかかった小屋はでき上がっていた。われわれ——ダニ族に言わせれば「トゥアン」――も、テントを張る土地をならしはじめた。全部でき上がってしまうと、四人はテントの庇の下に集まり、ウィスキーの最後の一本をあけて、乾杯した。この一本はフィルのために私が取って置いたやつだが、フィルが、皆で飲もう、と提案したのだった。雲に覆われて見えなくとも、われわれの上に聳えているはずの山嶺を、ひしひしと感じた。沼の多い野営地など、どうでもよかった。われわれの想いは、もっぱら傲然たる山にあった。しかし夜の帳《とばり》がおりる寸前、天気が晴れた。――色々と事件の多かった苦しい一日、しかし幸運だった今日この日に、自然から贈られた最後の報酬。頭上ほとんど垂直に、いくつも聳える岩の巨塔。その間の氷壁。消え残る陽光に照らされて走る霧。ほんの数秒のことだった。すぐ霧のカーテンが垂れこめて、すべてを包んでしまった。しかし、われわれの山を、手に取るように間近に見たのだ。そしていまこうしていても、名状し難い幸福感が、今日一日に対する感謝の念とまざりあう。やがて疲労感とまざりあう。眠たい。

一月三〇日

労働が今日ほど愉快なことはない。意気揚々と、われわれはキャンプの増設を終えた。フィルはポーターと一緒に、空輸して落とされた荷物を、谷から運びあげた。空中で裂けてしまった米の袋一個をのぞいて、荷物は無事だった。フィルの話だと、米は白い彗星の尾のように空中でグルグル回ったそうである。

午後、バートはダニを全部集めて、ここに残りたい者がいるか、と尋ねた。高山にキャンプを設営するのに、まだポーターがすこし必要である。ダニの約半数が申し出た。そこでバートは、強壮で、真面目に働く若者五〇人を選ぶことができた。他の者には、ブッシュ・ナイフ、鉄斧、子安貝が支払われた。引きあげる許可を出す前に、バートは審問法廷を召集した。焚火から私を突き出した男を問題にしようというのであった。ダニたちは、とがったタコノキの帽子をかぶったまま、うつむいて、しゃがみこんだ——灰色の雨の中で童話のような姿である。バートは犯人を前に引き出した。しかし彼をはっきり告発するには至らなかった。老酋長の一人が立ち上がって、彼は過失を過失として認めており、したがって罰に服すつもりでいる、と説明したからである。そこでバートも、へなへなとくずおれてしまっている犯人をつかみ起こし、泥の中へ突き倒すことで、満足した。一件が寛大に落着したので、皆もほっとした様子であった。彼らは腰をあげて、もう一度、口々に》Nowok《と叫び、イラガへ帰路についた。彼らの歌声は、森を揺がせ、ゆっくり潮のように引いて行った。基地は嘘のように静かになった。夕暮れになったいま、ここは、ちっぽけな平和な町のようである。ラッセルは小さなトランジスター・ラジオのスイッチを入れ、ニュースを聞いている。他のニュースにまじって、われわれがイラガに入っている、という報道もあった。世間がわれわれの石器時代の旅に関心をもっているのを聴いて、妙な気分である。とくに現在、オランダはインドネシア軍の上陸に毎日恟々《きょうきょう》としている時だ。最初の落下傘部隊は、すでに、南岸、食人種のいる地域に降下していた。

今日から、探検隊の編成は次のようになる。

リーダー——ハインリヒ・ハラー
医務係——ラッセル・キパックス
先導・偵察係——フィル・テンプル
ポーターの長——バート・フィゼンガ

バートは、その外に二人のパプア人兵士を、海岸地方から連れてきている。さらにわれわれは、五人の従属と一〇人のポーターを確保する必要がある。したがって、チームは合計二一人になる。

一月三一日

われわれは明日出発する。ラッセルとバートは今日にも出立したがっている。しかし一日の休養はみんなのためになるのだ。

一日は霧雨ではじまった。だが時折、雲が切れて、山の氷河の北壁が、まるでキャンプの上に被いかぶさるように、姿を見せた。カルステンツ山脈と同じように、一部、石灰岩から成り、やはり氷を頂いた山脈、南チロルの白雲岩山脈を、私はチラッと想い出した。しかしいったいここにあるこの山は、どれだけ力に充ち、どれだけ大きいのだろうか。

これまでのところでは、ダニ族だけでなく、われわれの出会ったかぎりでは、その他のパプア人も、概して友好的な印象である、といってよかろう。彼らの知能は決して優れたものではない。それでも彼らから狡猾さを否定するわけにはいかない。なるほど、彼らは無報酬で手助けをすることもあるが、一旦給料のことで談合となると、何とかかんとか言って、結局より高い賃金で決めてしまう。彼らに用を足してもらおうとする者が、子安貝を沢山持っているとなると、彼らはあくまでしぼり取る。他面では、危険な川を横断する場合など、邪魔になる荷物を全部、われわれの手から受け取ってくれる。彼らは人助けが好きなのだ。

個々の氏族間に、敵対関係があるのは言うまでもないが、それが野蛮で残忍な行為となって現われることもある。彼らは数年の長きにわたって復讐を追い求め、先例のないような結果を生む。襲撃された種族が進んで降服し、自分たちと混血し、一緒に定住し、畑を耕すようになるまで、それは徹底的に行なわれる。すべて、こうしたことの行なわれる理由は、ただ一つ、ふたたび強い復讐心が起こるのを防ぐためである。バート・フィゼンガや、他のオランダ植民官が教えてくれたのだが、反撃が行なわれて、敵の村を襲い、焼き払ってしまうまでに、五年、八年、いやそれ以上もかかることが珍しくないそうである。

個々の種族が定住する区域はおおむね一つの渓谷に限られる。平和が保たれている間は、種族相互の交易も行なわれる。驚くべきことだが、互いに交易している二つの谷の間に、敵対関係にある第三者が入ってくると、この友好関係も崩れてしまう。こうした場合、どの道を通って敵の領地を横切ってよいのか、ほんとうにわからなくなってしまうのである。

私には当初まったく理解を超えたことであったが、バートが、注目すべき観察の一つを明らかにしてくれた。原住民には、その年齢に関係なく、指のない者がいるので、私は奇異の感を抱いていた。バートの説明は異常でおそろしいものだった。ダニは、親しい者が死んだり、戦争に負けたりして、大きな心の痛みや悲しみに出会うと、石の小刀で、自ら指を切り落としてしまうのである。そうする場合、あまり痛みが激しくないように、あらかじめ肘を門柱や岩にぶつけて、腕を無感覚にしておく。また別の、非常に気の長い方法もある。すなわち、指関節を樹の繊維で強くしばり、数週間そのままで苦痛に堪えると、やがて指は麻痺してしまう。そこで親しい血縁の誰かが石斧で切断するのである。左手の小指からはじめて、次に薬指、さらに必要なら、同じ方法で右手の小指まで続けられる。親指が切断されることは決してない。同様の理由から、耳朶の上部が犠牲になることもあるらしい。傷口は粘土で塞がれる。バートが言うには、これはしばしば行なわれるから、あなたも、きっと一度ぐらいは経験されるだろう、とのことだ。事実私も、左右の親指以外、一本も指のないダニに会ったことがある。眠る前に、あまりいい話ではない――しかし私は疲れている。辛い一日がわれわれを待っているのだ。

二月一日

遅くとも一時間のうちに出発だ。カルステンツ山頂への道はすでにはじまっていた。その点では、いま解き放たれた感じだ。

われわれは六時から起きている。基地は大変なにぎわいだ。まず、ダニたちに服を着せるのが一苦労だったが、それ以上に愉快でもあった。私はそれを、心ひそかに、クリスチャン・ディオールの時間と名づけた。彼らは時々ひっくり返るようなコミックを演じる――この男たちは、未だかつて、ズボンを身につけたことも、靴をはいたことも、ちゃんとした帽子をかぶったこともなかった。彼らはボタンを飾りだと思っているし、ボタン穴は生地に空いた唯の穴だと思っている。どのボタンをどのボタン穴にかけるのか、バートが説明してやった。上衣の袖とズボンの脚部の区別を教えるのも、難しかった。たいていの者がズボンを頭からかぶってしまうので、当然、ズボンの脚が胸のところでうまく合うわけはない。こういった誤解がのぞかれても、まだ大問題があった。ダニの一人一人に、ペニス鞘を取るよう、説得しなければならなかった。ズボンには、そんな物をしまう所がないのは、当り前だ。なにしろ、乾燥したウリ科植物で作ったこの鞘は、時に胸の高さにとどくのである。それを見ていて、私はふと、ラッセルの奇抜な着想を思い出した。ラッセルがイラガにいて、この長くて細いウリ科植物の栽培をはじめて見たとき、彼はしばらくの間黙ったまま、しげしげと眺めていたが、やがて、たった一言、紳士服屋、と言ったものである。

一時間後、すべて用意は整った。ダニはズボンをはいていた。もう不要になった植物の鞘が、基地のいたる所に散らばっていた。われわればかりではなく、ダニたちも、それを腹の底からおかしがった。

帽子も非常な感銘を与えた。それをどうかぶったらよいか、ダニはすぐ理解した。ここはまだ暖かいのに、彼らは帽子をかぶって、その縁を折り返し、基地のあちこちを駈け回っている。そしてお互いに賛美しあっている。バートは、帽子をしまうようにすすめてみた。しかしバートの説得術も役に立たなかった。ダニにとって、帽子は、頭にかぶる手製の網と同じくらい値打のあるものらしい。

われわれは、かれこれ六時間の行程を終えた。一〇時頃、基地を後にし、やがてすばらしく美しいディスカバリー湖に着いた。その後、道は熱帯のモス・フォレストとなり、輝くばかりの花が過ぎていった。われわれはからみ合うツタを切り開いて、道を作った。ふたたび倒木によじ登り、とうとう樹木限界に達した。さらにわずか登りつめて、峠に立った。カルステンツの広大な北壁は、すぐ前にあった。

ここ四〇〇〇メートルの地点に、われわれは第一キャンプを張った。キャンプの真中に、巨大な岩塊があった。ラッセルはすぐ、これによじ登ろうとした。彼がもうほとんどてっぺん近くまで登り着こうとした時、私はポーターをからかって、これからもわれわれと一緒に行こうと思う者は、これぐらいのことはできなければいかん、と言った。数秒後、われわれはびっくり仰天してしまった。彼らは靴をぬぐと、たちまちこの岩塊にとりつき、パッと跳躍すると、一気に駈け登った。彼らの裸足は、岩に吸いついたように、確実に登って行く。そして一人残らずラッセルを追い越してしまった。ラッセルはあきれかえって見送っていた。

しばらくして、フィルとバートはポーターを連れて出発し、基地に帰って行った。ラッセルと私はテントに横になり、静寂を楽しんだ。ラッセルも私も、口は重い方だった。探検隊の目標である山々を、黙って見ているほうが、われわれには好ましかった。これらの山々を征服し、一つ一つ名前をつけてやろう。われわれの頭上には、東の方ナガパル山まで、峰また峰が続き、いま、ナガパルのピークには、霧のヴェールが動いている。すばらしかった一日も終わりに近づいている。われわれの行く手には、もはやひどい障害はない。たいていの障害は、もう乗り越えてしまった。われわれを待ち受けているものは、探検家、登山家の純粋なよろこびだけである。

二月二日

苦難の一日だったが、今日もすばらしかった。第一キャンプを出発する時には、早くも珍しく晴れた天候に恵まれた。澄みきって冷たい。熱帯という環境からすれば、考えられないほど寒い。われわれは尖った岩の急斜面を登り、岩の間にある草原帯を横切り、標高四三四〇メートルで、カルステンツの氷に到達した。それから、雪の上をすこしくだった。もっと眺望のきく所へと、草原帯を斜めに横切っていると、突然、下の方にいままで探していた隘路《あいろ》がみつかった。急で、ここからは行くことができない。二五年前のコライン探検隊の報告によると、ここは一面氷が張りつめていたそうだが、予期に反し、氷はかけらもなかった——見る通り、熱帯では氷原もたちまち変わってしまうようだ。氷の代わりにあるものは急峻なガレ場だ。ポーターをザイルで下すことは、とても考えられない。他のルートを探すより仕方がない。残された道は、北壁の間へと伸びている広い草の棚だけだ。この棚について、われわれはさらに四一〇〇メートルまで下った。不愉快だが、どうしようもない。草の棚は、東の方、まったくの処女地へと続いて行く。この地域も二五年前には氷河で覆いつくされていたのだ。われわれはこの切れこみを、先行探検隊の名誉のために、「ニュージーランド峠」と命名した。コライン・プットの指揮するニュージーランドの人々はすでにこの隘路を発見していたが、時期および補給の点で、失敗してしまったのだ。フィルもそれに参加していた。彼のもっている地形の知識は、いまでも、われわれの接近に大いに役立っていた。

われわれは、メーレンダール盆地へやや下った処で、行軍を打ち切った。そこからは、トルコ玉の色をした七つの小さい湖が見える。湖のむこうにはカルステンツ・ピラミッドそのものの巨大な北壁が望まれる。ひどい回り路だ。しかし、われわれは北壁を突っ切って、カルステンツ山脈の馬蹄形をした闘技場の中へ入る突破口を発見したのだ。従って、はじめて北壁を横断したわけである。これで、山に慣れないポーターでも通過できるルートが開けたことになる。

われわれは、この風景の二五年前の姿を、想像してみた。氷河の後退によって、それが、どのように変化したかは、明らかでない。二五年前の風景を再認識することは、できない相談だ。氷河は、数キロメートルにわたって、融けてしまったものと思われる。これによって、屹立する岩壁が出現し、それまでなかった湖が生じ、新しい土地が姿をみせた。自然の偉大な力が理解される。われわれに向かって吹きつけてくる原始の創造的な力がほのかに感じられる。こうした一切から抜きんでて、カルステンツ・ピラミッドの北壁が、八〇〇メートルの高さで板のように立っている。登攀不能の岩壁。二五年前、オランダ隊が不成功に終わった理由が、今にしてつかめた。彼らは、優秀な登山家ではあったが、おそらくこの巨大な楼閣に要求される人工登攀法に精通していなかったのである。

ラッセルと私は、この処女地に通路を求め、そして発見した。霧の時でも、この路を通れるようにするために、五〇ほどの石を道標に立ててきた。

午後遅く、われわれは疲れきって、しかし無事キャンプに戻った。また雨が降ってきた。日記を書く時間である。ラッセルもいまは日記をつけている。だが彼も私同様、疲れているようにみえる。私は高山病にもかかわらず、肉体的には快調である。鼻は日焼けで皮がむけてしまった。高い所では陽射しが強く、しかも、ガスが水滴となって、無数のレンズの役をしている。

二月三日

ラッセルと私は、イデンブルグ山頂の方向にも、もう一つ氷のない通路を踏査した。ダニが氷河を歩くことは、どうしても避けなければならない、と考えたからである。岩や倒木の上ならやすやすと歩くダニも、氷河では座礁してしまうだろう。それから、黒メガネもかけさせなければならない。今日発見したルートなら、ダニも本領を発揮するだろう。

途中われわれは、アルプスのユーリア峠にあるクギーの神々のテラスに似た岩棚に、長いこと坐っていた。そして、石楠花の一種で、火のように赤い、鐘の形をした花を写真にとった。以前、もっと低いキャンプ地でも、黄色い「ペチコート」をつけた灌木で、これと似た花を見た。石灰岩の張り出した断崖の下に、この花の咲く小枝を発見したが、それは、漂白したように純白で冷たく、永遠に色あせないかのようであった。

キャンプに帰ってみると、フィルがわれわれを迎え、三人のポーターが赤痢にかかった、と報せた。ラッセルは彼らの看病をするために、すでに基地へ向かう途上にある。明日はメーレンダール（湖のある谷）へ行き、そこで、基地からまっすぐやってくるバートとラッセルを待つことになっている。

二月四日

滝のように雨が降っていたが、フィルと私は、メーレンダールで、まがいない日曜日を迎えた。われわれは厳然とした北壁の麓で防水テントを張っている。ナガパルから押し出してくる氷河が、すぐ傍にある。

六人のダニ、そしてわれわれは、ニュージーランド峠の北側にある草地の急斜面を登った。ゆっくり、ゆっくり前進するだけだ――寒気、そして稀薄な空気と戦わなければならなかった。しかし隘路を登りつめると、この苦しさもたちまち忘れてしまった。ダニが生まれてはじめて雪と氷を経験したのである。

彼らは衝動的な反応を示し、フィルと私に抱きついた。「ドゥグンドゥグ」に一緒に連れてきてくれたことに、感謝するためである。次の瞬間、ダニたちは氷に飛びついた。塩だろうと考えたらしい。斧で大きな塊りをかきとると、食べてみて、荒々しいツイストを踊りだし、完全に我を忘れてしまった。やがて、最初われわれに示した愉快な反応と同じように、独特な反応がはじまった。ダニは、それぞれ、この水晶のように透明な宝物をできるだけたくさん取って、溜めこもうとした。彼らは笑いながら、集めた宝を、お互いに見せあった。この場を動こうともしない彼らを先へ進ませるのは、容易なことではなかった。ドゥグンドゥグへの帰り道に持って行ってもいい、と約束してやると、やっと彼らは歩きだした。

悲しいかな、すぐまた雨が降りはじめた。カルステンツ・ピラミッドはガスにつつまれてしまった。ポーターはみじめな気分でいるらしい。急な登りでは、彼らに手を貸してやらなければならなかった。いつもの活発さもどこへやら、子供のように頼りない。昼頃やっと、氷堆石でできた緑の湖の水際、石のごろごろした砂地の真中にテントを張った。氷河の後退していった様相がますますはっきりしてきた。信じられないことではあるが、オランダ隊の探検後、厚い氷の層が消え去ったとみて、まずまちがいあるまい。氷河の後退した距離もさることながら、むしろ融けた容量が問題である。明朝、二五年前にオランダ隊が残していった石標を探してみよう。そうすれば、この変化を、より正確に立証できるだろう。

一九三六年の末、この地域は小編成の探検隊によって徹底的に踏査された。リーダーはA・H・コライン博士、パートナーは空軍機関将校F・ヴィッセルと地質学者J・J・ドージィ博士であった。われわれの発見したニュージーランド隘路によって、すでに調査された地域との連絡がついた現在、オランダ隊の記録を使って、われわれは楽に仕事ができることになった。

二月五日

たそがれ時。昼間は暗澹《あんたん》たる曇りだった。それでも、たまには楽しいこともあった。石標は、当時、氷河の先端に六四メートルの所まで建てられ、その傍には記念帳があるはずだが、石標の探索は、この付近では見込みがなさそうであった。すべては荒涼とし、生物は見られず、苔も草も全然なかった。あるのは氷河の水でできた二つの湖だけである。石標は氷河湖の底に消えたのだろう、と、そう思いはじめた頃、フィルが突然「見つけた」と叫んだ。本当だった――ずっと外側、谷を斜めに走っている氷堆石の山の背に、探し求めた最初の石標が、霧からくっきり浮き上がって見えた。石標の周りには苔が生えており、苔の下に、ブリキ缶があった。錆びてはいるが、それでも形は元のままである。われわれは缶をテントに持って帰って、開けてみた。四つに畳んだ紙は錆で傷んでいたが、縁の所にドージィというみごとな署名がはっきり読めた。しかし、その内容はオランダ探検隊の報告によって周知のものばかりだった。われわれはこの文書を慎重にプラスティックのケースに収めた。われわれがそれに夢中になっていると、テントのすぐ外で鳥がピーピーと啼いた。こんな高い所にも生命がある、と言おうとしているかのようだった。

さてわれわれは、さらに河上にある二つの石標を探さなければならないが、これは簡単に見つかるだろう。現在、氷河の後退した規模はおおよそわかっている。私にはなぜだか、よく理解できないのだが、すでに二回も、地質学者が石標の傍まで行っていながら、それを発見することができなかったのだ。しかし考え方を変えれば、それがために、二五年間、人手に触れられず放っておかれた缶が、われわれの手によってはじめて発見されたわけである。

二月六日

今朝はひどく寒かったが、太陽はあった。われわれは衣類を広げて、いくらかでも乾かそうとした。そして休みの時間を利用して、テントの周りに石の塀を築いた。夜の風雨を防ぐためである。その外の時間は、「湖の谷」「黄色い谷」から成る馬蹄形の盆地全域にわたって、一日中、調査することで過した。この調査で、われわれはさらに二つの石標と、オランダ隊の記念帳の入ったブリキ缶を発見した。しかし缶の蓋は湿って、一つにくっついてしまっていた。宝探しなどというものは、実際にはドキドキするようなものではない。この文書は当局の手を介してドージィ博士に送ってもらおう。博士もよろこんでくれると思う。われわれはふたたびピラミッドの壮大な絶壁を眺望した。西の方には、小さな氷の冠をいただくイデンブルグのピークもみえた。南には雲が集まっていたが、その上にくっきりと突き出て、ぎざぎざに尖った尾根があった。

キャンプでラッセルに会った。彼は七人のポーターと基地からやってきたのだ。そして、バートもすでに第一キャンプに来ていること、病人たちは快方に向かっていること、を報告した。天候が計画を妨げなければ、明後日には、北壁の下部に野営を移せるだろう。

新たに着いた七人のポーターにも、氷は大変なセンセーションを巻き起こした。彼らは空缶に氷を集め、谷に持って帰って、ドゥグンドゥグの驚異を見せよう、というのだ。山を下りれば、融けてただの水になってしまうと、彼らに説明しようとしても、それはまったく無意味である。凍るとか、融けるとかいうことが何なのか、彼らには考えられない。彼らの言語には、それに相当する言葉がないから、彼らの頭には、この不思議を容れる余地はないわけである。

二月七日

フィル、ラッセル、そして私は、オランダ隊が基地を置いた辺り、低く広がる「カルステンツ高原」へ探索の小旅行をした。われわれは数時間も、胸まである尖った草を漕いで歩き、沼地と悪戦苦闘した。夕方六時頃、テントに戻ってみると、バートが来ていて、湯を沸かし、お茶の用意を整えていてくれた。熱いお茶がこんなにおいしいことはめったにない。おかげで、疲れてはいたが、今晩も気持ちよいものになった。空には珍しく星がきらめき、星の間にはやさしい三日月がかかって、まるで子供の絵本からとった景色のようだ。

明日は四人で昨日の道程をくり返して、ヴォラストン氷河の見える峠まで登ろう。もし天気がもてば、未登頂の東カルステンツ・ピークも試みよう。

二月八日

今日もまた例の通り黒い厚い雲ではじまった。それでもわれわれは出発した。その甲斐あって、雲は消え、カルステンツ氷河を越えて峠に達したが、ヴォラストン氷河は見られなかった。この氷河も融け去っていた。この地域では、どの一隅に立ってみても、その都度、新しい大規模な眺望と、目を見張るような風景が開けた。われわれは登りつめ、岩頭に立って、それをヴォラストン・ピークと命名した。こんなことは後にも先にも唯一度きりのことだったが、はるかに八〇キロを隔てたアラフラ海を望むことができた。氷雪地帯から五〇〇〇メートル下にある海岸の熱帯密林地帯がみえるのである。南海岸にそって、すくなくとも一〇の河口が認められた。あそこでは、インドネシア軍の上陸に対する備えを固めている。また、あそこで、カルステンツの水夫が食い殺されたのであり、あそこから、カルステンツははじめて氷と雪を発見したのだ。

好天は続き、延々と伸びたカルステンツ氷河をさらに進んだ。そして、われわれは切り立った氷と雪の背をつたって、オランダ隊がすでに二五年前に試みた東カルステンツ・ピークの初登頂に成功した。霧と雪の中を歩き回り、凍えきって山頂に立った時、キャンプ出発から五時間経過しており、バートに言わせれば、「おそろしく寒く」なっていた。時間は残りすくない。われわれは引き上げなければならなかった。

下山はガスに妨げられた。その上、再三尻もちをついた。氷河を乗り越えてしまうまでは、ザイルを使った。やがてチームを解散し、私は、お茶を入れるべく、先発した。途中、私は何度も「氷河で生じた沼」に膝の上までもぐった。これは、柔らかい土と水でできた一帯で、ぬかるみに似て、べとべとしている。キャンプに着くと、まず私は、きれいな氷河の水で、泥を全部洗い落とした。それから、濡れたまま、それでも、さっぱりした気分で、コッヘルを火にかけて沸かしはじめた。

そうこうしているうちに、他の者も帰って来た。われわれはコップ半分のジンで山頂征服を祝った。あとの半分はピラミッド征服の時に取っておこう。この探検の一つの目標はすでに達成したことになる。誰よりもバートにとって、これは大変な事業だった。彼は登山家ではない。われわれが「後ろの峰」に登ってくる間、バートは「前の峰」で痛いような寒さに耐えながら、たっぷり二時間も待っていたのだ。

明日は陽が照ってくれるように祈っている——雫が落ちるほど濡れてしまった色々な物を、乾かさなければならない。そうしたら、午後には、ピラミッドの北壁を、一度、できるだけ間近から拝むつもりでいる。

天候は常にわれわれの主題である。私はふと、バーナード・ショウが小説について「それから学ぶことは、何も学べない、という一事だけだ」と言っていたのを思い出した。気象に関しても、まったく同じことだ。それで、われわれは気象がよかろうと悪かろうと、何時も出発してしまう——帰ることはいつでもできるのだ。こんな所で「安全な」天候を待つ気になったら、決して成功はのぞめないだろう。

今日は、私の生涯で、最もすばらしい登山日和の一日だった。五〇〇〇メートルの高さから、黒いジャングルの彼方に見たアラフラ海の眺望は、忘れられないものになるだろう。カルステンツ北面の山群にあるその他の峰々も見たが、特に畏敬の念を感じる山、美しい山は一つもなかった——しかし、すべて未登頂である。したがって、これらの山頂も当然目標の中に入る。私は、カルステンツ山脈の全山頂を探る、という企てを立ててきたのである。

われわれは皆テントの中に坐り、パイプをふかし、日記をつけている。こうしていると、青年時代に私の好きだった歌がふと思い出される。

高みをめざして登りゆく、
これにまさる気高きことあらじ、
前人未到の　かの高みを……

二月九日

休養日。昨日、東カルステンツ山頂で、私は五回目の凍傷にかかったのではないかと、気になっていたので、もう一度よく両足を調べてみた。その時はほとんど無感覚になっていたのだが、山を下りてしまうと、まったく元通り、何でもなくなってしまった。

二月十日

午前中は氷河の測量で過した。その結果は驚くべきもので、二五年間に、カルステンツ氷河は四五二メートル後退し、メーレン氷河は七四五メートルも後退していた。われわれはこの新しい測量数値を記入し、それを防水した缶に納めた。また、ずっと高い位置、オランダ隊の古い石標のあった場所の後に、新しい石標を建てることを記載し、この報告も一緒に入れて置いた。

午後になって、われわれはキャンプに戻った。われわれと前後して、二人のポーターと、パプア人警官ナヴァも到着した。彼らは宣教師G・ラーソンの手紙を携えてきたが、この手紙には、一同ただ驚くばかり、いささか当惑もしたが、結局、大笑いになってしまった。逃亡したポーターが二、三人、イラガで、自分たちの早く帰った理由を説明して、キャンプはまず飢えと病気に襲われ、最後には山崩れがわれわれ全部を生き埋めにしてしまった[1]、とまことしやかに言い張ったのだそうである。ところで、事実はだいぶ違うようだ。われわれは満腹し、健康で、生きている。カルステンツの最高峰をアタックすることだけを考え、その他のことは問題にもしていない。現在のわれわれに必要なのは、雪が沢山降って、その後、二、三日好天が続くことである。明日、われわれは、さらにトレーニングのために、ナガパルに登るつもりである。

二月一一日

未明に出発し、まずキャンプ背後の急峻な岩みぞを登り、岩場の広いテラスへ出た。はじめのうち、氷の上に新しい雪はほとんどなかったが、一歩一歩進むごとに、雪は多くなった。しまいにはズブズ

1　国際通信は「ハラー探検隊、行方不明」と報じた。かくて「ザルツブルク情報紙」には次のようなニュースが載ってしまった。
　ホーランディア発。オーストリアのハインリヒ・ハラーが率いる探検隊は、ここ三週間、消息を絶っている。この探検隊は、オランダ領ニューギニアにある標高五一〇〇メートル、未征服のカルステンツ・ピーク登攀を目的としている。探検隊は一月二九日イラガの谷を出発し、中部ニューギニア山地に向った。最後の連絡は、二月一日基地に帰ったポーターによりもたらされたものである。登山隊は送信機を使っているにもかかわらず、これまでの所、彼らと連絡をとることは不可能であった。

ブもぐるほど深くなり、ラッセルは困難を極めた。三時間後、われわれは一面の濃霧に包まれてしまった。視界はほとんどきかない。われわれは先頭を交替しあいながら、深いベタ雪をラッセルした。乱反射する光の中では、でこぼこや亀裂がわからないので、二、三歩ごとに缶詰の空き缶を前に投げた。こうすると、足場をはっきり確保できる。バートはしんがりを歩いた。だが彼の体重は相当なものなので、腹のところまで雪に沈んでしまう。そこで彼は、とうとう膝をついて這うように歩いた。臑《すね》が二枚の板の役を果し、彼の体重を支えられるのである。これは彼にとって非常な苦労であった。しかし一二時すこしすぎに、われわれは、凍え疲れ果てて、広い山頂に立った。雪が降りはじめた。それでわれわれはただちに山を下り、一時間後には、もうキャンプに着いてしまった。こうしてヌガパルの第二登は無事成功した。

われわれは皆、上々のコンディションである。夜のうちに天候が晴れたら、明日、われわれの最も渇望する目標、カルステンツ山脈の最高峰、ピラミッドに登ろう。

二月一二日

テントの屋根を打つ雨の音で目を覚ました。これでは、ピラミッドは駄目だ。天気は午前中によくなってしまった。しかし、ここは嵐の後のアイガーと似ていて、北壁には、濡れて滑りやすくなった雪が、いたる所にある。非常に傾斜の激しい個所にも、雪が付着していて、それが登攀を最高に難しくしている。明日に期待をかけよう。ありがたいことに、時間の切迫に追われることはない。ここには夏がない。したがって、夏が終わることもない。モンスーンも、雨季もない。「猿はゆっくり、ゆっくり捕えよ」――われわれも自若として、それを捕えつつある。いま、われわれは腹這いになって、日記をつけ、手紙を書いて、今日はポーターが基地から郵便を持ってくるかもしれない、と心待ちにしている。

二月一三日

昨夜、寝入った時には、雨が降っていた。およそ、まる二時間も眠っただろうか、私は目を覚した。するともう、じっとしていられないで、テントを出た。私はまだ希望を棄てていなかった。やがて三時頃、雨は止んだ。私は、また、温かい寝袋から這い出し、外を眺めやった。ピラミッドは霧に包まれていたが、雨はすっかり上った。フィル・テンプルも目を覚した。彼は、雨がもう降っていないことに気がつくと、オートミールを料理しはじめた。われわれは四時に食事をすまし、五時には懐中電燈をつけて出発した。まだ暗い中を、二つの氷河石標を上にみて通過したが、オランダ探検隊の昔のキャンプまでくると、稜線を越えて、曙光が這うように射しこんだ。オランダ隊のキャンプ地には、まだ石の暖炉が残っていた。われわれは、その中に懐中電燈を置いてゆくことにした。

夜は明けた。風は静かである。山は、ほんのすこしきりしかみえない。山頂の大部分は深い霧に隠されていた。好天を待つことは、実際上、無意味である。

ずっと前から予定していた壁へのアタック地点は、崖から崩れ落ちた砕石の堆積の上に、垂直に切り立って、待ち構えていた。フィルは、体重の重いパートをザイルに受け止めて、断崖を克服しなければならなかった。彼はあざやかにやってのけた。次のザイル区間も難しい個所だったが、ラッセルはきわめてリズミカルに、それを征服した。そのあとは、亀裂をなしながら、急角度で、連続的に高まって行く。石灰岩はザラザラして、無数の浅い溝が走っているから、ほとんど垂直の場所でも、しっかり足場を確保できる。一メートル、また一メートルと獲得していくにつれて、天気もしだいに良くなっていった。霧は薄れ、青い空が透いて光った。そして壁の約半分を登りきった頃、われわれと相対峙する北壁のほとんど全容が、輝く陽光の中にくり広げられた。もう逡巡することはない。頭上には、山頂へと続く西の尾根が、足下には、日を浴びる馬蹄形の盆地があった。また西の方には、われわれがすでに踏査したイデンブルグ山頂へ至るルートも、はっきり認めることができた。われわれは上々の気分で登攀を続け、急傾斜の亀裂を迂回し、九時にはもう、鋸の歯のような西の尾根に達した。

この尾根は、黒味がかった、無数の針のように鋭い石灰岩から成り、幽鬼ただよう風景のレリーフとさえ見える。岩の尖った先端が、靴の下で、バリバリと折れる。化学者や鋳鉄工がはめる厚い革手袋でなくては、つかむこともできなかった。

独特な岩石形態をなすこの山の、いわばミニアチュアの上を、われわれは、ほとんどまっすぐ上へ向かって、バランスを取りながら進んだ。突然、われわれは、切り立ったキレットの前に立った。深さは五メートル、裂け目の幅は二メートルほどだが、岩にハーケンを打ち込み、ザイルを使って下りなければならなかった。二番目を進むラッセルが、この亀裂を、思いきって跳び越した。われわれは息を飲んだ、が、ラッセルは成功した。尾根のこの最初の部分は、登攀技術上、一番すばらしい個所で、非常に楽しめる。

やがてまったく不意に、また霧が立ちこめて、そのあとすぐ、雪が降りはじめた。しかし天候の心配をしている余裕は、もうなかった。ヒマラヤとアンデスに次ぐ高峰を、われわれは望んでいるのだ。

ふたたび垂直に落ちる断崖が口をあけていた。それは、北の方へ約一〇〇メートル、乳白色の虚空へと消えている。崩れ落ち、断絶した谷の向こう側に、遠く、尾根が巨大な「霧の塔」となって聳えていた。
われわれは突出する小さな岩を見つけた。あれにザイルをかければ下りることができる。われわれはその岩に向かってトラバースし、柔らかい雪を登って、南壁の岩棚やガレ場を越え、突き出た岩に達した。ひどい吹雪だったので、そこにしばらく避難した。われわれはすでに五時間も登攀を続けており、肌まで濡れて、凍えそうだった。どうしても野営《ビバーク》は避けられないかもしれない。しかしその後、短い間ではあるが吹雪が止み、上方への眺望が得られた。先のルートは、それほど困難とも見えなかった。事実、登攀はふたたび易しくなった。われわれは、岩と雪、岩棚と断崖を交互に横切って、また尾根に出た。こうして山の南壁から北壁へと横断した。北壁はいまや、冬のアルプス登山と同じように、危険だった。もう一度、山の背の切れ込みを越えなければならなかった。岩の柱を巻いて、一歩一歩確実に、めんどうなルートを登り、切り立つ雪の尾根の上でバランスを取って進んだ。不意に、終わりになった。どちらを見ても、断崖絶壁である。私は時計を見た。午後二時である。われわれは山頂に立った。海抜五〇三〇メートル、ニューギニア島の最高地点である。

　山頂は、小さな円錐状をなし、四人には十分の広さがある。うれしくて、われわれは心から握手しあった。次に、四角や三角の旗を、全部で五枚、ザックから取り出した。バート・フィゼンガは大きなオランダ国旗を出し、われわれはそれを広げ、数個の岩で重石した。こうすれば飛行機からでも見えるだろう。次にはパプアの旗、さらにラッセル・キパックスの手織りのオーストラリア三角旗、フィル・テンプルのごく小さなニュージーランドの旗。フィルは黄色い煙草缶のレッテルを置いたものだ。最後に私は、赤白赤の、小さなオーストリア国旗を置いた。これは、国の人がとくにこの探検のために作ってくれた旗である。

　かくしてわれわれ――数カ国からなる平和的な小国際連合――は、カルステンツ山脈の待望久しき最高峰に、はじめて立ったのである。私は、かじかむ指に苦労しながらも、カメラのセルフタイマーをセットして、写真をとった。そして、大急ぎで下山した。

われわれは頂上までに八時間を要した。したがって現在、壁の麓までの帰路を、その半分の時間で踏破し、すくなくとも夕暗の迫る前に、この壁を後にしなければならないのだ。

事実、日は足下に沈みかけていた。すこし前、もう一度、雲が切れて、はるか下、黒いジャングルへの壮麗な眺望を与えてくれた。傾斜の急な山腹にある村の燈火さえ認められた。幸運に恵まれ、しかし疲れ果てて、われわれはふたたびオランダ隊の古いキャンプにたどり着き、懐中電燈を手にして、さらに一時間、歩くというより、むしろ、よろめきながら、キャンプに到達した。出発後一四時間であった。

この登頂はすばらしかった。しかしバートはわれわれには重荷だった。困難度は、まあアルプスの四級ぐらいであろうか。総括すれば、このコースは、初期の古典的登山――この種のものは、もう世界中どこにも残っていないが――の典型的特徴をそなえている。

いま、われわれはテントにうずくまっている。雨がパラパラと音をたてる。熱いお茶と残りのジンで、われわれは成功の気分をかみしめている。この日を祝うために、その他にも、生の胡瓜がある。私は三週間も、それをルックザックに入れて、持ち歩いていたのだ。しかし奇妙なことに、誰も空腹を感じていない。うれしさのあまりか、それとも、疲労のためだろうか。いずれとも私にはわからない。

われわれの成功は、良いチームを組めた、という条件のおかげである。われわれと原住民との間の、疲れを知らぬ仲介者としてのバート・フィゼンガ。医師であると同時に、いまなおオーストラリアのパイオニア精神を燃やす卓越した登山家であるラッセル。そして最後に、困難な雪山を完全にマスターしている若きニュージーランド人、フィル・テンプル。こうした人たちと組めば、未登頂の山の量り知れない奸計《かんけい》も、難なくあばかれてしまう。信頼するに足る人々である。山頂征服の後、彼らにまじって坐る、これこそ満足というものだ。

二月一四日

今日は当然、休養の日である。ラッセルはバートとボコンディニに帰るという。それで、フィルと私だけがとどまり、さらに登山を続けることになる。何よりもまず、この島二番目の高峰、これもまだ登頂されていないイデンブルグ・ピーク、これを二人は計画中である。

二月一五日

ラッセルとバートは、もう一日、とどまることになった。そこで、ラッセルも記念すべき周遊に参加した。

フィル、ラッセル、それに私は、今日、ナガパル山とニュージーランド峠の間に取り残された峰々に登り、どうしても一巡する鎖を繋いでしまおう、と企てた。十分に休養をとったわれわれは、未明に出発し、濃いガスの中を、数時間で最初の山頂に達した。方位は考えるまでもなかった。われわれはさらに進み、第二の山頂に登って、これが、いわゆる「北壁ピーク」だろう、と推定した。しかしそこで、霧と弱い吹雪の中に、もっと高い山を認めた。あれがナガパルに違いない――ただ、それは形が別の山のようだ。そこでわれわれは、雪をかきわけてさらに進み、その山頂に向かった。半時間後、その頂上に着いてみて、まっ先に考えたことは、先に越して来たと思い込んでいた「北壁ピーク」は実は、この山頂である、ということだ。しかし前と同じ疑念が私を悩ませた。霧のためにいまも方位を定めることができなかったから、なおさらであった。腹まである深い雪の中を、さらに、もう一度前進した。四番目の山頂に来た。もう、あれこれ考えるのは止めだ。謎を解こうという私の決心は、もちろん、変わらなかった。いつかは必ずナガパルを再発見するはずである——しかし鎖はまだ繋がれていなかった。五番目の頂上でも、確信は持てなかった——この山頂もあまりに低く、小さすぎるようだ。しかしその次、六番目の山頂、これは、どちらの側も切り立った雄大な雪山であった。

今こそ明らかになった。五番目のやや平坦な山頂が「北壁ピーク」だったのだ。そしていまにしてはじめて、われわれは本当のナガパルに立ったのだ。先週の日曜日、ナガパル第二登頂と信じ込んで登った雪の山頂は、東へ逸れた名もない雪山にすぎなかったのである。今日におくれてしまったが、われわれは、「日曜の素人猟師」に因んで、これを「日曜三角点《ゾンターク》」と命名した。現にわれわれが立っているこの山は、カルステンツ山脈の三大高峰の一つで、壮大かつ秀麗、しかも威厳があった。オランダ隊が二五年前の初登頂に際して抱いたであろうよろこびを、私は心鮮やかに描くことができた。

われわれは、この発見に興奮してしまった。就中《なかんずく》、三番目の山頂で止めてしまわずに、雪を踏み、霧と弱い吹雪とを衝いて前進し、ついに、あの謎を解いてしまったこと、これが私にはうれしかった。

フィルは明らかに自分を過大に評価していたようだ。彼は元気がなかった。そこで私は、ほとんどずっと一人で、先頭を切ってラッセルした。興奮が私を活動へと駆り立てて止まなかった——一日に六つの山頂。午後テントに帰り着いた時、私ははじめて疲れを感じた。

依然としてわれわれの前に立ちはだかっているのは、北壁の残りの山頂、イデンブルグ・ピークである。これは私とフィルだけで登ろう。

カルステンツ山脈心臓部での最後の夜が帳を下ろした。明日はポーターがやってきて、メーレンダールに残っている物を全部、第一キャンプに持ち帰るはずである。ラッセルとバートはイラガへ、フィルと私はイデンブルグ・ピークへ向かうことになろう。

高地にあるこのキャンプはまったくすばらしい。景色や登山上のすばらしさばかりではなく、われわれ人間にとっても快適なキャンプ地であった。計画した峰々は、すべて、まことにうるわしい友愛のうちに登頂された。なかでも、一目その姿を見れば、いかなる登山家も憧れてやまないだろう山、それは、ピラミッドである。

ポーターたちは全部、今夜は、第一キャンプにいる。気のいいオカーがいないのを、私は、ちょっと寂しく思った。しかし、その反面、今宵、最後の晩を、ラッセル、バート、フィルの面々だけと過すのも、好ましいことだ。

かわいらしい一対の鳥の他には、ここ、氷河の後退したあとに新しくできた世界には、一匹の動物もいない。一本の樹もない。まばらな苔と、ほんのわずかな草むらが、新しい大地に根を下ろしているだけである。草の種はおそらく嵐によって、ここへ運ばれてきたのだろう。これ以上の無垢と孤独は、考えることもできない。最後の氷河時代が衰えた後の私の故郷も、多分こんな風だったに違いない。

二月一六日

カルステンツ探検の終幕がはじまった。雨中、われわれはキャンプ地を去った――そのためか、別離は辛くなかった。ニュージーランド峠で、われわれは楽しい小休止をとった。ダニたちは、ここに

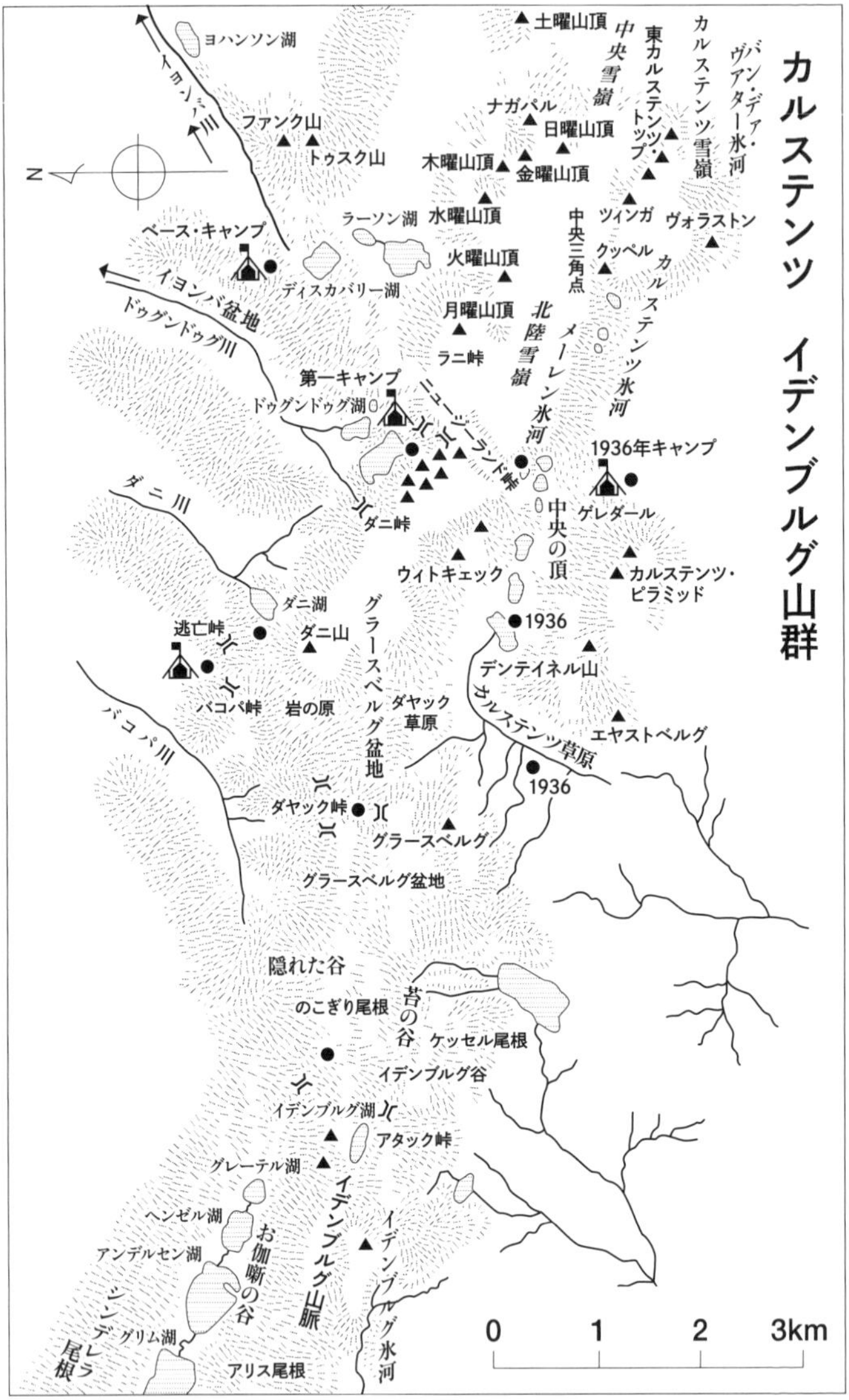
カルステンツ　イデンブルグ山群
土曜山頂
中央雪嶺
東カルステンツ・トップ
カルステンツ雪嶺
バン・デァ・ヴァアター氷河
ヨハンソン湖
イヨンバ川
ファンク山
トゥスク山
ナガパル
日曜山頂
木曜山頂
金曜山頂
水曜山頂
ツィンガ
ヴォラストン
中央三角点
ラーソン湖
ベース・キャンプ
火曜山頂
クッペル
カルステンツ氷河
ディスカバリー湖
イヨンバ盆地
ドゥグンドゥグ川
月曜山頂
北陸雪嶺
メーレン氷河
ラニ峠
第一キャンプ
ドゥグンドゥグ湖
ニュージーランド峠
1936年キャンプ
ダニ川
ダニ峠
中央の頂
ゲレダール
ウィトキエック
カルステンツ・ピラミッド
ダニ湖
グラースベルグ盆地
逃亡峠
ダニ山
1936
デンテイネル山
バコパ峠
岩の原
ダヤック草原
カルステンツ草原
エヤストベルグ
バコパ川
1936
ダヤック峠
グラースベルグ
グラースベルグ盆地
隠れた谷
苔の谷
のこぎり尾根
ケッセル尾根
イデンブルグ谷
イデンブルグ湖
アタック峠
グレーテル湖
イデンブルグ山脈
ヘンゼル湖
イデンブルグ氷河
アンデルセン湖
お伽噺の谷
シンデレラ尾根
グリム湖
アリス尾根
0
1
2
3km
N

氷のカケラを置いていた。谷に持って帰って、友人や一族の者たちに、このドゥグンドゥグ――つまり味のない貴重な冷たい塩――を見せようというのだ。高地のキャンプで、すでに彼らは、缶詰の空缶や色々な容器を取っておいた。いまや彼らは、この宝物をつめこみにかかった。下に下りれば、氷は融けてしまうだろう。そして彼らは、この一部始終を魔力と考え、それを奇怪な物語にして話すだろう。二、三の者は、氷を粘土の中に詰めて、さらに新聞紙で包み、ていねいに紐を結んでから、酢漬けのキャベツの空き壜に入れた。こうすれば確かに融けないかもしれない。とにかくダニがこれを考えたのだから、驚く。

雨が流れるように降りだした。北壁では、雷が鳴った。いたる所から、滝が奔流となってほとばしり、見えるかぎり、一帯は騒然と沸き返った。われわれが後にしてきた隘路の北側にある谷へ、一面の雪雲が流れ込んでゆく。この世が破滅するかと思われた。

ポーターたちは、この自然のひしめきを感じとって、おそろしい焦燥に駆られた。激しい身振りをして叫びながら、駈け出した。空には、不安と災いが満ち溢れていた。第一キャンプに至る最後の急な下り坂までくると、ダニたちは、もう完全に平静さを失ってしまった。イラガ出身の一人のポーターが、たまりかねて、危険な岩壁を飛び下りようとした。彼は槍にでも突かれたような悲鳴をあげ、白眼をむき出して突進した。さいわい、もう一人がすぐ後から飛び込んで、彼をつかまえ、錯乱者をおさえようとした。さらに二、三人のダニが駈けつけ、彼を引きずり倒し、その中の一人は、錯乱者の周りを躍るような足取りでグルグル回りながら、杖で大地を叩き、力強く叫び続けた。魔力を祓おうというのだ。しかし、それではまだ十分でなかったらしい。彼はピッケルを手に取るや、それで土の上に魔力のおよぶ圏を円く書き、この線から悪霊を追い出し、遮断しようとした。だが病人はいっこうにしずまらなかった。結局、ラッセルと私が病人の所へ行き、なだめるように話しかけ、両側から彼の腕を抱いて、キャンプまで残り一五〇メートルの下りを連れて下りた。背後では、他のポーターたちがわめいていた。それを聞くと、まだ不安であるらしい。しかし実際は、悪霊をさらに追い払おうと企てていただけだった。病人はまっすぐキャンプに着いた。彼はたちまち、くずおれてしまった。別のダニが、すぐ手の窪から水を飲ませてやった。ショックには多量の水を飲ませるのが最もよい治療である。ダニがそれを知っているのに、われわれは驚いた。やがて、この男は髪の毛をつかんで叩きはじめた。すると錯乱者は本当に我に返った。「救い主」は他の者に賛嘆されながら、誇らしげであった。

このようにして「ドゥグンドゥグ」、つまり氷の地は、——劇的な告別を与えてくれた。

二月一八日

昨日は日記を書かなかった。ラッセルとバートの出発に一日の大部分を費やしてしまった。ことにラッセルのいないのが非常にさびしい。彼の友愛とストイックな静けさは、私自身には欠けているものである。またバートが原住民とつき合う際の確信も、同じである。二人とも、すでにもう、イラガへの途上にある。

フィルと私だけであった。二人用テントが急に大きくなった感じだ。いつもと違って、深閑としている。

二月一九日

われわれは、イデンブルグ登高のため、ポーターを五人だけもらった。それで、フィルも私も重いザックを自分で背負った。どうしても必要なものだけを携行したのだが、それでも、五人のダニには過重である。当然、何度も休まなければならなかった。こうして数時間、われわれは北壁に沿って、なだらかなダニの峠道を二つ通過した。そこへ、ダニの大嫌いな雨が降ってきた。雨の中を歩くのに、憎悪さえいだいている。しかし途中で、フィルがハリモグラを見つけると、それがダニの気晴らしになった。彼らは、しきりに歓呼し、笑いながらこの動物に飛びかかった。ハリモグラは身に迫る危険に、短く白い針を逆立てて喘いでいる。実は、これは退化現象なのだ、と私は思う。と言うのは、この辺りではハリモグラに敵するものはなく、したがっておそらく、針などはまったく使わずにすむからである。ダニは、しばらくその周りを踊り回っていたが、やがてわれわれのピッケルを取ると、それを叩きつぶしてしまった。彼らにしてみれば遊びなのだ。ダニは子供のように無知な残酷さをもっているが、これは、別の面で同じように際立った優しさと対立している。

この一幕があったのち、われわれはふたたび移動をはじめた。われわれの前でたえず消えてはまた突然現われるポーターたちは、まるで幻想的な絵のようだ――ぼんやり遠ざかっては、また生まれ、灰色に薄れたかと思うと、かき消える幽霊の陰だ。時々、靄を通して貧弱な日光が射した。すると、逆光線の中で、ダニの姿から湯気が立つのが見えた。これも童話の世界の絵のようだ。

苦難を重ねた末に、われわれはダニ湖の黄色い沼地に着き、そこにテントを張った。

二月二〇日

ふたたびわれわれは新しい地域に踏み込んだ。以前、人が足を入れたこともない土地に触れた。山は雲に覆われていたが、気分は上々だった。ポーターが一人病気になり、さらに二人は逃亡してしまったが、気持ちが滅入ることもなかった。今頃、彼らは、きっと何処かで、山崩れでわれわれが埋ってしまった、などと話していることだろう。ポーターが二人では、円滑に前進できないのは当然である。われわれは一番近くの稜線まで、荷物をリレーしながら、引張り上げた。鞍部まで道程の三分の二ほど来たかな、と思った時、驚いたことには、もう上に着いたと、フィルがうれしい確認を伝えてくれた。もう限界まできていた。重い荷物に、私はまったく参ってしまっていた。フィルだって同じだった。一二時、二人のポーターも到着したので、われわれはキャンプを張った。テントを建てていると、時々、霧の合間に、われわれと、目標であるイデンブルグ山頂との間に横たわる錯綜した石灰岩の山塊が見えた。

三人のポーターが落伍したので、われわれは計画を変更した。まだ残っている二人のポーターを湖水のキャンプへ送り返し、二人だけで先へ進もう。フィルと私の荷物は、それぞれ、シュラフザック一個、羽根入りのヤッケ一つ、換えのシャツと靴下、各一つ、ライカ、四日分の食糧から成っている。食糧は日に三度の主食、後は高単位の栄養食である。今後は露営《ビバーク》するための張り出した岩を見つけることに、のぞみを託そう。しかし、石灰岩台地は、残念ながら洞窟には恵まれていない。

二月二一日

苦しい一日だった。そしていま、みじめな夕べを味わっている。私は頭に傷を負い、左膝の内側靭帯を痛め、両手とも傷だらけで、ほとんど書くこともできない。その上、二人とも濡れ鼠だ。

今朝早く出発したときには、もう雨が降っていた。フィルと私だけだ。途中、われわれは小さな湖や小川を沢山発見した。しばしば高みから谷底を眺めたが、そのたびに、古代における人間文化の限界を見る思いがした。しかし、思い違いをしていたことが明らかになった。われわれは、胸まである草を分け、ガレ場を越え、岩塊の間を縫い、苦闘しながらトラバースした。岩はさまざまな色の苔で一面におおわれ——一見したところ、すばらしく美しかった。だが、この美しさは意地の悪い危険を秘めていた。岩は苔でツルツル滑り、いたる所に漏斗状の陥没があって、道は、バランスを取って進む以外、手がなかった。重い荷物がそれをいっそう困難にした。徐々に、しかし最後にはやや油断して、見える通りの所だと、高をくくってしまった。ちょっとした不注意、するとたちまち、私は苔でおおわれた岩に足を踏み滑らし、転倒し、どこかにつかまろうとしたが、ルックザックの重さに引きずられて、とめようがなかった。その時、左脚が急な漏斗状の穴に落ちて、腕を開くと、尖った穴の縁に、やっとつかまることができた。私は、ピッケルを上の方にしっかり打ちこもうとして、振りあげた途端、額の目のすぐ上をぶつけてしまった。フィルが、このまことに不愉快な状態から救ってくれた。それでも、私がふたたび前進できるようになるまで、時間がかかった。

岩塊や、高く堅い草や、泥沼を通り、ゴロゴロした石の上を歩いて、さらに奮戦を続けていると、はじめは弱かった雨が、やがてドシャ降りになった。豪雨の終わるのを待とうと、われわれはズブ濡れのまま小休止した。だが止みそうもなかった。ふたたび前進。すると今度は、峠に至る最後の急峻な登りだ。私はもう先導できなくなった。そこでフィルが先に立ち、こごえてはいるがすりむけてはいない手に、責任を引き受けてくれた。四四〇〇メートルで、われわれは峠の頂上に達し、石標を立てた。

われわれは疲労困憊して、洞穴を探した。一時間ののち、やっと、殺風景な石灰岩台地に大きく張り出した岩を見つけた。その岩陰には、ほんのすこしだが、乾いた土が残っていた。こんな所でさえ、ビバークできるようにするには、二時間以上も労働しなければならなかった。軒のように張り出した岩が雨垂れを落としている。足をせまい岩の裂け目に入れると、頭はうまく岩陰に入る。紅茶を入れようと、フィルは濡れた苔をしぼった。茶の葉がなくても、なるほど、水は茶色になった。とてもじゃないが、今日は快適だった、とは言えない。

二月二二日

朝は寛容に多くの苦難を取りのぞいてくれた。かじかみ、凍え切って、岩の裂け目から這い出してみると、太陽が輝いていた。はるかアラフラ海まで見透せた。しかしいまは、何処にもあった細い流れが消え失せてしまって、お茶の水を汲むことができなかった。それならばと、私は濡れた苔をしぼりにかかった。だが白日の下で、苔のシロップが、こんなに薄茶けて汚いものだと、はじめてわかった。私はハンカチで濾そうと提案したが、フィルの考えでは、靴下の方がうまくいくだろう、とのことだ。この一件からも、二人の文明人の趣味は、不毛の荒野に立ってさえ、どんなに違ったものであるかがわかるだろう。好天がよび覚ましてくれた爽快な気分は、お茶の朝食が終わる頃には、ふたたびかき消えてしまった。われわれを待っていたのは、イデンブルグへの途上、流れるような雨の中のもう一日であり、ポーターのいないもう一日であった。

われわれのルートは、「隠れた谷《ヒドゥン・バレイ》」と名づけた谷を通って行く。この谷は非常にせまく、切り立つ壁の間に隠されていた。ここにわれわれはいまビバークしているのだ。

明日はイデンブルグ山頂を見たいものだ。すこしでも太陽が出てくれると、いいのだが、昨日来、われわれは十分それに価する働きをしてきたはずだ。しかし、このいっこうに止みそうもない陰鬱な雨の最中にも、われわれは冒険と新しい事実とを探り、体験してきたのだ。

二月二三日

それは、今日発見した最もすばらしいものの一つだった。もちろんそれは、方位を誤った代償として購《あがな》われたものであり、そのため一日を棒に振ってしまった。いずれにしても、今日はもう、イデンブルグ山までは着けないだろう。

話は不愉快な夜からはじまる。寒く、じめじめして、ほとんど眠れなかった。朝は霧とともに明けた。霧は濃いガスとなって、せまい谷を這っていた。寒気にぞくぞくしながら、「隠れた谷」を西へ進んだ。しかし、まだいくらも行かないうちに、分水線を越えているのが、明らかとなった。つまり、われわれは新しい谷に入っていたのである。眺望を得ようと思って、われわれは急斜面をよじ登った。草や岩と格闘しているうちに、霧が薄らいできた。その時、予期しないものが眼前にくり広げられた。息を飲むほど美しい谷である。それは同じ平面上を西に向かってのびている。白い石灰岩の懐に抱かれて、三つの大きな湖と、ずっと小さい湖が一つ、さらに、谷が平地へと開ける手前に「小さな親指」のようにとび出して岩塊が立っていた。過去の私の探検をすべて想い返してみても、これほどみごとな光景は、いや、これに近い眺めでさえも、認めることができない。

それでもフィルは、はじめのうち、やや意気沮喪していた。錯誤のため、一日を無駄にしてしまったからである。しかし、この風景は、一日の無駄に値するし、もし必要なら、イデンブルグ山頂を犠牲にしても見合うほどのものだという私の意見に、フィルもやがて歩み寄った。新しく発見したものに名前をつけようと二人で考えた。この辺り一帯は、すべてが、まことに童話的、神秘的であり、魔

お伽噺の谷

法にかけられたように美しいので、これらの湖をヘンゼル、グレーテル、アンデルセン、グリムと名づけた。この谷はお伽噺の谷《メールヘンタール》、二筋の岩尾根はシンデレラ尾根、アリス尾根と命名された。「親指小僧」の立っている辺り、大きな平地はピーターパン草原の名でよばれ、アリス尾根にある亀裂だらけの醜い二つの頂は、「不思議の国のアリス」に出てくる双子に因んで、ツィーデルディー、ツィーデルダムとよばれた。

　まったく童話の国にいるような気分だった。なぜだろう。飛行機やロケットがとび回っているこの地球上に、ニューギニア石器時代人の村々より高く、誰一人として、空中からさえ、見た者のいない谷と四つの湖がまだ残っており、それをわれわれが発見したのだ。これがお伽噺でなくて何であろう。この谷は、どの地図にものっていないし、さらに西には、未調査の領域が広がっている。だが、それを探っている暇はない。われわれの目的はイデンブルグ山頂であり、三月一日には基地にポーターがやってきて、探検用物資を持ち帰ってしまう。したがって明日は、どうあっても山にとりつかなければならない。いまは「隠れた谷」のキャンプに戻ろう。地図に名前を書き入れていると、コバシコマドリがすぐ傍まで近寄って、さわぎ立て、悲しそうにピーピー啼いた。見渡すかぎり、雨を防げる場所はここだけなのに、われわれがそれを取り上げてしまったからだろう。

二月二四日

今夜、われわれはテントのない最後の一晩を迎えた。しかし、そんなことは、もうどうでもいい。イデンブルグ山頂を征服してしまったのだから。四八〇〇メートル、ニューギニアで二番目に高いこの山塊も、初登頂されたのだ。

昨夜は一晩中、ほとんど一時間ごとに目を覚ました。雨が降っていた。夜も、夜中も、朝も、降り続いた。成功の見込みもおぼつかないままに、意を決して、イデンブルグ山頂のアタックに出発した時も、依然として降っていた。灰色の霧におおわれて、お伽噺の谷は目前にあった。岩壁の深く暗澹とした陰が、湖面に重くのしかかっていて、昨日の親しげな姿は、想い出そうにも、何処にもなかった。

われわれは力強い足どりで歩き出した。一歩ごとに、濡れた大地がピシャピシャ音をたてたが、着実に前進した。出発は、八時二〇分前だった。やがて天候も、一度は味方し、快方に向かった。雨はしだいに弱くなり、そのうち、まったく止んでしまった。そして、苔でビッシリの谷に着いた時、東の方、目の前に、カルステンツ・ピラミッドが陽を浴びて、ほっそりと優雅に、しかも厳として美しく聳えていた。朝霧が、岩と氷にまつわっていた。私はこの驚くべき山を、ためらいなく、この世で最も美しい山と語るだろう。いまはじめて西から見て、それが「ピラミッド」とよばれる理由がつかめた。確か——一九三六年、今日、われわれが見たのと同じ姿のカルステンツ・ピラミッドの写真が出版され、その翌年にはもう新しい探検隊が、ここに向かって出発したのだった。それが果たされなかったのが、われわれには幸運であった。

再三、われわれは誘惑に抵抗できずに立ち止まり、眺め、自然のこの美しさに目を見張り、楽しんだ——地球上には雪の地域がしだいにすくなくなっているのだから、私はこのような景色をまたいつ見られるか、わからないのだ。北壁にある白銀の峰々のすべてが、ナガパルから日曜峰にいたる赤道下の万年雪や氷河まで、改めてわれわれの眼前に展開した。軽い登攀ののち、イデンブルグの谷に入り、やがて大きな岩棚の間を通り抜けて、峠の頂に立ち、ここをアタック峠と名づけた。その向こうには、閉鎖された大盆地がのぞまれ、盆地の中央には堂々たる湖があり、湖から流れ出す川はなかった。この湖はすでに地図に記入されている。空から発見されたのだ。その輝くばかりの緑色は、あくまで華麗、その深みは、あくまで神秘的だった。アリス尾根の急傾斜をなす岩壁と、イデンブルグ山から落下する岩壁とは、この湖底で出合うのである。

いまやわれわれは山にとりついていた。急峻な壁を登攀し、ガレ場と岩場を交互に横断したが、全体的には、かなり容易な登りだった。黄色い岩の短い階段を二つ過ぎると、深い雪があった。あと残りの登りは、たった三〇メートルだった。われわれは、霧に包まれた絶頂、四八〇〇メートル余の氷の頂に立った。

私は時計を見て、フィルに聞いた、「いま、何時か教えてくれ。時計が止まっているんだ」。フィルはチラッと見て「僕のも止まっている。一一時二〇分なんだ」と言う。私のクロノメーターも一一時二〇分を指していた。時計は二つとも止まっているわけではなかった。四時間もかけずに登頂してしまったのだ。それなのに、二人は、疲れても消耗してもいなかった。コンディションは上々であった

——それだからこそ、こんな短い所要時間で、山頂に到達しえたのである。

さてわれわれは石標を建て、空高いこの石標の中に、一種の航空便を遺した。「イデンブルグ初登頂。一九六二年二月二一日。ハインリヒ・ハラー、フィル・テンプル。隠れた谷《ヒドゥン・バレイ》のビバークから三時間四五分で山頂に到着。一一時二〇分。他の二つの山頂は諸君のものである」この手紙に添えて、小さなオーストリア国旗も入れた。さあ、下山開始である。

一時間後、われわれは壁を後にし、雨中、張り出した岩の下で休憩した。そしてすばらしく速かった登高と、その成功とをよろこび合い、笑いを交し合った。雪も、雨も、もはや何でもなかった——空から滝が降ろうと、何ほどのことがあろう。二人の成功は厳として動かないのだ。われわれは、これまでの探検でも最高の一日を、登山に過したのだ。というのは、たとえ登攀上の困難がなかったにしろ、ポーターなしでの行軍、待つことの忍耐、そして快速の登頂、これらが一つに結晶して、この計画を成功させ、一つの模範的な登高としたからである。

あと二、三日は、消耗する毎日を送ることになろう。三月一日には基地に着かなければならない。できることなら、ニュージーランド峠の西にある北陸の峰々にも登り、決着をつけたいと思う。

二月二五日

日曜日だから、当然と言ってもいいが、今日は十分睡眠をとった。とくに、今朝は未明から、また雨が降っていた。そう急ぐにはおよばない。お茶を飲み、イデンブルグ山頂への登山ルートのメモを書き、小旗と一緒に、オートミールの空き缶に入れて、後に遺すことにした。しまいには「今日は楽しい日曜日」とばかり、この小さい岩窟の中で、私は、一晩中乾燥させておいた薪を割りはじめた。

いつの日か、誰かが、この地域を調査して、この洞窟に来るかも知れない。そうしたら、この薪をよろこんでくれるだろう。

やがて、われわれは絶望的な霧の中へ、さ迷い出た。間もなく新しい峠を発見し、それを歓迎峠《ウエルカム》と名づけたが――峠はこの名前を名誉とは思わなかったようだ。その下には平坦な湿原が広がっていたが、それは不意に霧の海の中にとぎれてしまった。悪い予感がした。ものも言わず、ガレ場をガラガラ滑り下り、草原を横切ると、大きく口をあけた奈落の前に立った。強大な滝が、すくなくとも二〇〇メートルはある垂直な断崖を、底に向かって迸り、落下している。断崖には張り出しがまったくなく、落下して打ちあたる水は見られなかった。ザイルで降りようにも、突起した岩がない――何もないのだ。降りてみたところで、向こう側は、どう考えても、同じように切りたった絶壁だろう。来た道をもう一度引っ返そう。そして前に通ったビバーク峠を探すのが一番いい。だが突然、フィルがよろこびの声をあげた。彼は草の生えた棚を見つけたのだ。これなら、いけるだろう。われわれはこの棚をつたい、やさしい登攀をくり返して、断崖を征服することができた。この調子だと、暗くなる前にテントに着けるのぞみがまた出てきた。

さらに苦しい数時間が続いた。先日来の消耗からみても、食糧の不足がはっきりしてきた。結局、四角いブドウ糖を何度も齧《かじ》り、それが最後の道程を乗り切る助けとなった。

四時半、ついにテントの前に立った。濡れた服を泥の上に放り出し、シュラフザックの中にもぐり込んだ。しかし、それも湿って冷たかった。いま、私は腹這いになり、ふるえながら、これを書いている。だが二人とも気分は爽快である。フィルはお茶を入れた。おいしかった。雪と雨の中、登り降りの七時間、滑り下りてはよじ登り、苔の台地で転倒し、背丈ほどもある草や泥濘と何時間も格闘し、そのあとで飲むお茶は、また格別である。われわれは一〇〇〇メートルの標高差を克服してきた。こうしていると、疲労で地の底へ引き込まれるようだ。しかしもう、パチパチと石を打つ雨の音は聞かれない。聞えるのは、テントの屋根がサラサラ鳴る音だけである。二人は静かに休んでいる。

二月二六日

山やジャングルの孤独には、何か崇高なものがある。その静寂が敬虔な気持にしてくれる。フィルと私は、黙って静けさを楽しむのが好きだ。ただイデンブルグ山頂に登った直後だけは、二人とも歌とヨーデルを歌いまくった——勝利に酔っていたのである。しかし概して、雨のさざめき、滝のとどろき、ごく稀には鳥のさえずり、これらが、聞える唯一の物音だった。

今日は朝から、また様子が変わった。七時には、ダニ第一陣の「ワァワァワァ」という叫び声を耳にした。彼らは「逃亡峠《デザーツイオン》」に迎えに来たのだ。数日前ここで、二人のポーターは、あっさりわれわれをふってしまったのだ。われわれはやっと荷物を持ってもらえた。しかしフィルも私もルックザックだけはまだ背負っていた。その先もずっと背負って行かなければならなかった。

イデンブルグ一巡の旅は終わった。われわれが第一キャンプに帰着したので、ポーターも上機嫌である。ふたたび暖かい火にありついた。フィルも私も満足である。乾いたテントにサバサバして横になっており、テントの前には、濡れた着物が山をなしている。最後に一言。私はドゥグンドゥグ湖を見たが、湖上には対の野鴨がいて、尻を楽しげに高くあげて水中に潜り、餌をあさっていた。いまは乾いた服を着ているのに、それを見ると、私は思わずゾッとして、「野鴨にはなりたくないな」と、つくづくそう考えた。

二月二八日

一日休養したあと、フィルと私とは、今朝七時半、第一キャンプのうえの地溝を通って、ふたたび氷の登山に出発した。さほど困難はなかったが、やがて一一時、われわれは一九三六年の山頂に立ち、三人のオランダ探検家のうちの一人の名をとり、それをドージィ・ピークと命名した。

例によって石標を建てたあと、急な雪尾根をさらに進んで、一時間後には、三つの絶頂をもつ山の中央、コライン山頂に達し、ここにも石標を立てた。三番目の最も小さいヴィッセル・ピークは割愛した。というのは、フィルの具合が悪く、腹痛を訴えたからである。二人はニュージーランド峠の方向に山を下り、午後も早くにテントへ戻った。

これまでのところ、われわれは一六の山頂に登った。最後のをのぞいては、すべて初登頂である。これは大変な成果だ。それでも私は、天候さえ許すなら、さらに、北壁の西部にある二、三の山頂をやりたいと思う。もちろん、登る時間は、もうほとんど残されていない。明日からは、イラガを出たポーターたちが基地に着くのを、迎えることになっている。

三月一日

今日、フィルはテントに残った。高曇りの下、七時頃にはもう私は出発し、まず目指したのは、第一キャンプの西で北壁を横に切り取っている裂け目だった。しかしここで、巨大な岩塊に、たちまち登攀は遮られてしまった。張り出した断崖二つは、何とかうまくいった。岩塊一つ、滝一つをよじ登ろうとして、四五分も費やしたが、ついに諦めてしまった。登れる可能性は、確かにあったかもしれない。しかし、私はザイルなしで歩いているので、帰路のことも考えなければならなかった。ザイルなしでは、とても下れる所ではない。そこで私は大きなテラスまで逆戻りし、ここを迂回し、楽に氷のある地点に達した。私は無造作に意を決し、この地点からさらに東へ登り、一九三六年の山頂への線を結ぼうとした。最初のピークは氷もなく、きわめてやさしかった。そのあと、第二の頂に到着するには、深い雪をラッセルしなければならなかった。これまでの二つの山は大して高くなかった。しかしいまは、私の頭上に、西「ドゥグンドゥグ山」が招くように聳えている。私は、ちょっと躊躇したが、すぐ登攀をはじめた。きっかり一時間半ののちに、私は頂上に達した。さらに一五分、東の山頂にも立った。

さて、どの方向に下りたらいいか、と私はしばらく考えていたが、ちょうどその時、深い霧、弱い吹雪の向こうから、ダニ独特の咆哮を聞いたような気がした。ひょっとすると、ポーターがもう到着したのかもしれない。それで、この先の山頂は断念し、ただちにテントへ戻ろう、と決心した。しかしテントに着いてみると、誰もいなかった。私はふと、イデンブルグ山頂への途上でも似たような経験をしたのを思い出した。その時も、フィルと私は、人のいない所で人の声を聞いたのである。だが後になってダニが、この辺には山犬がいる、と話してくれた。山犬が啼いたり遠吠えしたりすると、人間の声と間違うほど似ているのかもしれない。

フィルはテントで眠っていた。私はおこしてみた。もう、ずっと良くなったようだ。

三月二日

フィルはふたたびふつうに活動できるようになった。そこで二人は、できるだけ沢山の山頂を探ろうと、別々の方向に早朝から出発した。気象と視界は、出発したときは例外的に良好だった。

まず私は、昨日の誤りを確認した。濃い霧と吹雪のため、私は、どの地点で雪線に達したのか、わからなかった。昨日は西に寄り過ぎて氷の線に着いたのが、いまにしてはっきりした。第二峰からドゥグンドゥグ山まで非常に時間がかかった理由も、これで明らかになった。私は霧でわからないままに、裂け目を大きく迂回していたのである。昨日の成果は、このようにして訂正された。つまり、二つのラニ山、大小二つのドゥグンドゥグ山に登頂した訳である。従って、昨日は不可能だと考えていたことだが、北壁の東部諸峰はすべて登ったことになる。

そこで今日は、ずっと西に向きを変えて、まず三番目のラニ山を目指したが、その登高は困難だった。それだけに、第四、第五のラニ山は、ずっと楽だった。これらはまったくの岩山で、ぴったり張りつめた広大な北壁氷河から五〇メートルほど離れていた。

私は西に向かって登攀を続けた。そしてやがて、まことに驚くべき事実に、めぐりあわせた。ダニ連山の岩の頂をいくつも越え、第四の山頂を過ぎたところで、また、深い裂け目の前に立った。ここには、もう北壁氷河がおよんでいないのが明らかとなった。しかしいったい、氷河は何処で終わったのか。この辺で氷河はおそらく穴に入ってしまうに相違ない。というのは、ダニ・大ピークのそばで――私は確かに見たのだ――それは小さな氷河となって、もう一度姿を現わし、主流からは孤立した独立の氷の島を成しているからである。私は両者の間の地形的関連を探ろうとした。事実、氷河は最後の裂け目を過ぎると、また南の方へ伸びていた。それで私は、これが最後の氷河なのだと思いこんでしまった。しかしダニ・大ピークに立ってみると、三方が氷河で囲まれているのに気がついた。南の方は、やや小さい頂が眺望を遮っているので、氷を見ることはできなかった。あの山の後ろに「穴」があるに違いない。私は、はっきり確かめたかったので、南に向かって半島形に突きだしたすこし小さいその頂にも登った。そしてついに私は見た。氷河には「穴」も「島」も「岬」もない。北壁の氷河は、ニュージーランド峠からダヤック峠付近で終わる処まで、一面にビッシリ氷でおおわれている。われわれは、あちこちまったく離れた所で、氷を見てきたが、それらはすべて、この巨大な一団の氷河の一部だったのだ。

正確な結論を得たことをよろこびながら、私は帰路についた。一人で九つの山頂に登り、そのすべてに石標を立てた。

フィルが戻った時には、もう、私はテントで横になり、新しくわかった北壁氷河の形を、地図に書き込んでいた。フィルはオランダ山頂の第三番目、ヴィッセル・ピークに登ってきた。これで、馬蹄形をなすカルステンツ地域には、われわれに残された空白はまったくなくなった。総計三一の全山頂が登頂され、そのうち三〇は初登頂であった。来る日も来る日も、われわれは、前人未踏の大地を調査した。お伽噺の谷を発見し、未知の湖を見つけ出した。文化的発展の上で、われわれより三〇〇〇年おくれている人々と共に生活した。そして、相共に、あるいは各人それぞれに、山の世界の限りない孤独を体験した。山頂に立つと、そこにはいつも、大きな静寂が支配し、それが私を捕えて離さないのである。それは、深く忘れがたい印象を残す沈黙の一瞬であり、人が自己を学び知るあの一瞬なのである。

三月三日

今朝九時、ついにポーターが到着した。われわれは荷造りをすませ、基地へ向かって行軍した。

フィルは別行動をとり、私はもう先ほどから乾いたテントに坐っているのに、まだ帰ってこなかった。彼はラーソン湖の向こうを迂回し、彼の表現を借りるなら「あそこから一度、角を眺める」、つまり、東カルステンツ山頂の絶壁を東側から見よう、というのである。

午後もほとんど過ぎ去ろうとしており、相変わらず雨が降っていた。その時不意に、パプア人警官が私のところに現われ、飛行機の一部と思われる金属の破片を渡した。キレギレの言葉で、彼はその外にも人間の足を見つけた、と語った。この警官の憶測では、墜落したのは宣教団の飛行機らしい、というのだ。私が一部始終をやっと理解したと思ったら、今度はフィルのポーターであるドゥグングが、紙片を持って現われた。この手紙は、飛行機をさらに捜索してみる、というフィルからの伝言だった。そのすぐ後で、善良なオカーが姿を見せ、報告をもたらした。それによると、フィルは残骸を発見した、そのため、基地への帰投はずっとおくれる、とのことだった。

私はすっかり慌ててしまった。というのは、ラッセルからの最後の報告は四日前に届いており、それには飛行機事故については全然言及していないからである。ラッセルはイラガから書いてよこしたのだから、当然知っているはずである。そうしてみると、この飛行機は、この二日ないし四日の間に、おそらくわれわれを捜索にきて、墜落したものと思わなければならない。

夜の帳が下りる頃、やっとフィルが帰ってきた。彼は湿った包を一つ持ってきて、それを開いた。パラシュートのぼろ布の中には、紙に包んだ歯と下顎の一部、それと二つの小さな紙入れがあった。やっと、すべてが明らかになった。紙入れの書類から、それがアメリカ機で、すでに一九四五年に墜落していることがわかった。一枚の小さなほとんど意味もない紙片が、この惨事の一切を説明してくれる。それは子供の玩具を買ったレシートである。このパイロットは、離陸直前にアメリカにいる小さな息子のために、それを買ったのだ。われわれのカルステンツ計画の暗い幕切れである。私がはじめ考えたように、この飛行機がわれわれを捜索にきて遭難したのではないことが、私には、せめてもの慰めである。これらの書類をオランダの当局者に渡そう。そうすればパイロットの親族もわかるかも知れない。

三月四日

アメリカ飛行機の一件があって、私はほとんど寝つけなかった。フィルも一晩中寝返りを打っていた。そして睡眠不足の、うっとうしい気分のまま、今日の日曜を迎えた。やがてわれわれはツヴィリングス湖まで下り、そこにキャンプを設営した。天気と道は例の通りである。上からも水、下からも水だ。しかしいまは、乾燥したテントの中でふたたび横になっている。ダニも、あちこちに、それぞれ小屋を建て終った。

たとえ、それが原始的であるにしても、われわれはふたたび人間の共同体を取り戻していた。何よりの証拠には、午後も遅くなって、しばらくご無沙汰していた笑い声が、またしきりに聞えてきた。私が目顔でオカーに尋ねると、彼はただ一語「クリガ……」と答えた。つまり、女の子だ。訝しく思って、なおオカーを見つめると、彼はこと細かに説明して、ダニの正真正銘の妻がこの一団の中に紛れ込んでいる、と言うのだ。所変われば、品変わるだ。で、女のポーターたちにあってみると、なかなかの器量だ——あるいは私の趣味がもう変わってしまったのかもしれない。

高地まで同道したポーターたちは、突然、すごいダンディに一変してしまった——きっと、あの五人のずんぐりした女たちにも関係があるのだろう。彼らは、もうふつうの荷物を背負おうとはしなかった。斧をかつぎ、肩で風を切って、得意気である。ことに、われわれが着せてやった毛皮の軍隊服を身につけ、革靴をはいて、気取り屋然として遊び回り、また、高地へ一緒に行かなかった同族の者たちと、はっきり命令口調でつきあっている。俺たちは身分が違うんだ、ということを示そうとしているのが、一目瞭然である。彼らは、そうしながらも、「ドゥグンドゥグ」で壜に詰めた氷のことを考えていたのかもしれない。おそらく、いつかそれを開けてみるだろう。そしてその瞬間——氷がなくなっているのに気がつくだろう。

三月五日

イラガに着くには、まだ二日の行軍が残っている。イラガは、われわれの第一の探検の出発点であり、またすでに計画のできている第二の探検の出発点でもある。今日、新しいポーターがやってきたが、残念なことに、郵便はなかった。ただ、ラッセルからのメモは持ってきた。ラッセルはケラボ山に登らなかったが、ラジオでわれわれのカルステンツ登頂第一報を聞いたそうである。

周囲は、また、活気にあふれた。今日は、はでやかな色彩の鳥を無数にみつけたし、先端が赤で、輝くばかりに白いシャクナゲも見た。シャクナゲは、われわれが見つけただけでも、四〇種類におよんでいる。

三月六日

八時半に出発し、狭い渓谷をつたって、下って行った。地図によると、この川はゼンギロロングと書いてあるが、ダニ族はこの名前を知らなかった。ダニはペーラップとよんでいた。

三月七日――イラガにて

いまイラガに着いた。朝八時に発進し、一二時には到着してしまった。最初の小屋を通りすぎる時、土民たちの心からなる挨拶を受けた。今朝まだ早く、ジャングルに立ちこめる霧の海の上に、もう一度ケラボ山を遠望し、また森の外れに、まだ見たことのない新種のシャクナゲを発見した。今度のは、人をうっとりさせる豪華な外観こそないが、麻痺するような芳香をもっている。私が当地で見つけたものとしては、最初の香りをもつ花である。ちょっとジャスミンに似ているが、私の感じでは、あまりいい匂いではない。私は、この花を二つ、日記帳の間に押花し、一つを帽子に挿した。帰り途のあいだ、ずっと、そのすばらしい香りは、私の周りにただよっていた。

イラガでの歓迎は好意にあふれたものだった。女たちは一番大きい甘藷を進呈してくれた――だが、これでわれわれの山頂征服を祝ってくれたのだとは思われない。むしろ、無事な夫と再会して、女たちはホッとしている、という印象を私は受けた。これは私の感じだが、女たちは「ドゥグンドゥグ」の魔法をまだ完全には信じていないようだ。私は男たちに言ってやった。お前たちはそこへ実際行ってきたのだから、自分のためにも家族のためにも、身の証しとなるような魔力の徴しを、何も求める必要はないではないか、と。しかし彼らは氷の包を開けてみた。すると、氷は一かけらもなかった。粘土と紙とブリキで包んできたのに、何もなかった。そしてこの瞬間から、「ドゥグンドゥグ」の魔力は、最初それに出会った日と同様に、ふたたび現実となった。われわれにとっては、単純な自然現象で、氷が融け、水が粘土にしみ込んで、なくなったにすぎない。だが、ニューギニアの土着民、石器時代の人々にとっては、これは奇跡であった。そして、説明できないことは、魔力であるより仕方がない。

二、三の西ダニ族が月刊情報紙に持ち込んだ報告を引用すると、われわれのカルステンツ探検は、こんな具合になる。「トゥアンたちに関し、私はお前たちに、トゥアン・フィゼンガと、彼らの兄であり首領であるトゥアン・ハラーのことを物語る。彼らは、カルステンツの雪の峰に登るため、でかけた。彼らは、西から来たダニ、すなわちワッケトッカ族、ミティプ・ワットニッポ族、ボーダ・ティブニ族の男たちと一緒に出かけた。最後の一人までみんな、カルステンツの峰へ行った。彼らがカルステンツに行き、トゥアンたちが驚いて見た後で、トゥアンの一人は『ヴールー』船で、つまり飛行機を使って、物を次から次へと高原へ落とした。物が高原に落とされてしまうと、西から来た二、三人のダニは、全部の道を歩いて、カルステンツの岩の峰へ登った。彼らが登っている間に、トゥアンは、一緒に来た者を大勢、送り返した。彼らは岩の峰に登った後で、峰の上で眠った。彼らは雪の峰に登った。彼らが雪の峰によじ登っている間に、月が来て、そして去った、つまり一月経過した。月が来て行ってしまった後、トゥアン・フィゼンガと、もう一人のトゥアンと、西から来た二、三人のダニは帰った。彼らはみんな帰った。みんなで斧と真珠と子安貝を分けた。峰の上にいるトゥアンたちについて、いま述べる。トゥアンたちは、カルステンツの岩の峰から、ケラボの山や岩の峰を一つ一つみんな登って、ぐるりと回った、つまりイラガに帰った。トゥアンたちはカルステンツに登った後で、最後の一つまで、みんな登った」

第二章　石斧の源へ

三月八日――イラガ

ちょうど八週間前、私ははじめて、ここイラガに到着した。一月一三日だった。その日、すばらしい石斧の一つを、これもはじめて手にした。当地では、原住民なら誰でも石斧を持っている。前にも、私はワメナで、ヨーロッパ人と石斧について、何度も語りあった。私はいつも同じ質問をくり返し、山岳パプアは何処から斧にする石を手に入れるのかを尋ねた。答はいつも同じで、知りません、だった。

ここへ来て、ダニ族やウフンドゥニ族にも質問してみた。しかし、ここでも私は最初のうち、満足な解答を得なかった。石の出所は明らかに極秘であり、非常に警戒されてしまう。知らない者にはタブーなのだ。私は、親しげではあるが、あいまいな答しか得られなかった。子安貝をやっても無駄で、答はいっそうなれなれしく、だがあいまいになるばかりだった。私の下僕、オカーは、意味ありげなウィンクをして、ついに秘密をあかし、「石は岩みぞから取る」と言ったが、その程度のことなら、とっくに想像はついている。オカーからも、それ以上は聞きだせなかった。私は、まさしく異邦人なのである。

この点は、現在、変わってきている。八週間の間に、親交が生じ、ダニはわれわれのおかげで、ドゥグンドゥグの氷を見たし、これに触り、食べさえした。彼らは、つき合いにおいてだけでなく、さらに、いったい何が一族の秘密で、何が秘密でないのか、という質問に答える場合にも信頼を寄せるようになった。そしていまは、私がしつこく尋ねる問に対して、すくなくとも岩みぞの名前だけは言うようになった。

それは「イエ・リ・メ」、つまり「石斧の源」とよばれる（イエは石斧、リは場所、メは源泉の意味である）。こういうことを聞き出す場合、アメリカ宣教師のラーソンとエレンベルガーは、欠くことのできない通訳である。

だが、イエ・リ・メというだけで、詳しいことは何もわからなかった。何か祭祀、礼拝のようなものが、これと結びついているらしい。いずれにしても、私はこの「源」まで行くつもりだし、事実、フィルと二、三人のポーターを連れて実行に移そうと考えている。この計画に三週間をふり当て、さらに一週間の準備期間を予定した。何をするにしても、私は、せっかちに急ごうとは思わない。ここでは、すべてに時間がかかることは、先刻承知である。

三月九日

今日、谷の南面に住んでいるウフンドゥニ族が、祭の宴を催した。私とフィルも客として列席した。食べ物にはパンダヌス椰子の赤い実があった。エレンベルガーが、最近、低い地区を旅して、これを持ち帰ったのだ。この実は、脂肪を豊富に含んでいて、山岳パプアの好物である。彼らの意見によると、この脂肪は豚の脂と味が似ているので、原住民にとっては、美食の一つである。しかしフィルと私の舌には、いまなお不愉快な味が残っている。これを調理して、皮をとり去り、まずいことこの上なかったが、きれいに食べてしまうまで、われわれはお相伴しなければならなかった。原住民とだいたい同じものを食べて生活する、というのが私の原則だったが、当分は、まだ好き嫌いを言っていられる。

ウフンドゥニは竈の上部を取りのけた。まず大きな葉を数枚、それに並べ、次に、一杯にならない程度に熱く焼いた石を入れ、それから石の間に、厚く赤い皮をつけた実と、色々な種類の野菜を入れる。こうしておいて、下に敷いた葉と、上に置いた葉を折り曲げ、石と果実と野菜でできた小さな窯をすっぽり包み、さらに石をのせて重石にすると、もう解けて口を開くようなことはなかった。それから一時間ばかり、おしゃべりをして過す。私は話題を「石斧の源」に何度も戻して聞いてみたが、悲しいかな成功しなかった。やがて頃あいとなり、竈が開けられた。果実と野菜は、それ自身の汁で蒸し焼きになり、前に並べられた。赤い果実は男たちの手から手へと渡され、その後で、女たちが野菜に取りついた。フィルと私は、すぐその皮にかぶりついたが、まだ料理が終わっていないのがわかった。まず皮を剝いで、脂肪のある尖って赤い中身を取り出し、樹皮で作った大きな半円形の桶に入れて、手でこね、水を加えてから、どろどろしたソースになるまでまぜる。他の者がまだまぜるのに一生懸命なのに、別の者は、もう剝いだ皮を嚙んでは、それでペチャペチャ腹を叩いている。やがて命令一下、皆いっせいに、この大きなソースをすすりはじめた。スプーンには木の葉が使われる。そして輪になった一座の間には、楽しげな舌つづみがこだました。そのうち、彼らの顔はソースで真っ赤になった。私の顔は真っ青になっていたに違いない。その味は、何としても私にはたまらないものだった。それでも、せめて忘れた頃には、ほんの一口ずつでも呑みこまないわけにはいかなかった。私は客だ。客というものは、何をしてもいい特権があるが、ただ、どんな場合にしろ、祝宴を拒絶することだけは許されない。パプア族だって、面白く思わないだろう。彼らは食べ終わると、脂だらけの手で、ふくれあがった腹をぬぐい清めた。それで、彼らの腹はガラス玉のように光った。

ダニ族に不信の念を抱かせないよう、これ以上「源」のことを聞きまわるのは、厳として慎もう。しかし自分の知りたいことを知ろうとする私の気持は、依然として変わってはいない。近い将来、ダニ族が石を割って、研ぐ時に、そこへ行ってやろう、と考えている。

三月一八日

日記を最後に手にしてから、もう九日たった。九日、その間に私は、「源」のある位置について、ふとした折に二、三耳にしたことをメモし、その覚え書を考えた。それはカンギメの近くにあるに違いない。フィルと私はカンギメまで飛行機で行き、そこからは、また歩こうと思う。現在までのところ私が知りえたかぎりでは、岩屑のある所への道は、カンギメからほんのわずかであるらしい。しかし正確に何処であるかは、相変わらず不明のままである。それは探さなければならない。岩屑はたった一つきりなのか、それともイラガの北、カンギメ地域に、さらに第二の岩屑があるのかどうか、この点についても、現在は不明である。ダニ族は、この問題には驚くほど頑固で、互いに矛盾した供述きりしてくれない。

五日前バート・フィゼンガが着き、郵便をもってきた。フランクフルトからの手紙で知ったのだが、逃亡したダニが苦しまぎれにしゃべったチョットした嘘――われわれが山崩れで命を絶ったという――嘘が、新聞報道として世界中に流されてしまい、われわれの安否がひどく気遣われているらしい。誤報であることを、早く皆に知らせてほしいものだ。

昨日、最後の支払いをすませた。改めて斧とブッシュ・ナイフが与えられ、また山へ同行した者、およびイラガと基地の間を二回以上往復した者は、時計をもらった。時計は、皆が非常に欲しがる品物で、何か不可解な、魔力的な、驚くべき物であり、したがってこれを持つことは自慢の種である。その外に、探検に参加した全員が、奇麗な色の鎖、わずかばかりの真珠、鉄の斧に使うチロル産の砥石を手に入れた。われわれの持っている、柄のガッシリした小刀も、皆は熱心にねだったが、これは数がすくないので、手放してしまっては困る。

今日、フィルはケラボに登ったが、時間不足のため、企てに失敗して、戻ってきた。こうなると、ケラボ山は未登頂のまま残りそうである。

三月二〇日

明日と明後日で、荷物は全部、飛行機で運べるだろうと、フィルが報せてよこした。現在ここには、一五〇〇ポンドの探検用荷物がある。そのうち、きっかり七〇〇ポンドは「源」へ進出するのに必要だから、カンギメへ空輸される。残りはワメナに運ばれる。

三月二一日――ムリアにて

何処に滞在していても、誰と話していても、いま私の興味を引き付けるものは唯一つ、すなわち、ダニ族の言うイエ・リ・メ――「石斧の源」である。今日、私は宣教師ラーソンの当地の宿舎から、長距離無線電話をかけ、何度かカンギメと通話してみたが、そこの人は誰も、岩屑については夢にも知らないらしい――私に話をしてくれた二、三の人たちは、一年あまりもそこに住んでいたのだが。

とすると、これはダニ族の固定観念にすぎないのかもしれない。魔力にまつわるお伽噺なのだろうか。私は諦めないで、さらにイルと通話してみた。すると、何か神秘な岩屑のことをムリアで聞いた覚えがある、という話にとうとう行きあたった。そこでムリアをよび出した。そしてムリアの北に岩屑が一つあること、二人の宣教師がすでに一度、いく日か歩いて、その傍まで行ってきたことを確かめた。岩屑が見つかるだろうか、という私の疑念や憂慮は一挙にのぞかれてしまった。それは存在するのだ。ただの伝説ではない。現実なのだ。

昼頃には、もうパイロットのヨハンセンが着き、すぐフィルと私を飛行機でムリアに連れていってくれた。バート・フィゼンガが、宣教団の着陸許可を斡旋してくれたので、日がカンカン照っているうちに、ここに到着した。出迎えは全部ヨーロッパからの入植者たちであった。

たまたまオランダ政府主催の瘰癧《るいれき》研究会の開催地に当っていたため、ふだんより大勢の人が滞在していたのだ。

着いてから後、残りの時間はずっと、主要テーマであるイエ・リ・メ、「石斧の源」のことを改めて問いただすことで過ぎた。アメリカのデリンジャーとスカヴィルは、宣教のため、その場所へ途中まで行ったことがあるので、貴重な情報を手に入れることができた。私は美しい緑色の石や青い石をすこし見せてもらった。原住民はこれから斧を製造するのだ。

とかくするうち、当地と神秘の岩屑との間には、ほぼ五日ないし六日の行程があることが判明した。私の知りえたかぎりでは、そこには川があり、川の上に幅の広い岩が屹立している。土着民はこの岩に足場を築き、大きな焚火をして石を剝ぎ取るという。もちろん、自分の眼でみた白人がいるわけではないし、原住民は当地でも、かたくなに口をつぐんでいるから、すべては漠然たる想像にすぎない。確かに、それだから、なおのこと、これを解明したい魅力を感じるのだ。しかし、この石が上流域の河床にだけ見られるものでないことは確実であり、事実このことは、北海岸のオルムで今世紀のはじめに調査ずみであるから、私はいままで長い間「石斧の源」という虚名に基づいて臆測し、率直にいって、畏怖していた訳である。それではあまりに平凡すぎよう。だが現在、あるロマンティックな神秘が、その背後にひそんでいるのを私は知った。それはおそらく宗教儀礼なのだろうが、われわれには未知の行為でもある。ただ石を割り、石に一定の形を与えるという石器時代の行為であるために、われわれには判らないだけである。

イエ・リ・メ付近では、青銅器時代の生活習俗にも出会うそうだ。いく人かのダニ族が語ったところでは、さらに北に行くと、黄に赤の混ったやわらかい金属の斧を持つ土着民が住んでいるらしい。当然彼らのことも詳しく知りたいので、あちこちと聞き回った。私にどうしても理解できないのは、こんなに多くの宣教師や巡察吏や地質学者がいながら、新石器時代の――それのみならず多分、旧石器時代の――人間の最後の文化を現世で研究できるこの唯一のチャンスに、なぜ誰も気がつかなかったかである。眼の前にあるのだ。ニューギニアでは、発掘する必要もないし、骨を見つけてから人間を再現する必要もない――ここでは現在が石器時代なのだ。ニューギニアに来てから、私はしばしば考えさせられたことだが、現代のわれわれにとっては、人間自身のいまだに実在している先史時代より、月や惑星の方が身近なのである。しかし言うまでもなく、これも私の幸運である。私はあえて信ずる者ではないが、フィルと私は、日ならずして、太古の昔の出来事に立ち会うのを許された最初の者となるだろう。そしてまた、おそらく最後の人間となるだろう。なぜなら、原住民が岩から石を取るのに、鉄梃を使い、多分、爆薬や機械も使い、その石を旅行者に売りつける日が、遠からずくるからである。オーストラリア領ニューギニアの空港では、すでにそれが現実となっている。

三月二二日

今日一日は、岩屑に関する情報を集め、またポーターを集めることですぎてしまった。現在、情報はすでにいろいろと集まっており、われわれの進まなければならない道についても、多くのことがわかっている。ポーターは、やっと四人獲得した。明日はもう、「イエ・リ・メ」に向かって出発しようと思う。

三月二三日

われわれは第一日目の行軍を終えた。私はよろこぶべき理由を沢山もっていたのだが、実際には、きわめて奇妙な、ほとんど身の毛もよだつような状態にあった。この日記を書きながらも、何か土着民の死人が、じっと私を見ているような気がする。

今朝、出発の直前に、四人くるはずのポーターが、急に一二人になった。そのため誰も重い荷を背負う必要もなく、楽に登って、峠を越すことができた。一時間の行軍の後、早くもヤモ谷にある最初の部落に着いた。どの部落でもそうだが、ここでも、小屋の前に穴が掘られているのを認めた。これは、肉や野菜を蒸し焼きにするためのもので、その傍には石がうずたかくつまれている。火中で熱せられた石は「天火」にも「蒸し器」にも使われるのである。それにしても、地質学者ともあろう者が、この石の堆積を見落として、唯一人気がつかなかったとは。地質学者にとっては、これこそ本物の、豊かな鉱坑なのだ。

ムリアを出るとすぐ、石灰岩の地域は終わって、いまは石英質の板岩ばかりである。

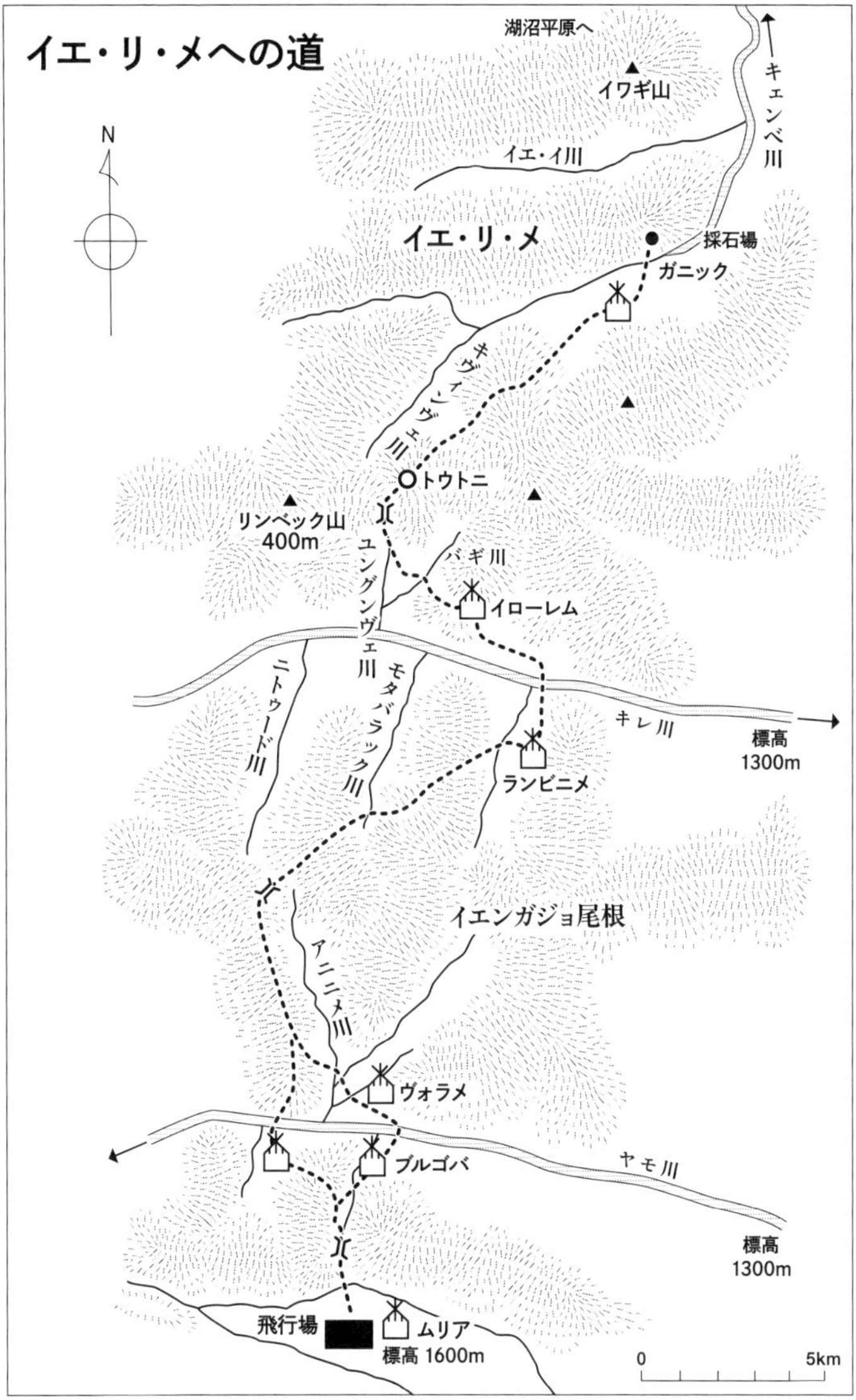

イエ・リ・メへの道
湖沼平原へ
イワギ山
キェンベ川
N
イエ・イ川
イエ・リ・メ
採石場
ガニック
キヴィングヴェ川
トウトニ
リンベック山
400m
ユングンヴェ川
バギ川
イローレム
ニトゥード川
モタバラック川
キレ川
標高
1300m
ランビニメ
イエンガジョ尾根
アニニメ川
ヴォラメ
ブルゴバ
ヤモ川
標高
1300m
飛行場
ムリア
標高 1600m
0
5km

道は段々険しさを増し、ひたすら苦労を重ねて前進した。岩の隔壁を登り越え、草原や小部落をよぎって、ヤモの谷へ深く下りて行った。谷のこちら側はとくに急で、時に、道もさだかにわからなかった。それで、谷の底にはなかなか近づかない。そのすぐ上にいながら、何度も休まなければならなかった。あたりを深い静寂が支配していた。時たま極楽鳥が一、二羽、驚いて飛び立ち、このしじまを破るばかりである。この鳥の飛行は鈍重で、すこし飛んではすぐまたとまってしまうのだが、その時の羽音も、重く苦しそうで、なにか威嚇でもしているようだ。茂った葉の中にいる極楽鳥を見つけることは、きわめて稀である。

到着したのは、午後もすでに遅くなってからであった。まったく不意に森が終わって、広い開墾地へ入った。そこには、高さが三メートルもある野生のサトウキビがはびこっていたから、もう長いこと人が住んでいないにちがいない。ポーターはブッシュ・ナイフで薙《な》ぎ倒し、テントを張る場所を作った。

この林間に開けたあき地の真中に、高さおよそ五メートルほどの丸太で作った塔が立っていて、その上には樹皮でできた円筒形の箱が載っていた。ポーターがこの塔をおどおどした眼でうかがっているのに、私はすぐ気がつき、やがてその理由もわかった。この樹皮の箱の中には、死人がうずくまっているのだ。ダニは頭をガックリ傾け、舌を出し、眼を閉じてみせて、私の観察が当っていたことを証明してくれた。

ダニが言うには、これは耕地の最後の所有者で、死んだとき、継嗣《けいし》がなかったらしい。それで、隣の部落から親しい人が集まり、ここの風習に従って、死者のために安息所を建てたのだ。死者はいまなお、そこに、仕立屋のようにかがんでうずくまっている。高い木の上の腰掛けにいれば、野犬にはとどかないし、自分の小さな畑をいつまでも見張っていられる。

これで私はやや安堵した。最初は言うまでもなく、この死者が不吉な前兆であるように考えていた。しかしいまはもう、私の思いは、まったく別の方向をたどり、もし死者が……まだ見ることができるとしたら……いったいどう見るだろうか、などと考えた。死者は仰天してしまって、もうあそこから出てこられないにちがいない。ここでは、死者の所有していた樹から、まだ熟していないバナナが切り落とされているかと思うと、あちらでは、樹が根元から倒され、やわらかい芯がむき出しにされて、サトウキビでもかむように、汁を吸われている。こうした一切が、ブッシュ・ナイフの一閃と共に起こっていた。死者が生前には見たこともない出来事だ。死者は、正しく魔法をかけられた思いで、この鋭い鋼鉄の斧を見たにちがいない。彼の死後まだ間もないのに、鉄の斧が樹木の中心に喰い入っていく。もちろん、死者は石斧を知っているだけだ。石斧を使い、木目に対して斜めに幹を切り離すには、数時間かかるし、苦しい労働だった。しかしいま見るように、新しい不思議な斧を、ダニがわずか数回振り下ろすと、樹はたちまち倒れてしまう。これを使えば、彼の土地など数週間たらずで開墾できる。そんな道具を死者は見たのだ。死者は、同じ仕事をするのに、石斧を用いて、長い一生を費やしてしまったのに。

この気味の悪いキャンプ地で、私は、さらにもう一つ、別の観察をすることができた。気温は非常に高く、ここに着いた時には、ダニも喉がカラカラであった。私は塩をすこしずつ与えたが、それと言うのも、ダニの間では、塩は非常に珍しく、したがって貴重でもあるからで、彼らは膝をつき、泥だらけになって、傍にこぼれた塩を一粒一粒きれいになめつくした。「ワァワァワァ」と叫び、感謝の言葉を述べて、「トゥアンの塩」（トゥアンは主人の意味――彼らは塩をこうよんでいる）を受け取ると、これをダニ塩に造り変える作業にとりかかった。そのため、彼らは、私が途中ヤモ谷で色とりどりの真珠を出して買い求めた根ショウガもねだった。ダニたちは、塩、ショウガ、バナナの葉を持つと、塔の上にいる死者のもので、一時しのぎに修復した小屋の中へ、ぞろぞろ入っていった。二、三人がここに小さな穴を掘り、他の者はバナナの葉を火にかざし、やわらかくなるまで温めた。こうして、いよいよ本当の製造過程に入る。やわらかなバナナの葉が、慎重に小さな穴に並べられ、年長のポーターが四人、その周りにぐるりと坐る。葉のうえに水をすこし注ぎ、まだ土のこびりついているショウガの根を口にふくんで、粥状になるまでかみつぶす。四人はそれを、小さな穴に敷いたバナナの葉の中に、ペッペッと吐き出し、それに「トゥアンの塩」を加える。さらに、かみ、吐き、塩を入れ、これをくりかえして、しまいには茎までかみつぶし、それもまぜてしまう。最後にもう一度、全部をていねいにかきまぜると、これでダニの塩はでき上りだ。さて一同皆に、棒切れや葉っぱを使って、この貴重な汁をすする許可が出た。それも数分きり続かなかった。ショウガと食塩のスープは、きれいに空になってしまった。

三月二四日

八時に出発し、いまちょうど九時半、最初の小休止をしている。休んでいる時に気がついたのだが、一二人ではなく、一三人のポーターが同道していた。どうしてこんなことになったかというと、彼らの顔は皆広がった鼻で、非常によく似ているからで——互いに識別するのはまったく不可能だ。しかし一二人より一三人の方がいい。とくに私にとってはうれしい数だ。先月の一三日に、カルステンツ・ピラミッドに登頂しているからである。自分の成功を想起させられて、うれしく思わない者はないだろう。

さらに四時間の行軍を終えた。雨は降っていないが、ぐっしょり濡れてしまった——もちろん、内側からである。むしむしする暑さに皆まいっている。そこで、フィルの提案によって、幾分か水の澄んだ小川のほとりで休憩をとって、水浴びすることになった。ダニたちは、二人のトゥアンの裸になった上半身を、しげしげと眺め、驚きのあまり、口をポカンと開けたままだった。彼らにしてみれば、上半身の白い人間も、摩訶不思議なものに属するらしい。

水浴でわれわれは元気を取り戻した。顔は生き生きして、また笑い声が起こり、ダニたちは快活にしゃべり散らして、うれしそうである。私はまだ腹這いになって休んだまま、ポーターたちを観察した。ところで、この辺の原住民は、もうダニ族ではなく、ラニ族である。

これらの若者を観察することは、いつもながら楽しい。彼らはたえず上機嫌で、疲れを知らないが、それにしても、この辺の原住民は、イラガ谷の者ほど好奇心が強くない。そのかわり、非常に煙草を吸う。彼らは棒状の煙草に火をつけるのに、ちゃんとした火打ち道具を使っているが、言うまでもなく、これとて石器時代のもので、長さ二〇センチほどの竹筒で、その空洞の部分に石と火口がさし込んである。この竹筒と平行に、別の石を何度も上下に打ちつけると、石のすぐそばにある火口が、かすかに光り出す。この種の発火装置なら、雨が降っても大丈夫だ。何時間も雨が降って、マッチが駄目になった時には、われわれも太古に戻って、ラニ族が年中持ちあるいているこの火打ち道具を手にした。

ここヤモ谷では、原住民の小屋には、ほとんどどの家の前にも、煙草が丈高く成長している。しかし、ふつうラニ族は、煙草が十分成熟し、刈り取られ、乾燥されるまで、待っていない。葉がまだ青いうちにはぎ取って、火にかざして二、三度ひらひらと回すと、すぐ吸ってしまう。

三月二八日——ホーランディア

一切が狂ってしまった。私は長いこと「石斧の源」を探ろうと、思い続けてきた。しかし、そこへ行く代りに、私は現在、まったく不可解な状態にある。身体中いたる所に絆創膏をはられ、包帯を巻かれて、籐でできた高く白いベッドに寝ている。高地パプア族も、渓流も、ジャングルも、はるかに遠のいてしまった。私を取りまくものは、すべてが白く、殺菌剤の臭いがする。私はホーランディアの病院に横たわっているのだ。歩くことなど、思いもよらない。書くことさえ困難である。「石斧の源」へ行く途上、最初の休憩地の傍、塔の中で干からびていたダニの死者を、私は時折、思い起こした。いまにして思えば、あれはやはり不吉な前兆だったのだ。

それでも、これから起こるかもしれない災を待つ身にくらべれば、私の方が幸いである。かと言って、身体中、ことに脊椎と左膝に感ずる痛みが、それで薄らぐわけではない。まだ診察を受けていないのだから、ただすりむいただけなのか、骨折しているのかもわからない。だが、そんなことを考えたり、たとえ苦しくとも書くことはできるという事実は、何とか軽傷ですんだ証拠だし、私の生きている証拠だ。

ところで、三月二四日、われわれが水浴で生気を取り戻してからの四日間に何が起こったのかを再現してみよう。

まず道は、童話のように美しい密林を通って、苔におおわれた区域をゆっくり登っていった。そこにはやわらかく紡がれたような地衣類や、共生する菌類や、藻類があって、繊細なカーテンのように、風景に薄いヴェールをかけていた。しかし、こうした苔の眺めには、いつまでも観察したり、くわしく調べたり、写真をとったりしたくなるようなものは、他に何もない。渓流もなければ、ロマンティックな滝もなかった。

午後になってすぐ、心頼みにしていた滝のとどろきをふたたび耳にした。私はぜひとも一番にそこへ着きたくて、歩調を速め、やがて、その前に立った。水の塊りが、強烈な本流となって深淵に落下し、岩の段に打ちあたって、飛沫を高く樹の梢まで跳ね上げ、ふたたび落下しては、岩にうがたれた数条の溝を通って、ごうごうと打ち破り、圧倒的な力でまたはるかに飛び出す。壮大な景観である。もちろん、危険な眺めでもあった。しかし私は、もっと近寄りたくて、岩の端を考えなかった。フィルムに収めようと思ったのだ。

私はまず、落下する縁を登って行くポーターに撮影機を向けた。それから、荒れ狂うこの水の地獄の縁について這い登り、ポーターたちを通り過して、近くにいるポーターの群れを、上から撮影することができた。

フィルの立っている場所を見ると、そこはひときわ突き出して、撮影にはよさそうに思えたので、私はさらによじ登った。だが着いてみると、フィルはもうそこにいなかった。彼は極楽鳥を追って行って、それを殺そうとしていた。私は、もっとよい位置を提供してくれそうな別の場所を発見した――砕石の山である。私はすぐ意を決して跳びはねた。そしてこれが、しばらくの間は、私のできる最後の決心となってしまったのである。つまり、その瞬間に災難が起こったのだ。私は砕石の山に触わりもしなかった。砕石は、私もろとも、稲妻のように吹き払われてしまい、ちょうど滝の上の縁のところへ落ちていった。後でフィルが話してくれたことだが、砕石の山は傾斜の強い板岩の上に溜っていたのだ。この砕石を動かすには、石ころを強く投げあてるだけで、十分だったろう。私は飛び上って、私の全重量をそれにかけたのだ。

それでもまだ、私の意識ははっきりしていた。そして両手でどこかへすがりつくか、足をふんばって支えるかしようとした。水に巻きこまれないですむかもしれない。いま考えてみると、そんなことは笑止な企てであった。水は想像を絶した力で私の身体を撃ち、岩は水に磨かれてつるつるになっていた。私にチャンスはなかった――いずれにしても、この場合助かる見込みはない。水は私を捉え、巻き込んだ。一瞬、頭が下になり、私は深淵を見た。思わず眼を閉じる。こうした状況では、受け身でいるより仕方がない。逆らってみても、自然は問題にさえしないだろう。

いつ、どこでカメラを手放したかも覚えていない。深淵を眼下に見た瞬間から、私はもう時間を数えることもできなかった。水、空を切り、どすんと鈍くぶつかる、水、落下、空を切り……もう順序もわからない。ポーターが後になって述べてくれた所によると、私は途中で突き出た岩をかすめたが、水が、大きな弧を描き、この岩を越えて次の滝へと、飛び落ちていた、そうだ。もしこの岩にもろにぶつかっていたら、そのすぐ下にある岩棚を飛び越して、遠く投げ出され、ほとんど垂直に切り取られた平らな盤岩を落ちて行ったろう。それは五〇メートルも深く落ち込んでいる。そうなったら、何処で落下が終わるか、まったく想像もつかないところだった。

数秒か、数時間か、永遠か、私にはわからない。ただその時、私を襲った完全な無力感だけは、いまだにはっきり覚えている。私は、頭を守ろうとして腕を上げ、胎児のように身体を丸めようとした。人はまったく本能的にそうするのだと思う。

もうろうとした意識の中で、深淵に向かって空中を狂ったようにつき進んでいた私が、不意にぴたりと止まるのを、奇跡のように感じた。頭部の傷から出た血で眼をつぶしてしまったので、私は何も見えなかった。何回も私は位置を確かめようとした。水を脱して、自然が作ったこの盥《たらい》の縁に、もうすこしで着けそうなのがわかった。この水溜りの縁は、その次の奈落へと続いている。次の滝は三倍も深く落ちて、切りそろった岩に終わっている。この岩まで落ちたら、水圧と岩で、人間などこなごなにつぶれてしまうだろう。

息が苦しい。呼吸しようにも、どうしても空気にとどかないのだ。苦しくて、自分がうめき声を出しているのがわかった。はるか遠くでポーターたちが叫んでいるようだ。確か「トゥアン、トゥアン」と聞えたように思う。はじめてホッと安堵した。私の落ちたのを知っている者がいたのだ。きっと誰かが私を見ていたのだろう。フィルが、あの大好きなフィルが、すぐやってきてくれるだろう。

何度も死にもの狂いで、私は眼から血をふき取ろうとした。目さえ見えれば、もうすこし何とかなる。ぼうっと明るくはなったが、一つとして、はっきりは見えない。両手が岩にさわったので、それにしがみついた。やっと眼を拭えるようになり、水溜りを見られるくらいには、はっきりした。それはおびただしい血に汚れ、赤い水溜りになっていた。

私は岩の上にうずくまって待った。上にも、横にも、下にも、滝は荒れ狂っている。どのくらい時間がたったのかわからない。やがて私はフィルの声を聞いた。彼は救急箱を持っていて、まことに巧みに、私を岩の上に寝かせ、年季の入った医者のように処置してくれた。もちろん、多くの治療はのぞめなかった。出血している頭の傷を消毒し、ぼろぼろにすりむけた皮膚を切除し、包帯を巻いてくれた。それからはじめて、全体的な容態を診察した。それはまったくみじめな状態だった。全身が痛んで、どう寝たらよいか、わからなかった。もっとも危険な状態を脱したいまになって、痛みに加え、ショックの影響が徐々に忍びよってくる。身体中がこまかく痙攣し、歯がガタガタ鳴った。寒いからではない。興奮がいま頃になって、ただもう全身をつらぬいて震わすのである。私は呻いた。しばしば、失神が、黒い波のようにうねって、高く打ちよせるのを感じたが、私は、残された全力をふりしぼって、意識を持ち続けた。いまはもう、失神を防ぎうるというよりは、むしろ打ち砕かれた私の精神を何とか覚ましておかねばならない、という感じだ。それで私は、診察を終わったフィルに、何処か横になって体力を蓄えられる場所に連れて行ってくれ、と頼んだ。私はフィルの助けを借り、私の血で依然として赤く汚れている水溜りの縁にそって這って行き、やがて丸木橋の上を向こう岸へと四つん這いになって渡り、登って来た道を、ややしばらく、やっとの思いで下りていった。その間、ポーターたちは決して水には近寄らなかった。苦しみながら、のろのろ這っていると、頭以外にも至るところ負傷しているのが、動くたびにわかった。依然として出血が止まらないらしい、とも考えた。何よりはっきり気がついたのは、呼吸困難が、意識の混濁とは無関係に、どこか脊椎のあたり、胸郭からくることである。左膝を曲げるたびに、尖った鉄の棒をもみ込まれるように痛む。右腕はふだんと同じにには役に立たない。頭、脊椎、肋骨、左膝、そして右腕……。しかしそれ以外には――よく人が言うように――不自由な所はなかった。それでも、私を見舞ったかもしれない大事にくらべれば、とにかく滝の三分の一を墜落しただけだ、という言い方をしたほうが適切である。落ちた処に水溜りがなかったら、生きのびるチャンスは毛ほども残されていなかったろう。

私は這ったまま、さらに下りていった。フィルが支えてくれるので、何とかうまくいった。ポーターは、心の痛むほど気を使って、およそ動かせる障害物は全部、道から取りのぞいてくれた。私は進まなければならない。だが、その一メートル一メートルが拷問だった。とうとうフィルが小川のほとりに平らな場所を見つけた。ここなら相当の広さがあるから、テントを張ることができる。私は傍にうずくまって、彼のすることを見ていた。テントができてしまうと、フィルは私を助け起こし、ぬれた服をぬがして、テントの中の空気マットに寝かせた。相変わらず私は霧のヴェールの向こう側にいるような気持ちだ。落下したせいでもあろうが、耐え難い痛みをのぞくために、フィルがくれた錠剤のせいもあるらしい。それでも、大部分は結局私自身の力で、このテントの所まで何とか来ることができたのだ。ポーターの一人は、私をかついでやろう、と申し出てくれた。しかし体重およそ八〇キロ、その上ぬれて重くなっている服を着た荷物を、小さな男が、どうできるものでもない。気がよくて、こんなこともわからないのだろう。私を背負ったまま、無数にある木の根にちょっとでもつまずいて倒れたら、私はまた落ちることになり、すくなくとも気を失うことは確かである。それで私は、自分自身の力で、のろのろ這うほうが好ましかった。倒木を越えることができない時は、その下を這って、くぐり抜けてきたのだ。

こうして私は、テントの中に一種の昏睡状態で横たわっていた。フィルは、私がほとんど動けないので、シュラフザックを脚の上にかけてくれた。いままた、失神状態がゆっくり高まってくるのを感じた。いままでのところでは、生きているということに無力感を味わったことはなかった。半分にしろ、生の無力を感じることは決してなかった。しかし、現在は、錠剤や、興奮や、多量の出血が私を弱めていた。それでも私は、めまいと苦痛からくるこの不快な予感に抵抗しようと努力した。事実、いままた、これに打ち克ち、横になったまま、テントの屋根を見つめていると、様々な思いが去来する。最初に考えたのは、死の塔の古びたダニ族の死者だった。次にイエ・リ・メ、あの「石斧の源」を思った。ああ、あすこへ行きたかった。いまも行きたい。何としても行かねばならない。やがてまた、私は死ぬのではなかろうか、おそらくもう失神から醒めないのではなかろうか、二度と意識を取り戻すことなく、あっさりいってしまうのではなかろうか、と考えた。また、ムリアの宣教師のことを、ふと思い出した。彼らが私のために祈りを捧げてくれたのは、まだ数日前のことだ。祈りは何の役にも立たなかったのか。あるいは、祈りが最悪の事態から私を護ってくれたのだろうか。私はまだ生きている。そしておのずから、私が最後に祈ったのは何時だったか、という疑問が生じた。感謝して祈ったのだろうか。それとも最悪の危機に祈ったのだろうか。私が何もはっきりできないでいるうちに、思い出の像はぼやけ、すべてが朦朧としてしまった。

ふたたび私のうちで昏睡が高まり、仮死が忍び寄ってきた。前よりいっそう強く、とても抵抗できそうもなかった。最後が来たのだろうか。額の傷は、依然として、出血を続け包帯からは血がにじみ出ている。それで私は益々貧血し、弱ってゆく。私は意力を集中して、これに刃向かった。そしてベッドから、何かわからないが物を持ち上げることはできた。

ちょうど、したたか酒を飲んでから、まっすぐ立ち上ろうとした時のようだ――すべてが揺れ動き、嘔吐さえもよおした。さらに加えていまの私の場合には激痛さえあるのだ。私はまた身体をねじって呻吟した。だが痛みのために、つい失神することさえできなかったようだ。それほど苦痛に責めさいなまれた――私にはその方がうれしかった。意識を失わないでいられるからだ。

私が落ちた後、慎重な医術的処置を講ずる前に、私を運ぶことは不可能であると見てとるや、フィルはただちに二人のポーターに手紙を持たせ、ムリアの宣教団へ向けて送りだした。遅くとも三日のうちに、ひょっとすると二日で、ムリアから救援が着くだろう。いまは、それだけが頼みだ。

夕刻にフィルがまた錠剤をくれた。しかし痛みはすこしも緩和されなかった――こういう激痛には、どんなに強い薬も効きはしないのだ。

三月二九日

今日の午前中レントゲンを撮って、肋骨を三本折っていること、しかも背中のところで、それが手の幅ほども脊椎から離れてしまっていることが確かめられた。前の方は、すべて正常で、特に心臓、腎臓、肺は健全だった。私は注射をされ、以前より楽に書けるようになった。そこでさらに二日さかのぼって日記をつけることにする。つまり、私が墜落したあの不運な土曜の翌日、ふたたび滝のところまで戻ろう。あの日、私はまんじりともしないで一夜を明かした。そのため明くる日曜日は、たえず失神と戦い、苦痛と戦って、一日中うとうとしていた。時間は名状し難いほどノロノロと過ぎていった。頭の中では、二四時間がくり返し二回も通り過ぎていった感じで、ひょっとすると三回目を待つことになるかもしれなかった。日曜日はそんな具合に過した。同じような一晩が明けて、月曜になった。フィルは包帯を取り換え、錠剤をくれたが、ほとんど効き目はなかった。私は眠ろうとしたが、同時に、気を失わないようにたえず用心した。こんな風で、第二夜も一分も眠らなかった。

フィル・テンプルは、冷静かつ信頼するに足り、周到かつ気どりのない、すばらしい医者であることを証明した。彼は私をやさしく慰め励まし、おそくとも明日はムリアからの助けがくるはずだ、もうずいぶん待ったのだから、またこれくらい待つなどということは絶対ないだろう、とくり返した。人の気を鎮めようとして、こんな馬鹿なことでも言わなければ、他にどう言えばよいのだ。私は額面通りに受け取っておいた――重傷者に与えるモルヒネがないとすれば、こんなことでも、言わないよりはましだ。それを聞いているだけで、多少は力になる。こんな状況では、些少のことがすぐに過大なものになるのだ。

午後、ちょうどフィルが頭の包帯を新しくしてくれた時、テントの前がさわがしくなった。数秒後、フィルがムリアに送った二人の使いの者が、テントの入口に立っていた。彼らは、私がまだ生きているのを見ると、幅広い鼻をいっそう広げて、にやりと笑った。二人はハアハア喘いで、汗をかいており、もう話すこともできなかったが、やがておよそ信じられないような報告を伝えた。宣教団の白人トゥアンが二人、もう間もなく後からやってくるだろう――希望的に考えていた日より、丸一日も早く着くだろう、と言うのだ。

事実、数分後には若い宣教師のスカヴィルが、これもハアハア息をはずませながら姿を現わし、療癒研究所のバン・ルイン博士もいますぐ着くだろう、と言う。先日、われわれの伝令は、日曜の礼拝をしている最中に、もうムリアに到着し、スカヴィルとバン・ルイン博士はただちに出発した。この道程をこんなに早く踏破するとは、ほとんど信じられないことだ。とくに訓練を受けたものは一人もなく、しかも低いヤモの谷は、めったに水を飲まないポーターでさえ川に飛び込むほど、暑かったのだ。

スカヴィルとバン・ルイン博士は担架と大きな薬品箱を持ってきた。しかし、どうしたらよいかは、疑問のようだった。バン・ルイン博士は、さらにくわしく診察した後で、すぐ運ぶことに決定を下した。心臓と肺は正常であるし、折れた肋骨は、弾力性の石膏でただちに固められていた。そこで私は担架に寝かされ、かくして移動がはじまった。

いま回顧してみても、その時はまったく悪夢そのものだった。登りには、私の身体は後ろへずって、頭が後ろのポーターの膝にぶつかった。道が下りになると、前へずり動いて、足を前のポーターの裸の肩につっぱった。ポーターがやっと平らな道を行くようになったかと思うと、今度は斜めに倒れた樹の幹が行く手をふさいで、避けるわけにはいかないのだ。背の小さい原住民は、その上を越して担架を渡さざるをえない。しかし肋骨の折れている私の背骨は、担架の一番低いところに垂れているから、その度に、どうしても樹にゴツゴツとぶつかる。樹がなければ、岩があった。私は横になったまま、呻き声をあげるが、それが治まれば、わが身を呪うかのどちらかで、それ以外にはどうすることもできなかった。時には横にずって、私が担架から落ちないように張ってある綱にぶつかる。担架に寝ている、などといえたものではない。かろうじて綱にひっかかっているだけだ。綱にしがみついていると、今度は、急に反対側に叩きつけられるのだ。

気のいいポーターたちは、何事にせよ、決してせんさくはしないようだ。彼らの無関心を私はまだ

この搬送には耐えられなかった（上)。そして青い鉄の斧が報酬であった（下)

理解できないでいた。しかし間もなく、その理由を知ることになった。

もうどのくらい歩いてきたのか、私にはわからなかったが、やがてスカヴィルが平らな空き地を見つけ、そこに担架を置いて小休止することができた。私はずっとザイルにしがみついていたので、その時にはすでにまったく消耗しきっていた。これ以上、もう一時間も耐えることはできない。ましてや、後まる二日の行軍に耐えぬくなどは、とてもできそうもなかった。

しかし解決策はあった。しかもその答はポーターが与えてくれたもので、彼らの無関心は見せかけだけのものだった。すでに上の幕営地でも、ポーターたちは、病人輸送の件については、自分たちのやりたいように任せてくれないか、と要求していた。彼らは担架などというものを問題にさえしていないで、彼ら独特のものを用意しようとした。だが、それは禁止されてしまった。しかし、彼らは口口にさわぎ出して、彼らが正しいと思う方法で私を運んでよい、と通訳のスカヴィルが許可するまでは、叫ぶのを止めなかった。私もシブシブ同意した。厭だとは思ったが、こうなった以上、他にうまい策が見つかるはずもなかった。

ポーターたちは満足げに作業を開始した。まず六本のロープを互いに交差させて土の上に並べ、その上に空気マットとシュラフザックを置き、最後に私をそれに寝かせた。それから頭の所に一人、足の方に一人、それぞれポーターが立ち、別の男が、がっしりした丸太を、立っているポーターの肩から肩へと渡した。この丸太はジャングルからすばやく切り取ってきたものだ。こうすると、丸太は、私の身体と平行に、私の真上にくる。さて、左右両側のロープの端に、六人のダニが立って、それをにぎると、私をゆっくり慎重に持ち上げはじめ、やがて私の鼻先と足指が丸太につくまでになった。こうして置いて、彼らは、私と丸太とを一緒に、ロープでぐるぐる巻きにし、しっかり結んでしまった。したがって、私はミイラのように綱でぶら下げられた。私が丸太にぶつかっても、頭部の傷を痛めないようにと、頭の近くの丸太にはタオルを巻いてくれた。

その後数時間は錠剤によって救われた。おそらくもう、消耗のために痛みを感じなくなったのかもしれない。しかし実際には、原住民の運搬法の正しかったことが証明されたようなものだ。丸太とロープと身体は一つになっているので、上りにも下りにも、私の身体はずり動くようなことはなかった。われわれの担架は、ジャングルにも急坂にも適するようにはできていなかったわけだ。

ポーターは、ありとあらゆる努力を惜しまなかった。私の事故が電報のように森を走って報じられると、さらにすくなくとも一〇〇人もの人々が、進んで一行に加わった。確かに好奇心もあったろうが——彼らは役に立った。一団の人たちはたえず先を進み、道を掘っては足がかりを作り、障害を取りのぞき、あるいは樹を使って迅速に橋を渡した。約二〇人のポーターがいつも私の傍について歩いた——事実、彼らはただひたすらに進んではいるが、もう歩くなどということは問題外のようだ。「彼らのやり方」で運ぶことを許されたいま、彼らは、それをトゥアンたちに見せたくて仕方ないのだ。数分ごとに彼らは肩を替わりあった。そして上る時も下る時も——ポーターたちは常に次々と身構えて待っていて、たえず手をさしだして助けようとし、銘々がすこしでも私を楽にしようと全力をふりしぼっていた。

だが原住民のこの運搬方法も、彼らが保証するほどのものではなかった。ロープが弛んできて、ある個所では弛みがひどく、ある個所ではすくなかった。私の全体重は六本のロープにかかって、くいこむようだ。そのうち骨折した肋骨が、また切株や、岩角や、斜めに倒れた樹の幹にぶつかりはじめた。私は筋肉をひきつらせ、両手で丸太にしがみついた。腕は紐で締めつけられていた。私は顔を覆われていたので、ほとんど何も見えなかった。見えるものといっては、眼の前にある丸太と、樹間から時々もれる空だけであった。私は痛みと恐怖に痙攣しながら、こんな風にロープに吊されたまま、次にくる肋骨への衝撃を待った。ドスンとくると、私はののしりうめいた。衝撃がしばらく起こらないと、私は頭の方をかついでいるラニをほめた。ムリア方言を話す者には「オプ、オプ」と、ボコンディィニ方言きりわからない者には「パノ」と言ってやる。両方とも「よし、よし」というほどの意味である。

新しい運搬法は、急な上り下りにも、前後にずり動かないという非常な利点があった。路は時に大変な急勾配になるので、私はまったく逆立ちしてしまうことが、しばしばだった。そんなとき、空を見るかわりに、私の後に続くポーターの列を見た。フィルやバン・ルイン博士もいる。スカヴィルはきっと前を歩いているのだろう。

しばらくたつと、ミイラのようにロープでしばりつけられていたのが、ひどく弛んできて、ちょうどハンモックのように、丸太の左右へブラブラと揺れるようになった。この地区は上り下りが絶え間なく続くので、いつのまにか、こんなになってしまったにちがいない。その時の揺れかたは、いま思い返しても、気持が悪くなる。

死んだ農夫の塔が中央に立っているあの小さな耕地を、ふたたび通過した。私は消耗しきっていて、それもしかとはわからなかった。ただすぐ頭に浮かんだのは、行きには、この耕地の手前で、非常に急な登り坂に苦労したことである。もう脚が下がって傾きだし、綱は、私のぶら下がっている丸太をこすって、ずり落ちてゆき、脚の方へほとんど垂直に立つようになってしまった。

昼から休みなく降り続いた雨で、河は水嵩を増し、ラニ族でさえ流れを徒渉するのをためらうほどになっていた。フィルはガッシリした男を選りすぐって、人垣を作ることにした。彼らは腕と腕を組みあい、流れを横切って、河中に立ち、これで流速を弱めようというのである。私は人の鎖のすぐ下流を、向こう岸へ渡されるのである。

この渡河は私にとって最悪だった。私は、滝に落ちてからはじめて不安を覚えた。ただの危険に曝されているのではないからだ。おまけに、この場合、水の中では私は完全に無防備だ。手足はしばりつけられ、ロープは全身をぐるぐる巻きにしており、身体には丸太がついている——ひどい恐怖感だった。流れがポーターたちをパニック状態にすることは、容易に考えられた。そうなったら、彼らはどうするであろうか。まずまっ先に私を放り出すにきまっている。

これら健気な若者たちは、水が激突して私を打つのを見ながらも、また、彼らの二、三人は足をとられて水に没しながらも、それをやりおおせた。彼らの表情は引きしまり、無口になった。それから、また広くなった河床の中を、水に浸って、ややしばらく河下へと進んでいった。これは私にとって、とくに私の背中にとっては、とても休養になった。というのは、私の下は白く濁った水だけで、樹や石で折れた肋骨を打たれないからである。

河床を出ると、すぐもう暗くなりはじめた。すると、私を担いだポーターは、スカヴィル、バン・ルイン、フィルのトゥアン連が荷物なしでさえ歩調を合せられないようなテンポで歩きだした。ラニ族は、何としても今晩は次の部落に着きたいらしい。急峻な細い路にさしかかると、私の脊椎はもう一度斜面にぶつけられたが、これが最後だった。やがてポーターたちは、私を、流れるように降る雨の中に置きざりにして、私を運命に委ねてしまった。

フィルが私のテントを張っている間に、スカヴィルとバン・ルイン博士が、四人のトゥアンのために、スープを料理した。「特別の添え物」として、銘々に一杯ずつのコニャックがあった。博士が医薬用に携帯したものである。もちろんスカヴィルは、そんなものがあろうとは、夢にも知らなかった。

間もなく静けさが訪れた。一切が眠りについていた。私も錠剤の力を借りて、すこしまどろんだ。時折、近くの小川の鳴る音が聞えるだけである。

朝がきた。一日がはじまるかと思うと、私はいともみじめな気持になった。しかし、もう間もなくムリアに着くのだ、とわれとわが身に言い聞かせると、また力が湧いてきた。

前日と同様、私はダニ族式に荷造りされ、ロープでくくられてしまった。やがてふたたび出発だ。尾根を一つ越え、何時の間にか、ヤモ川にかかる吊り橋に着いていた。フィルが言うには、二時間半たっただけだそうだが、私には二日半のように思われた。とにかくヤモ川を越さなければならない。橋は蔓草を編んだだけの簡単なもので、当然、私と私を担ぐポーターが通るには弱すぎるし、せますぎた。バン・ルイン博士は心配そうな顔つきであったが――私にはそれも当然のことと思えた――やがて納得できる理由を述べて、一度ロープを解き、私を外へ出そう、と提案した。この縄目は一時間一時間と、私には窮屈でたまらなくなっていた。ラニは慎重に私を手枷、足枷から自由にしてくれた。私は試すように手足をすこし動かしてみてから、ゆっくりと注意深く、揺れ動く橋の上へと、身体を進めていった。私がよろめいたらすぐつかまえられるように、フィルはうしろ向きになって、私のすぐ前を歩いてゆく。私はフィルの保護を制止した。どうしても保護がいるとは思わなかった。身体中が痛んだ。それでも、すでに橋の中ほどにさしかかって、向こう岸に着いたら、またしばられてしまうのか、と考えると、ぞっとした。枷にはめられていたので、そうした状態が私を極度に神経質にしていた。私は死の恐怖と戦わなければならなかった。

しかしそれも無駄だった。蔓草の橋を渡ってしまうと、自由も終わりである。私はふたたびミイラのように荷造りされてしまった。罵るのは瞑想するのと同じで、ほとんど無意味である。つまり私は宿命論的な人生観に慣れようと努めた。そんなことをしても何も変わりはしない、何事もなるようにしかならないのだ、と私は自分に説き聞かせた。しかし聾《ろう》に説いているようなものだ。何の役にもたたない。それから数時間、すさまじさは続いた。

時々、私は短い睡りに落ちた。しかしそれも、ほんの浅いまどろみにすぎない。ポーターの歩みを感じるだけではなく、失神の発作が迫ってくるのさえ感じるほど、浅い睡りであった。一回目には、私がすでに失神しているのを、自分ではっきり感じた。しかも潜在意識の力で、私は自分自身に言いわけをいっているのだ。意識を取り戻すまで、それが続いた。二回目の失神は、前のめまい感と同じで、それ以上にはならなかった。私はこの失神から醒めると、最後の力をふりしぼって、だらりと垂れた頭を立て直し、意識を失わないようにした。

すべてこうしたことは、あの転落が原因であることは言うまでもない。しかし、多量の薬品もこれにあずかっている、と思う。私は、ここ数日の間に鎮静剤を幾箱も飲んでいたし、バン・ルイン博士の勧めで、抗生物質も飲んでいた。肋骨の負傷が肺を侵した場合、これが、肺炎の起こるのを防いでくれるはずである。

最後の一日、ポーターは特別用心深く私の周りについて歩いた。前の晩、スカヴィルが聖書のレビ族の話を、わかるように読んで聞かせ、私の痛みについても話したらしい。幸いなことに、ジャングルの道は、ほんのすこしきりなかったから、木の幹にぶつけられないですんだ。その代り、部落の境にある一メートルあまりの柵を越えなければならなかったが、柵の杭は一本も、私の背中にさわりさえしなかった。

午後になって間もなく、とうとうムリアが、明るい太陽に照らされて、足下にあった。小さな宣教団所在地、ムリア。われわれはここを、ほんの数日前、希望に胸をふくらませて出発したのだった。陽が顔に強く当るので、私は、古い帽子をくれ、とフィルに頼んだ。フィルは、帽子も水の犠牲になってしまった、とすまなそうに言った。とすると、カルステンツ山脈で一個、石斧の源でも一個、帽子をなくしたことになる。何処の大陸にもついてきた探検の伴侶、二つの古い馴染の帽子を、二つともニューギニアの激流に呑まれてしまったのは残念である。

　私の容体はひどいものであったが、それでも部落へ入っていく姿が滑稽なものであることは、自分にもわかった。最初の家々の所に着いた時には、もう私の担架の傍には、群集が押しあいへしあいしている始末だった。私はできるだけ頭を横に向けてみた。そして、現にそこに起こっていることを目にした。つまり、いつの間にか二〇〇人にもふくれあがって、ぞろぞろ歩いている原住民の各々が、みな助勢しようとして、部落の中でなら、俺も「ここにいるぞ」と、教えようとしている。彼らは、名状しがたいほどの熱意を示して、まだすることが沢山残ってでもいるかのように、走り回っている。そしてムリア飛行場の塀にさえ、よじ上っていた。やがて医師は、ついに、十分注意して私を下におろすように、と合図した。道程は克服しおおせたのだ。

　だがいまや、また別の事態が生じた。目的地に到達して、おそろしい緊張が終わったいま、私に残された最後の力も、くずおれてしまった。この瞬間が危険であることはわかっていたから、それを阻止しようと抵抗した。アイガーの北壁で、ヒアス・ノイヒルは片手をめちゃめちゃにつぶしたことがあったが、それでも彼は、ふつうの健康な者でも奇跡と思われるような帰路を克服して、下山したのである。私は自分の車で彼を病院に運んだが、車中、やわらかいクッションに横になると、彼は失神してしまったのだ。

　私はもう一度、意識を持続することに成功した。しかし私はいささか驚きあきれてしまった。というのは、長い長い忍従の時が終わったいまになっても、私はなかなか縄のいましめから解放してもらえなかったからである。いまはもう、これを最後に窒息してしまうのではないか、と、そんな気さえした。やがて私は、ミイラの荷造りから、とうとう自由になったが、その時には、もうこれ以上一時間も、この窮屈さには我慢がならない、と心に決めていた。

そうは言っても、人助けの好きなポーターたちに賞賛の言葉をかけるのは、当然のことだ。いずれにしても、彼らは私をかついできてくれたのだ。丸太、空気マット、シュラフザック、天幕、私の着物――これらを合わせればおよそ一〇〇キロはある。それを、山や谷を越え、道もないジャングルを抜け、川や小川を渡って、運んだのだ。しかも、十分訓練されたヨーロッパ人が、ほんのすこしの荷物をもっているだけなのに、追いつけないほどのスピードで、やりとげたのだ。もちろんそれは、子供のような気質をもつ彼らにとっては、一幕のサーカスでもあり、自分を注目させ、自分の力を証明するために、休みなく続く機会でもあった。彼らの生活は、現在は単調なものになってしまっている。というのも、彼らは生来の戦士として、かつてはつねに弓矢と槍をもって駈け回り、他の種族を襲い、狩をしていたからだ。そしていま、彼らのうちに潜んでいるものを、再度また示すことができたのだ。したがって、私の事故は、彼らにしてみれば、楽しい出来事として記憶に残るだろう。

ムリアに着いた私は、もう一度イエ・リ・メ、石斧の源へ出発することが可能かどうか、などとも考えている。というのは、ラニ族が私の墜落を霊の警告とみなしている点を、今度は計算に入れなければならないからである。つまり霊は見知らぬ闖入者から岩屑を守るものと考えられている。要するに、あの長く平たい魔力と祭儀の石は、確かにこの岩屑から採れるのである。パプア族は、この石を集会所へもってきて、特別の祭日には、そこで忘我の密祭を祝う。そして一種の男根礼拝や陰門礼拝において、この石を神の石斧として使うのである。しかし別の面では、当地でも、カルステンツで以前そうであったように、ラニ族との間に親しい関係が生じてきている。そしておそらく「古き親衛隊」のような関係が、もう一度生まれるかもしれなかった。

ムリアでは、バン・ルイン博士の家で、夜を過した。博士はフィルと私のために一室を整えてくれた。夜になっても話は続いた。ライデンから来た教授も訪問して下さり、改めて診察を受けた。脈搏と血圧は正常であり、折れた肋骨もうまく固められていた。痛みには、また錠剤が与えられた。

ここへ来てまず、そしてその後もくり返し、スカルノ軍侵攻のニュースを聞いた。事態は緊迫しているらしかった。やがて看護婦が強い睡眠剤を注射したので、私は、快く漂うように意識を失ってしまった。

しかし、それも長くは続かなかった。夜中の二時頃、私はまた目を覚ました。錠剤を探したが見つからないので、私は気のいいフィルにもう一度起きてもらわなければならなかった。フィルは薬箱から二、三錠とってくれた。まったくの話、ここ数日というもの、気の毒なフィルは私のために大変な苦労をしょいこんでしまった。夢の中では樹にぶつけられて、私は何度も声をあげて呻いた。

昨日の朝九時に、ＭＡＦ航空のパイロット、ディブ・スティガーの操縦する飛行機で、私は、ここホーランディアまで飛ぶことができた。ムリアを立つ際、私は、友たるにふさわしい協力者たちに、別離の言葉を述べず、再会を約した。たった一晩ではあるが、かなりよく睡ったので、もう一度戻ってきて、何としても石斧の源まで押し進むのだ、という決意がまた強固なものになっていた。そのためなら、私はよろこんでバリエム渓谷を断念するつもりだ。

すばらしい飛行日和だった。これ以上の天候はのぞめない。輝く太陽の下に、私は、苦しかったルートを改めて空から眺めた――厭な想い出である。しかし、他日また帰ってくるのが楽しみだ。その時、われわれは、くねくねと曲って巨大なイデンブルグ川の上を飛んでいた。この川を徹底的に探検し尽すのは、不可能ではないとしても、きわめて困難であるに違いない。しかし何事にせよ「不可能」とよぶべきではない。

一時間の後、われわれは、西ニューギニアの主都の空港センタニに着陸した。飛行機がまだ滑走している間に、フォルクス・ワーゲンの白い救急車が、われわれの方に向かって突進してきた。「ムリアから来る患者」の用意は、すでに整っていたのだ。

車は街を縫って走ったが、私は停車してもらって、家に電報を打つことができた。それで、本当に遭難した今度の場合には、報道陣との競争にも勝てる自信があった。ニュースはきっと昨日の新聞にのったろうが、たとえそうだとしても、それより早く、安心せよという私からの報せが、家に届いているはずだからである。

正午、バンガローの集団からなる病院に車は乗り入れられた。ここの各病棟は、功労のあった医師の名前がつけられている。私は「ド・ローク病棟」に入ったが、そこで五人の他の患者と同室することになった。

以上は昨日までのことである。私はすぐ日記を書きたすことをはじめたが、今日のことまで書くことはできなかった。第一に、痛みに依然ひどく苦しめられているし、第二には、もう疲れてしまった。第三に、午後遅くなって、医者が回診に現われたからである。医者は、まずレントゲンをとらなければ、と言っただけで、それ以上何もくわしいことはしゃべらなかったが、回診後は、もう先を書く力はなかった。私は深く長い睡りについた。そして今朝早くレントゲンをとった。

三月三〇日

今日はほとんど一日中、見舞客があったので、筆をとる暇がなかった。部屋の中はいたるところ、花や果物、その他の贈り物が並んだ。オランダの方々の同情には、大いに心を動かされている。

昨日、レントゲンを撮り終わってベッドに送り返されてみると、折った肋骨に当てた石膏の下が熱をもって、大きな水疱ができ、それがつぶれてしまったので、私は石膏を外してもらわなければならなかった。額の傷には新しい包帯が巻かれたが、膝と肩の負傷には何の処置もされない。肋骨が何処よりも一番ひどいのだ。

今日、医師はレントゲン写真を手にしながら、もう一度肋骨を診察した。医師の言うには、肋骨はぽっきり折れていて、複雑な骨折ではないそうである。その他の負傷については、いとも簡単にうけ合ってくれた。このように、すべてのことは相対的である。もし、ほとんど動かないほど痛むこの膝の傷が唯一の負傷だったら、それは充分医者の注目を引いたろうと思う。肩や頭の傷だって同じことだ。どの一つをとっても、病院送りの烙印を押されるに十分である。だが、これらの傷は、肋骨が正常になるまでには、全部とっくに治っているだろう。医者はそれを知っているのである。

私は、四月一八日にムリアに戻れたら、と希望している。それまでには、まだきっちり三週間ある。

私は、医者や看護婦の指示を正確に守ろう、と決心した。そうしなければ、四月一八日という約束の期限を果すことができなくなる。どうしても、これは果さなければならない。四月三〇日にはワメナかボコンディニに着いていたいと思う。したがってそれ以前に、石斧の源、イエ・リ・メに達したいのだ。

三月三一日

今日は博士ド・ブルイン教授の訪問を受けた。教授はニューギニアに最も精通した人として通っており、低地人の間では「密林ワレモコウ」の名でよばれる一個の権化である。私は、カルステンツ地域での調査結果を彼に話した。多くのことは彼はすでに知っていたが、新しい事実も沢山あった。教授は私のバリエム計画に特に興味をもったようだった。

私が全然知らない人もまじって、その他にも大勢の人が、列をなして私を見舞ってくれた。それで、病院ではいくらかでも本を読めるだろうと考えていたが、この希望も、すくなくとも今日のところは、当てにならないことが、はっきりした。しかし、ここ数日は確かに私も、当地の人々にとっては珍しい存在であるかもしれないが、やがて「ムリアの患者」も陳腐なものとなり、私は十分暇を作れるようになるだろう。

南海岸に再度インドネシアの落下傘部隊が降下した。しかし、ここホーランディアでは、別にこのニュースで興奮した様子もなかった。侵攻地点がはるか彼方だからである。

私の体重は、たった六八キロになっていた。つまり一四キロもやせたわけだ。これは私にとってたいそう好ましいことである。

四月一日

日曜日。今日は私の包帯が全部取られためでたい日である。医者の所見によると、私の肋骨は、現在はもうホテルでも治療でき、病院での治療は必要ない、とのことだ。そんなわけで、明日中には退院だ。

四月二日

病院長ドド・フリース博士は、別れを告げに私を訪ねられ、一時間あまり話をしていかれた。博士は骨折の専門医であり、餞別の言葉としていろいろ忠告して下さった。たとえば、関節の訓練はすぐはじめたほうがいい、そうすれば、膝、腕、肩も、おそらく肋骨と同じ時期には快癒するだろう、といった忠告である。

間もなく、私はホテルの一室に引き移った。きれいな、こぢんまりした部屋で、シャワーがついている。病院からは、貸与するということで、寝椅子が届けられた。こんな風に、外面的な快適さには、あれこれ気が配られているから、傷の痛みをのぞけば、何も言うことはなかった。

生涯に一度でも、あるいは、私のように何度も、生きながらあの世に片足を踏み入れる不運を経験した者がいるだろうか。しかし、この不運は、考えようでは幸運といってもいい。間一髪、死地から脱する回数が多ければ多いほど、それだけ数多く、再生の幸運を体験することにもなり、またそれだけ豊かに、生命を大切にすることを学ぶからだ。このような体験は、人間に生命の意味というものを、生命のさまざまな展開を強烈に思いつめることに当然つながってくる。

いま私は寝椅子に横になり、日記を膝に置いたまま、危険のおよぶ範囲と経験の程度とを分析して、両者の関係を考えようとしている。何とも奇妙な話だ。つまり、滝で私に起こったような事故は、まったく経験のない者には、起こりっこないのだ——経験のない者には、滝に真っ逆さまに落ちるなどということは、とうてい考えられないだろう。

つまり経験は、一面において、自分の能力や自分の可能性に、すくなからぬ信頼、相当の確信を与えてくれる。しかしながら、この信頼が同時に、他面においては、経験のない者を襲うことのないような大きな危険をもたらす。自己への信頼がなかったら、どんな行為も生まれてこない。これは明らかである。しかし、何か異常なことをなそうとする意志は、不可避的に危険への契機を高めることにもなる。まったく別の分野のことではあるが、一例をあげて、この考え方を説明してみよう。

泳ぎの下手な者は、海で、五〇メートル以上先へ泳ぎ出るようなことは、まあしないだろう。経験がないから、自分に信頼をおいていないのである。この範囲内での危険は比較的わずかなものである。クラゲに刺されるかもしれないし、さんご礁で負傷をするかもしれない。しかし、たとえひどい負傷をしたところで、海岸から、たった五〇メートルのところだ。救護人がきっと助けにきてくれる。だが水泳の達者な人は二〇〇メートル、三〇〇メートルと泳いで出る。自分自身の力と能力を信じているからで——この信頼も正当なものである。ここには、もう人を刺すクラゲはいないだろうが、しかし、ひょっとすると鱶《ふか》がいるかもしれない。さんご礁の危険はすくなくなるが——そんなものは泳いでいる者には、さして害はない——しかし、沖へ出れば、不意に渦潮が起こるか、わからない。しかも、冒険心に駆られて沖へ出れば、それだけ、助ける人にとっては距離が遠くなるのだ。またさらに、五〇メートルの男は、けっして海峡を泳ぎ渡るようなことはしない。そうしたことをはじめて企てるのは、きまって一〇〇メートルの男である。

こう言えば異論が出ることは、自分でもわかっている。海峡を泳ぎ渡ろうとするのは誰か。ナンガ・パルバートに登るのは誰か。アイガー北壁を越えようとするのは誰か。あるいは私のことを引き合いに出して、「石斧の源」へ行こうとするのはいったい誰か、とたずねるだろう。

私は思うのだが、非常に多くの人々が、それをしたがっているのだ。大勢の人々はそうしたい。しかし敢えてそれを実行する者はわずかだ。これは人生観の問題であり——そして経験の問題だ。これでまた出発点に戻ってしまった。

経験は非常な危険をもたらすこともある、というこの見解に、現在のところ私は大いに感謝している。万事よい結果に終わったのだから、なおさらである。

四月三日

私は郵便を片づけ、本を読み、今後の計画を考え、ここ数カ月のことを思い返す機会を得た。奇妙なことだが、望みというものは変わりうるものだ。私とフィル・テンプルは、ヤモ谷の息苦しいほどむしむしする暑さの中で、たった二人きりで孤立しながら、ただ一杯のビールを何度夢みたことだろう。ホーランディアに着いたら果たそうと思っていた第一の望みはそれだったはずである。そして、ここに着いてから、もうまる一週間になる――だが私はまだ一口のビールも喉を通していない。おそらく私の健康状態に関係があるのだろう。つまり健康な身体の欲望と、打ちのめされた身体の欲望とは別のものなのだ。

ウルシュタインには、病院の手押し車のことを手紙に書いた。クルト・マイクスには、この地上では残念ながら、滝はみな下に向かって落ちるが、将来、月の山に登るようなことがあれば、山頂に向かって落下するようなチャンスにも、ひょっとすると出会うかもしれない、と書き送ってやった。

四月四日

今日ファルク博士が姿をみせた。博士はもともとわれわれのカルステンツ探検隊に同行するつもりであったが、病気のため、残ることになってしまったのだ。それは不確かなものではあったが、色々な情報について語りあった。それによると、「私の考えている」岩屑地の北、湖沼高原の近くに、一種族が住んでいて、彼らは赤黄色の柔らかい金属で作った斧を持っているらしい。もしそれが本当だとすると、ブロンズであるに違いない。しかしブロンズというものは非常に堅い。とすると、おそらく銅器ではなかろうか。とにかく、この問題は病気で寝ていたのでは、解答を出すことはできない。私はこの地方を再度訪れることになろう。かならず自分でたずね、この目で確かめることにしよう。

四月五日

フィルが報告を送ってよこした。彼は一週間前からティオムの方へ向かっているそうだ。これは想像だが、フィルは飛行機がとれないので、その間を利用し、ヴィルヘルミナ山頂へ行ったらしい。この報告には、私のもくろみより丸一週間も早く、つまり四月一一日には私もムリアへ飛んでよい、とあるが、大変うれしいことだ。医師も、ちょっと頭を振ってはいたが、さして危ぶんではいないようだ。三五〇ポンドの荷物をもっていっても、さしつかえないだろう。

ちっぽけなホーランディアを町とよんでいいとすれば、私は今日町へ行ってきた。私は地質学協会を訪れ、本を漁って、原住民の斧がどんな石から作られるかを調べた。緑色の石が最上等とされ、「私の考えている」ムリア北部の石屑にあるが、これは「エピドート」とよばれ、硬度は六ないし七である。青い石は、同じ地域から採れ、好んで鑿《のみ》に使われるが、これは「グラゥコファーン」とよばれ、一般に角閃石として知られているものの仲間である。黒い石はヤモ谷で採れ、原住民の間ではそれほど人気はないが、これは礫岩である。

四月七日

滝に落ちてから、一四日たった。胸の刺すような痛みは、やっとなくなったが、相変わらず仰向いて寝なければならない。それが辛くて、眠れない夜がしばしばだった。昼も夜も睡眠剤を飲んでいる。驚いたことに、膝ははじめとまったく同じで、つっぱったままである。

もしかしたら、膝のほうが肋骨より長くかかるかもしれない。いずれにしても、最初の予想よりは長びくだろう。右肩は大分よくなったが、それでも神経の一部に故障があるらしくて、上膊はほとんど無感覚で、しかも思うように動かせない。

しかし私は、一四日まえのちょうどいま頃、自分の血でまわりの水を朱に染め、全身傷だらけで岩の上に倒れていたときのことを思い描いた。すると、こうした苦しみも、すべて薄れていった。苦情をいう理由は何もない。結局、私は一命をとりとめたのだし、それを思うと、感謝の念でいっぱいである。そして、むしろ「五〇メートルの男」になって安穏な生活を送り、危ない野心を追いまわすのをやめたいとさえ、願うのである。こんなこと以外にも、私の人生には好きなことが、まだたくさんある。本もそうだし、音楽、スキー、ゴルフも好きだ。私以外の人間が体験したことを、聞いたり読んだりするのも好きだ……もっと本を書くのもいい。チベット語の百科事典、旅行案内書、ラッサの都の歴史を書くこともできよう。しかし、こうしたことを色々してみたところで、それで状況がすこしでも変わるだろうか。人生の過程で学び知るものは、自分自身であるのが実相である。私は、他人の落ち穂を拾うより、まず第一に自分の体験を選びたいと思う。この体験ということも、多くの場合、次のようなものである。つまり、人はあることを企てるが、それに到達したときには、それが終極の目的ではなく、どうしても通らなければならない途中駅にすぎなかったことがわかり、さらにそこから、次の、長いあいだ隠されていた新しい目的にむかって出発する。ちょうどスキーのスラロームの場合と同じように――ポールの一つを通過するときには、もうその次のポールへと、思考も眼も働いているのである。

そのうえ、人は同時にたくさんの目標をもっており、しかも自由意志で自分からそれを選ぶことは、ごく稀である。そうした場合、さまざまな事情が作用して、性格や気質から、あるいは偶然に支配されたり、他人の決意に影響されたりして、不意に決心してしまうのである。

四月一〇日

昨晩、私はルネ・バシングと数時間を共にした。彼は、青年マイケル・ロックフェラーが亡くなった一二月、そのすぐ近くにいた人物である。博学でもあり、人好きのする快活な人で、私の計画しているニューギニア南岸への旅に、いろいろ有益な忠言をもらった。彼は経験豊かな比較民族学者であり、足を踏み入れる値打ちのある興味深い場所を、次から次へと、私に教えてくれた。事故のため時間がなくなってしまったが、それでも私は、第三の探検のあいだ中に、いつか、マイケル・ロックフェラーが落命した地域にゆきたいという希望を捨てていなかった。ロックフェラーの死に関しては、真偽とりまぜて、さまざまな説が世界中に報道されている。しかし

石器時代と現代の交差

本当のことは、まだ誰も知らない。事実、つい二週間まえにも、ロックフェラーの時計が発見された、という風説が世間にばらまかれたが、本当に発見されたのか、ということになると、誰にもわからなかった。ある宣教ステーションからの報告によると、ごく新しい骨製の短刀をもった原住民が一人捕えられたそうだが、この短刀は人間の大腿骨をけずって作るもので、しかも骨がまだ温かいうちでなければ加工できない、というのだ。何が本当で、何が作り話であるかは、私が現場にいって、いつかは確かめられるだろう。バシングの支持する見方は、マイケル・ロックフェラーは岸に泳ぎつこうとして溺死した、というものだ。バシング自身も、すんでのところで命を失いそうであったが、救助のくるまで、ボートにしがみついて持ちこたえたらしい。

マイケル・ロックフェラーの父親は、ホーランディアの民族学博物館に資金をだすことを、バシングに約束した。現在、彼はそのために働いており、その仕事に忙殺されている。バシングは自分の仕事を非常に愛しており、その点、趣味と職業を一致させた数すくない幸福な人間の一人である。こうした幸福は、なかなか持てるものではない。

明日はパイロットのスティガーと同乗して、ムリアに帰ることになろう。左膝は相変わらずつっぱったまま、肋骨も横になるときには相変わらず不自由だが、それでも一日の行程を短くすれば、例の採石場までいけると思う。とにかく、何かにつけ、ホーランディアよりムリアのほうが安上りだ。本を読んでいる分には、ここでもムリアでも同じことだ。

四月一一日

ムリアには何も変わったことはない。昨日ちょうど私が出発のために荷物の準備をしていると、M

ＡＦ航空のパイロット、ディブ・スティガーがやってきて、宣教ステーションが着陸を許可しない、としらせてくれた。わからない話である。ムリアは「訪問客」が欲しくないらしい。謎のようで、不可解なことだ。ホーランディアにいる私の知りあいは、みなたいそうふんがいしている。

この着陸禁止の話は、ホテルでもたちまち広まっていた。なかでも新聞社の人二、三人は非常に怒って、この決定に抗議する論説を発表しようとしていた。私はできるだけ意見をひかえめにした。結局ここでは私は客なのだ。

はっきり分かることは、個々の宣教ステーションと行政局との間にある不一致である。このことは、ニューギニアのオランダ植民史のすべてに関係している。政府は――この島のオーストラリア管理領とは逆に――行政管理局に先立って宣教団に植民許可を与えるという誤りをおかしたらしい。そして現在、この点から、ある種の勢力争いが生じてきているのだ。

しかし「訪問客」を毛嫌いする理由は、ほかにもあって、それが作用しているのかもしれない。というのは、宣教団の仕事を妨げたり、原住民の間に不和をかもしたりして、宣教団の荷やっかいになる人が、いままで確かにいたからである。もちろん、私の場合、これは当てはまらない――私は始終テント暮らしをしているし、どんな意味でも彼らの援助を願ったり、要請したりしたことはなかった。また、原住民に紛争の種をまくようなことも、なかったはずだ。それでも宣教師は、自分の保護下にある原住民を、ポーターとして誰かにつけてやることは好まないかもしれない。なぜなら、長期の探検をしているあいだに、ポーターが他の宣教ステーションの教区に入ることも、しばしば起こるからである。ポーターは、よその教区で、耳にしてはならないようなことを聞くかもしれない――宗派上の対抗もあって、宣教師といえども、かならずしも自由ではないのだ。

今朝早く、私はもう一度診察を受け、レントゲンをとった。医者は体操をすすめてくれた。できるだけ早くふたたび探検にでかけるには、私の場合「体操」が一番いいと思う。

四月一三日

昨日「ニューギニア新報」紙に、私に関する記事と、不可解な着陸禁止に関する論説がのった。筆者は、私に即刻許可が与えられるように、という希望を述べている。結論として、私は「未経験なありふれた探検家ではないのだ」と書いてあった。

こんな記事が発表されたので、私は緊張してしまった。さしあたり、私はホーランディアに留って、医者の監督を受けながら、もっとよく傷を治そう。こうして、またしても延期することになってしまったが、フンボルト湾に面したこの街での滞在は非常に快適だから、それを思えば気が休まるというものだ。沢山の小さな島をかかえた入江と、それに面したホーランディアの位置は、それだけで十分魅力的である。島のあいだには、ちょうど竹馬にでも乗ったように、原住民の水上家屋がたっている。岸からそこへ行くには、ボートを使う以外に方法はない。ホーランディアの浜は、神秘的な美しさをたたえており、ためらうことなく、タヒチの海浜に比較されるほどのすばらしさである。入江の中は、どこも生命がみなぎっていて、あちこちをボートが滑り、輝くばかりの色彩の斑点がこの光景を柔らかなものにしている。しかし、ここにもまだ戦争の記憶は残っている。浅い海底には、アメリカや日本の上陸用舟艇が、赤錆びたまま、いまもなお横たわっているのだ。

道は、海岸から、ずっと高いところにあるヨーロッパ人のヴィラや洒落たバンガローまで、急な坂道になって、うねうねと続いている。無数の自動車がこの道をたえず行き来している。夕べにはテラスに坐って、日没とともに匂いはじめるアカソケイの花の甘い香りを呼吸する。やがて入江には、夜釣りをする漁師の小さな舟が明りをつけて揺れ、その火が黒い水に映る。時には、世界をめぐる航海をしばし休めて、ここに碇泊する大きな輸送船を見ることもあるし、さまざまな色の光を点滅させるオランダ海軍の軍艦を見ることもある。

まったく突然、なにかひそかな合図でしめしあわせてでもいるように、コオロギのやかましい鳴き声がはじまる。この声は、やがて圧倒的な騒音となって、あたりを充たす。耳を聾するばかりである。この繊細な動物が、足をこすり合わせるだけで、これほど鋭い音をたてられるとは、とても考えられないくらいだ。この大合奏は、はじまったときと同じように不意に、ピタリと止んでしまう。その後にやってくる静寂は、まことに効果的で、死の静けさに似ている。胸をしめつけるような不安をよび覚ます。世界が急に生きるのを止めてしまったかのようだ。しかし、また新しい音が響きはじめる。雨がブリキの屋根を打って、単調な音をたてるのだ。山の手の人々は、もうとっくに寝室に引っ込んでしまっている。当地の社交は、世界のどこよりも早く終わりになる。ホーランディアでは、翌朝七時には、もう事務所が仕事をはじめるからである。

だが、下のほうの海岸や、入江の水上家屋に住むパプア人は違う。夜を徹して密儀を祝い、昼間は一日中休んでいた祖先のことを思い起こすのだろうか、かれらは、あちこちで突きさささるような叫びを発する――ふだんの一見死んだような夜とは、まったく違った生命力である。時々、ジェット機の排気音が聞えるような気がすることがある。だが、その力強い、しかしそれでも抑制されたような轟音がいっこう近づいてもこず、止みもしないので、はじめて分るのだが、それは潮騒なのだ。遥か下のフンボルト湾で、潮がさんご礁にさしてくるのだ。

四月一四日

ムリアへの着陸を禁止された私の事件が、あちこちに問題を巻き起こすことになってしまって、はなはだ憂鬱である。どこへ行っても、その話でもちきりで、私がポーターを集めるのはむずかしいのではないか、としきりに心配してくれる。しかし、要するに誤解から起こったことだ。現在もっとも重要なことは、とにかく私がムリアへ行くことだ。ポーターが見つかるかどうか、どうしたら見つかるかは、ポーター自身の判断に任せるより仕方がないだろう。

政治的には、近い将来、ニューギニアをインドネシアに譲渡するのをねらいとしているように思われる。ハーグでは、この島のオランダ統治領を二年以内に放棄するというアメリカ案に、すでに同意してしまっている。情勢はアルジェリアと同じで、ここでも逆になっている。つまりニューギニアはその植民時代を通じて、いつも母国の継子扱いであったが、この継子がいわゆる「持てあまし者」になって、はじめて皆の関心をひくようになったのだ。

私もくりかえし経験してきたことではあるが、オランダ人は土着のパプア人に対して極めて立派であるし、またかれらを文明の恩恵に浴させようと、現在でも、あらゆる努力をはらっている。パプア人の憎しみは実際には「混血」、つまりユーラシア人とパプア人との混血の間にみられるのである。人種的偏見の多くは、これら混血階級の人たちから出ている。理由は簡単であって、混血の人たちはまだヨーロッパ人の数には入らないが、そうかといって、もう原住民と同列には見られたくないのである。ユーラシア人は、予想される政治的進展を考えて、まっ先に土地を棄ててしまうような人たちであり、事実そうして、スカルノのインドネシアから逃げてきたのである。そして現在、スカルノはかれらを追って、ここへ来ようとしている。そうなれば、この地は、そして何よりも、まだ文明化していない高地は、ふたたび古くさいスカルノ体制に逆戻りしてしまうだろうし、したがってニューギニアは、たとえ他人の手によるにしろ、また継子になってしまうだろう。それが心配なのである。

同じ理由から、パプア人も現在の政情が変わることをのぞんでいない。パプア人は、オランダがいままで尽してきた努力と、いまも尽している努力に敬意をはらっている。仮にどうしても政情の変化が起こらなければならないなら、パプア人の最も強くのぞむことは、パプア自身の政権であろう。もちろん、それはいまのところ、まだ将来の夢である。現状ではまだ、それにはほど遠い状態だからである。なるほど、パプア人はパプアの旗をもっており、それがパプアの民族意識を高めるのに大いに役立ってはいるが、しかし、独立国となるための諸条件はまだ与えられてはいない。新興国は、行政にたずさわる多くの人間を必要とするが、パプア人はいまだかつて学校というものを持ったことがない。もし本当に変化が起きなければならないとすれば、それはまず学校を建てることだ。その他のさまざまなことは、徐々にバランスを考えながら、後からでもできるだろう。特許権は効力を失うことはないのだ。すべての人を満足させることは、とてもできない相談だ。白人、ユーラシア人、パプア人、宣教師、国連、とくに故国オランダのさまざまな政党、これらを同時に満足させられるだろうか。

四月一八日

今日、特別機「クロンドゥイフ」で、ここからワメナに飛ぶチャンスをつかんだ。私のほかにパプア人警察官、イースターの休暇にでかけた教師、二人の看護婦、ボコンディニへいって病院を査閲するルー・ルー博士が同乗した。

例によって、人影の絶えた原始林、原住民の部落のうえを飛んで、やがて大規模なバリエム渓谷に着陸した。

飛行場には、フィル・テンプルが出迎えた。パートナーとの再会はすばらしい。しかしあまりすてきでないニュースもあった。つまりイースターで休みになるので、来週の火曜にならなければムリアに飛べないというのだ。

晩はフィル、ジョセ・ベリンとともに過した。ベリンは管理補佐官で、たいへん面白い話を聞かせてくれた。ムリアに向かって出発するまで、どうしても待つ間があるのだから、その間を利用して、私はかれと一緒に、塩分を含む鉱泉へいってこようと思った。だがベリンの説明によると、目下のところ、それは不可能であるらしい。というのは現在、管理局が、この谷の間道を支配監督下におさめていないからである。

ジョセ・ベリン自身も、ついさき頃、この地域で危険なめにあっており、かろうじて死をまぬがれたのであった。パトロール中、ダニ族の一団に、わずか五メートルの距離から投げ槍で攻撃されたのである。突き出た岩の背後にかくれて、ダニ族はパトロールを待ち伏せしていた。ベリンが気づいたときには、すでにもう第一の、いわゆる「白」槍が、かれの頭をかすめて飛んでいった。そこでベリンはすばやく銃を構え、数発発砲して、襲いかかったものを三人まで倒したのだった。

この「白」投げ槍は、長さおよそ五メートル、明るい色の軽い木をけずったものである。ミルテの木から作る、ずっと重い「黒」槍とは違い、この槍は軽々とすばやく扱うことができる。これまでに何人もの軍人が、宣教師でさえ大勢が、この武器で命を落としているのだ。ジョセ・ベリンがすぐ発砲したのも、そういう理由があったからだろう。すこし前、ダニ族は「グルー」を殺害した。グルーは若い教師で、宣教団で働いており、ヨーロッパの服装をしていた。ヨーロッパの服装と特に言うのは、ダニ族のあいだで一般に広く行なわれている考えだが、われわれの服が一種の「魔法のマント」

であって、これを着ていれば不死身である、と思われていたからである。原住民も、もうそんなことは信じていない。グルー殺害があってからは、とくにそうである。ダニ族は、われわれが不死身でないことに気がついたし、われわれのシャツやズボンが甲冑でないことを知っている。そして、それが攻撃の楽しみをあおっているのだ。

午後わたしはバリエム川まで散歩にでかけた。相変わらず、つっぱったままの膝を訓練するためである。残念ながら、膝は思ったほどよくなっていなかった。近いうちに膝がまた元のように曲るようになる希望はなさそうだ。私は半ばあきらめた気持だ。

四月二〇日

今日は復活祭前の金曜日。午前中われわれは荷造りに過した。四日以内には荷物をムリアへ発送する手筈が、やっと整った。今度は荷物を次のように配分した。すなわち、第一の部分はムリアから石斧の源への行程とその帰路のための私自身の荷物。第二の部分はムリアから採石場をこえ、ポコヤン川の本流沿いにティオムへいたるフィルの荷物。ティオムからヴィルヘルミナ山頂へ行くフィルのために特に別にしたのが第三の部分。最後に第四の部分は、私の最終の大目標、バリエム渓谷を通って南海岸にいたる行程のための荷物である。

私は今日の午後を費して、一度ワメナをよく見て歩いた。アルミニューム製の家からなるこの聚落は、その位置が悪いために、これまでも、しばしば酷評をうけてきた。ワメナはまっ平らな平地のまん中にあり、いかにも、もうすこし何とか傾斜地にでも置いたらよかったろうに、といった感じを抱かせる。ワメナが、相敵視しあう二つの種族の境の上に建設された事実も、たびたび批判されている。

しかし私は、この批判は当をえていないと思う。つまり、もしこの町を二つの種族のどちらか一方の区域の中、二、三の原住民きりいないところに置いたら、きっとたちまちのうちに、かなり大規模な攻撃の危険が発生したろう。

完全武装をした原住民

四月二二日

ワメナでのイースター。目下のところ、私はあまりいい気分とはいえない。高地一帯に流感が広がっている。ミンディプターナの管理官から電報が入り、インフルエンザのためにポーターをいつ送れるかわからない、と報せてきた。

私はもうイラガで流感をすませてきた。しかし、いまきくところによると、その後、イラガでは六二人の人がこの流行病で死んだそうで、ボコンディニも一二人の死者を報じている。それにひきかえ、ワメナはどうやら災いを免れているようだ。ここにも二、三人罹病したものはいるが、いまのところ、まだ死者を出していない。

五月一〇日にはポーターを必要とする。まだ約三週間ある。それまでには皆元気に回復してくれるよう祈っている。

ヨハンセンは今日、二人の旅客を乗せて、ワメナに着陸した。かれら、キリスト教宣教団のパイロットたちは、まことに勇敢な青年である。かれらは、しばしば立派な行動を貫徹し、いつも人助けを厭わない。この男たちは、重病人を救出しに行って、その命が一刻を争う輸送にかかっている場合、しばしば滑走路の照明燈もないのに、薄明の中を猫の額ほどのところに着陸するという離れ業を何度もやってのけたに違いない。ヨハンセン、スティガー、ベイダー、そのほか名前は何でもよいが、これらのパイロットには勇気と、それにも勝る航空術の能力が要求される。ときには本当の軽業が要求されることさえある。第一、建設されたばかりの飛行場にはじめて着陸するのは、いつの場合にも、命をかけた冒険である。デコボコな滑走路のはじめや終わりには、奈落が口を開けているように思われたことも、一度や二度ではなかったろう。かれらは斜面を上に向かって着陸し、斜面を降って離陸しなければならないが、まるで風が舞いあがるように見えたことも、しばしばだったろう。

四月二三日

ワメナは、復活祭の祝日を祝うには惨めな場所である。ホテルのマネージャーは、この祝祭日をいつもよりいくらかでも祝日らしくしようと、すこしも努力を払ってはくれない。机の上には、ついに一度も花は飾られなかった。食事は、いつもと同じで、まったく単調である。

四月二四日——ムリア

今日早く、私はとうとうボブ・ヨハンセンと「セスナ一八〇機」に乗って、ここへ飛んできた。しかしわれわれは、こんども九〇〇ポンドの荷物をもっているので、半分きりもってくることができなかった。後の半分は午後とりにいってきた。フィル・テンプルも、すでに当地にきている。したがって、われわれはすぐにでも石斧の源へ出発できる。こんどこそ、どうしても成功させなければならない。

四月二五日

ポーターを探すのがむずかしくなるのではなかろうか、と心配したが、やはりその通りになってしまった。私が滝に落ちたことは、原住民にはまだ生々しい記憶だった。悪霊は私の探検に反対していると、かれらは頑固に信じてしまっている。しかもわれわれは、もう宣教団の側からの援助を期待できない。友好的ではあるが、控え目である。したがって、最初のときのように、ポーターが最後の瞬間になって自発的にきてくれるのを、あてにするばかりである。

四月二七日

ポーター問題は依然として解決されず、頭痛の種である。われわれがこの問題に触れようとすると、原住民は口をつぐみ、無愛想になってしまう。私は遅くとも三日のうちには出発したいと思っている。われわれの獲得したのは二人である。この二人を連れて、現在フィルはヤモ谷付近へいっており、人数を集めようとしている。万一結果が不成功におわれば、われわれは、この二人を連れただけで旅程をはじめなければならない。当地で宣教師が援助してくれないのは、私にとってはじめての経験である。私が宣教ステーションに顔を出しさえすれば、ポーター問題はすべて、白人の援助で、たちどころに解決してしまうことは確かだろう。

しかしダニ族はただ尻込みしているだけである。ポーターとして私と同行することが問題なのであって、石斧の源の情報については、かれらは現在よろこんで教えてくれる。それによると、「青い斧」はバン・コプ・メとよばれ、黒い斧はケ・ルとよばれている。輝青岩で作った青い斧は、礫岩で作った黒い斧より、ずっと価値が高い。最後に「緑色の斧」はアンディパとよばれ、これはエピドート、あるいは緑泥石である。そしてこれら三つはイエ・リ・メで採れるのだ。「われわれ」の石斧の源である。問題は、この山のいろいろな場所で採れるのか、あるいは、そうではなくて、一カ所の大きな谷から採れるのか、だ。私はもう今日にも出かけて行きたい。そして、できるだけ早く一切を確かめたい。

四月二九日

希望の光がさした。フィルが昨日紙片を送ってきて、ポーターを五人集めた、と報せてよこした。その間、私も説得につとめ、新しい探検に参加するよう四人の男を納得させた。これで十分というわけにはとてもいかないが、それでも、われわれの恐れていた最悪の事態よりはましである。念のため、私はとくに十分に費用をはずみ、いつもより高い報酬を支払った。これで皆をつなぎ止められればと願っている。

昨日は日記を書かなかった。ムリア上流の谷へ小旅行をしたためである。ここでも私は当地の原住民が作っている多年生のウリ科植物を見た。このヒョウタンから男たちはペニス・サックを製作する。この実は非常に長く細く、どんな形にも育てることができる。棚が作られていて、ちょうどわれわれのブドウやホップのように高く伸びている。あちこちに樹が立っていて棚の支えとなっており、そのためヒョウタンは、この樹の実のように見える。

ムリア峡谷の北側にそって、鯉の養魚池が三つある。しかし池にはほとんど魚はいない。きっと水が酸性なのだろう。これらの養魚池はオランダ当局の勧告によって設置されたものである。こうした方法で、メニューを豊富にし、蛋白質の豊かな食品を与えて、この地方に特に多い病気をいくらかでも予防しようと考えているのである。

またこの小旅行で、私は大変興味深い家をみつけた。この家はある酋長のものである。円錐状の屋根をもったふつうの円い家よりはずっと大きく、しかも壁は二重になっている。そして野菜畑に行くには、ふつうとは違って、「豚小屋の檻」をよじのぼって行く必要はない。よそでは見たことのないものだが、入口と向かいあって、もう一つ穴が開いており、そのため直接に野菜畑へ行くことができる。畑には砂糖大根、にんじん、なっぱ、大豆、それに野生のたばこがうわっている。

帰途、私は、オレンジ色の華麗なシャクナゲを、さらに二種類みつけた。その一つは途方もないほど大きな花をつけ、もう一つは、故郷のアルペン・ローズのように、小さく可憐だった。しかし完全に開いたら、むしろサクラソウに似ているだろう。このあたりには、そのほかにも木ほどの背丈のある白いシャクナゲがあるが、これはカルステンツへの道で、すでに見たものである。

そうこうしているうちに、フィルから第二のメモ用紙が届いた。頼もしい男、フィルは全部で六人のポーターを手に入れ、かれらとともに、すでにムリアへの途上にある。とすると、明日にも出発できるかもしれない。

今日、宣教団がミサを行なった。およそ六〇〇人の原住民がミサにあずかった。盛大な光景だった。かれらは広く枝をひろげた樹の下に集まり、一方には男、一方には女と、きちんと分れた。その中央に、二人の宣教師が立った。小さな白い巻雲が山を越え、谷の端へ動いていた。周りには、黒い円錐状の草屋根のある原住民の円形小屋が並んでいる。草屋根のまん中には、風で吹き飛ばされないように、重石が載せてある。しかし、それは決してふつうの石ではない。「魔力の石」なのだ。悪霊を家から遠ざけておくように、という願いがこめられているのだ。このミサをみて、ことに奇異の感を私が抱いたのは——キリスト教教会と偶像崇拝とのこのような並存である。こうした一切が、一種、童話のような光景を現出していた。まるで誰か絵描きが、この光景をスケッチし、力強いタッチで描きあげたかのようであった。

四月三〇日——「計画をたて、それを守りぬくこと」

今日は二重の意味で祝祭日である。つまりオランダ女王の誕生日であり、かつまた、われわれがイエ・リ・メに向かってついに出立する日でもある。ボコンディニでは、今日の大祭を祝うために、二〇〇〇人のダニ族が合流しているらしい。オランダ人の話では、ワメナには約三〇〇人が集まるそうだ。政府当局は、かれらを相応にもてなすべく、予算を用意していた。祝祭の催しものには、フットボール、袋競走、いろいろな余興が行なわれる。とくに人気のあるのは樹登り競技である。これは石鹸をぬった樹の頂上まで登るのである。勝った者は、賞として鉄の斧を手に入れることができる。

だが、こうした催しをもうこれ以上見物しているわけにはいかない。一時間以内に、われわれは岩屑に向かって出発するからである。

私はもう丸一週間もムリアに滞在して、用意万端整えてきた。そして、いまついに発進である。フィルと私は、それでも全部で一二人のポーターをかき集めることに成功した。必要なものだけに制限した荷物をかつごうと、ポーターたちはよい報酬に張りきって、まち構えている。

やがて、われわれは第一日目の行程を終えた。ヤモ川のうえ、川の音がはっきり聞えるところに、原住民の部落ブルゴバがあり、そこにわれわれは誰も住んでいない円形小屋をみつけた。おかげで、きゅうくつな登山用テントで夜を過さずにすんだ。

私はいま、戦い疲れている。膝は相変わらずつっぱっていたが、登りは快調であった。しかし、苔と雨の森を下るときには、ひどく悩まされた。一時間半ののちには、休憩しなければならなかった。右脚にたえず荷重がかかるため、筋肉が痙攣をおこしてしまったのだ。途中までわれわれを送ってきた二人の年とったダニ族の女は、私が筋肉をマッサージしているのを見ていた。女たちはすぐ近づいてきて、どんな処置をしたらよいかを教えてくれた。女たちは私に大きなイラクサの葉をわたした。こんな大きなのを私はまだ見たことがなかった。それを痙攣する筋肉にすりこめと言うのだ。その通りにしてみた。皮膚が焼けるようだ。真赤になって、熱をもち、やがて水泡ができた。まったくの荒療治だ。しかし結果はよかった。一〇分後には、痙攣は完全に鎮まってしまった。

その後、道は谷の東側をブルゴバの下まで続いた。この道は、さる三月二六日、私が「豚式」に運ばれたのと同じコースである。原住民がふだん豚を運ぶのとまったく同じように、私は棒にくくりつけられて運ばれたのである。休憩のたびに、原住民は完全になおった私の頭の傷に感嘆し、傷跡にさわってみた。

「トゥアン・インゲン」――かれらはわれわれの錠剤をこうよんでいる――が、こうした奇跡を成就するのだ、と説明してやった。

ポーターはたえず行進をやめて、バナナ、ラッカセイ、ホウレンソウ、サツマイモ、サトウキビを採ってきた。私は貝を払って、それを買いとった。子供たちは、貝のほかに、キラキラ光るスワロフスキーの模造宝石を二、三個手に入れた。

ポーターの一人が途々私に説明してくれたところでは、山間パプア族は、相反目している種族とも交易をするようだ。敵対関係にある種族の間の無人地帯に、会合点の空き地がある。何かを売ろうと思う者は、そこに品物を置き、自分はジャングルの中に隠れてしまう。売り手は樹をゆすって合図し、売る意志のあることを敵に知らせる。買い手は放置された品物を吟味し、さて大声で声をかけあって値段がきめられる。買い手は支払いをすませて立ちさる。そうすると一方は後に残された子安貝をとりに行くのである。

報復の戦いでさえ、きわめてのんびりおこなわれる。午後は雨になりそうだとなると、一言二言、罵声を残して、さっさと引き上げてしまう。翌日天気がよければ、もちろん戦闘は続けられるわけだ。

五月一日

ひどい一晩だった。小さな住いの中に、折り重なって睡った。しかし「睡り」とはこんなものだろうか。私はほとんどまんじりともしなかった。

夜の闇がはじまると、すぐ、ダニのほかに、さらに鼠どもが仲間に加わった。鼠は喜んではしゃぎまわり、われわれの上や下や間で、隠れんぼをしている。あちこちを妖怪のようにかすめ去っていく。外で虫に悩まされた豚が、背中を小屋のかこいにこすりつけた時だけ、しばらくの間、この夜の仲間たちはピタッと静かになった。想像を絶した油虫と蚊は、豚が小屋のかこいをこすろうと、そんなことにはいっさいお構いなしである。しかし鼠や、蚊や、油虫がいなくとも、私は睡れはしなかったろう。というのは、ダニが小屋の真ん中で火をボンボン燃していたからである。このあわれな男たちは痛ましいほど寒かったに違いない。しかしそれでも焚火は小さくしておかなければならない。藁を葺いた屋根は、カラカラに乾燥しているからだ。ちょっとでも火の子が飛べば、小屋はたちまち炎に包まれてしまうだろう。われわれが探検している間に、それは何度も経験してきたことだ。こんなことで荷物を失うのは、あまり愉快ではない。何よりも、今度は肌身離さず持ってきた私のたった一つのカメラをなくしたくないのだ。

幾度か眼をあけたり閉じたりしているうちに、私はひとりでにウトウトした。私は左右の鼠を追い払い、蚊があまりうるさくなると、虚しく空中を打った。時間が止まり、まったく過ぎていかないように思われた。果しなくのろのろと、それでもやがて真夜中になった。その頃、まるでシェークスピアの「テンペスト」に出てくるキャリバンを思わせるような、そんな光景を私は見た。ちょうどその時、私は火を見て、まばたきをした。すると突然ダニ族の一人が自分の寝床から音もなく立ちあがった。火の前に巨人のように大きく立ちはだかり、顔を私に向けた。火がゆれて、その顔をチラチラと小さな蔭が躍った。うつむいて、両手をダラリと下げ、この世のものとも思えない姿で、その男はつっ立っている。その姿は、先史時代の穴居人と寸分違わず、まる裸で、人間というよりはむしろ猿に近かった。すべてが音もなく起こっている。鼠でさえ息を止めたようである。私は夢をみているのかと思った。その男は急にくるりと向きを変えると、小屋の入口から外へ消えた。だがしばらくすると、また戻ってきて、片隅にうずくまった。黒い蔭にみえるだけである。そこで何をしているのか、私には分らなかった。何かをしているのは音でわかったが、かすかな動きと呼吸が聞きとれるだけだった。突然かれはまた火の傍にしのび寄ってきて、数秒間、火のまえにうずくまった。今度はよく見ることができる。かれは硬直しているようだった。急に両手をあげて、頭にかぶった網をゆるめ、狂ったように頭をかきむしり、拳で頭をなぐりだした。それからトウモロコシの軸を手にとって、火にくべた。

私は、もう落ち着いたらしいな、と思った。しかし、それは間違いだった。火を燃すところには、上から火を受ける屋根が作ってあるが、男は、稲妻のような素早さで、この屋根の支柱の一本にしがみつき、気違いのように、それを揺すりだした。私の好奇心も一瞬、不安に変わってしまい、小屋もろとも引き倒されたら、どうしようと心配した。だが、こうした危険を私がはっきり意識した頃には、「キャリバン」はふたたびおとなしくなっていた。かれは小さくかがみ込んで、両手を合わせ、何か一人でブツブツつぶやいている。よく分らないが、祈り、悪霊を祓う祈禱《きとう》らしい。そのうち、かれの息遣いがだんだん苦しそうになった。と、突然、物凄い鼻息とともに、鼻の穴から大きな栓が二つ飛び出して、もう消えかかっている焚火の中へ落ちた。やがて、起きあがったときと同じように静かに、男は自分の席に横になり、寝てしまった。

静かになった。やっと静かになった。今度こそすこしは睡れるだろうと思った。私はこの部落に住む山間パプアのことを計算に入れていなかった。すこしうとうとしはじめたとき、外で大きな叫び声が起こった。小屋の入口から、燃え上がる火の光が、あかあかと射し込んでいた。這いだしてみると、漆黒の闇にあやしく照らしだされて、すこし離れたところに小屋が炎々たる焰《ほのお》に包まれている。喚声はこちらに向かって突進してくる。ダニ族がそれに応酬して、押し止めた。見ていると、山間パプアは大あわてにあわてながらも、急いで燃えている屋根を引き下ろそうとしている。そして小屋のまわりの囲いだけは、うまく救うことに成功した。数分後には、この喧騒も終わった。刺すように焦げ臭い匂いだけが、数時間も、あたりに漂っていた。私は睡りに落ちたが、浅い睡りで、回復にはあまり役立ちそうもなかった。明け方には、何度も雨がぱらついた。

朝食はトウモロコシとサツマイモだった。来週はおそらく、これが私の主食になると思う。まったく奇妙な話だ。私はニューヨークのあるレストランでトウモロコシを食べたが、目の玉が飛び出すほど高かった。ここ原始人の間では、網一杯、約二〇本買うのに、子安貝一個でたりる。ニューヨークなら、子安貝一個では、カチカチのパン一かけらも手に入るまい。それほど違う世界なのだ。食物に限らず、人生のそのほかさまざまの事柄についても同じことが言える。何にせよ、ありあまるほど持っていたら、魅力は失われてしまう。稀であるからこそ、それを獲得しようと、時間と金と労力を捧げるのである。

今日一日の行程の間中、われわれはポーターをふやそうと人を探しながら歩いたので、行程はあまり延びなかった。夕方になり、われわれはボラメという小部落にキャンプしている。ここは五週間まえ、私が負傷して夜を過したところである。

ここへ来るまでの道は大変魅力的だった。われわれがヤモ川へ下りたとき、雲が消えて、太陽が輝いた。数週間まえ、薬のため意識朦朧となりながら、棒にくくりつけられて、ダニたちに運ばれたのだが、それと同じ道を再度進むことは、私にとって特別の感慨があった。樹の根の一つ一つ、大きな石の一つ一つを私は覚えていた。背骨にいやというほどぶつけられたものを、そう簡単に忘れる訳にはいかない。とくに蔓草で作った橋は、一メートル、一メートルはっきり記憶に焼きついている。フィルにも助けてもらわないで、たった一人で這い渡ろうと、精根をすりへらして頑張ったあの橋である。しかし、いまにしてはじめてわかったが、薬品の作用と多量の出血があったからこそ、あんなにも簡単に意識を失い、いやな思いからまぬがれえたのである。いや事実は何も起こったわけではないのだ。私はふたたびイエ・リ・メへの途上にあり、こうなったことに感謝している。

五月二日

流れるような雨のなかを数時間行軍して、今日の午後四時ごろ、イェンガジョという大きな洞窟に着き、ここに野営した。

道はアニニメ川のロマンティックな谷を進み、いく度も川を渡らなければならなかった。結局われわれは狭いところに入り込んでしまい、三〇〇メートルほど急坂を登るはめになった。再三、機会あるごとに、私はポーターの猫のような確実さに驚かされた。

五週間まえ私を送り返すさいに残した足跡が非常に役に立った。ダニたちはそれをたいそう自慢していた。かれらは喜々として例の「ワァワァワァ」の喚声をあげた。しかし「私」の滝につくと、かれらもいくらかおとなしくなった。なにしろ「悪霊」が、石斧の源への私の攻撃を、最初に撃退したのはここだったからである。私がここで命拾いしたことは、どんな説明より明瞭に、フィルムや写真が証明するはずである。滝を過ぎるとすぐ、雨が降りはじめた。もうやまないだろう。

いまわれわれは、下までぐしょ濡れになって、野営の洞窟にうずくまっている。この洞窟でとくに目立つ点は、ほとんど場所がないことと、非常に汚いことである。そればかりではない。この洞窟という言葉は、好意をこめた誇大な表現であって、厳密に言うと、斜めに突き出したただの岩壁であって、それがわずかに濡れるのを防いでくれるにすぎない。火をつけるには相当苦労した。野営をとりかこむように、苔のびっしり生えた柏の木が、竹にまじって立っているが、ダニの一人はその一本におよそ二五メートルもよじ登り、高いところから、火を起こすために細い枝をきりおとした。

われわれは途中でさらに二人のポーターを募集した。現在、われわれはちょうど二〇人の集団になった。皆は、苦労して吹きおこしたキャンプ・ファイアのまわりに、押すな押すなとしゃがみこみ、トウモロコシやジャガイモを焼き、兄弟のように分けあっている。

五月三日

今日はとくに早く出発した。湿気と寒さが、夜が白みはじめると、もうわれわれを道へと駆りたてた。童話のように美しい苔の谷を登りつめ、一時間後には峠についた。それから狭い細い道をふたたび下って、キイレ谷へ入った。行く手に滝がみえた。ものすごい勢いで、ごうごうと谷へ落ちている。とても想像できないほどの規模である。いずれにしても、いまわれわれが目前にしている滝にくらべれば、私の落ちた滝なぞはまったく児戯に類する。しかもツルツルすべる小道は、しばしば、この落下する水塊に非常に近寄って進んだ。これでもし数週まえの私と同じような災難が、われわれの一人を襲ったら、いっさいの希望は無意味なものになってしまうのだ。

昼ごろ、われわれは一軒の古い円型小屋と陰気な洞窟のある野営地に到着した。野営地はちょうど峡谷の端に位置している。この峡谷はまさしく地獄を見る思いがする。急角度に深くきれ込んでいるので、岩壁から噴き出して落ちてゆく水が、どこで打ちあたるのか、皆目認めることができなかった。とにかく私は奈落の底から相当離れたところで自制した。要するに私は、言葉の本当の意味で、泉に落ちたという諺の子供にも類するわけだ。諺に「子供が溺れて、泉に蓋をする」というが、ここでは蓋をするわけにもいかない。

ダニたちは途中ずっと私をとりかこんで、それはもう、ほろりとするほどの気の使いようだった。かれらはたえず忠告して、どこを足場にしたらよいか教えてくれた。私がちょっとでも足を滑らそうものなら、かれらはとてつもない叫び声をあげた。かれらは二回目の「病人輸送」にならぬようにとしているのだから、悪く思ってはならない。

五時、われわれはついにキイレ谷の最初の部落、ラムビニメに着いた。それは、この地域のすべての部落がそうであるように、小さく、ひっそりと横たわっている。渓谷はこのあたりでは非常に狭く、東へ傾斜しながら東西の方向に走っている。

五月四日

明け方のうちからもう、ダニたちは、今日は谷のむこうの斜面にある部落より先へは行かない、と言いはった。宣教師スカヴィルに、そこで「礼拝する」ように言われている、と主張するのだ。当然われわれとしても、これを説得して断念させるわけにはゆかなかった。

ラムビニメを撤収してから約半時間、われわれは峡谷に達した。足下およそ五〇～六〇メートルの所を激流が荒れ狂っており、その上を急な坂になった橋が続いている。

それは、私がこれまで経験してきた中でも、最も狂暴な眺めであった。ツルツルすべる棒のうえを、ソロソロと渡ってゆき、ぽっかり口を開けた深淵をガクガクしながら覗きこんだ。谷は下へ行くにしたがって広くなっており、ごうごうと鳴る川の憎悪が、重苦しくうつろに、われわれのところまで舞い上がってくる。

対岸には、きり立った岩壁がたちはだかっていた。ありがたいことに、それには梯子が取りつけてあった。これを登りきると、またジャングルがはじまった。これも急な登りである。ジャングルが一時間あまり続き、やがてイロレムの円型小屋に到達した。

この部落では、われわれはまったくはじめての白人である。ここに住んでいる山間パプア族は平和的であるらしく、われわれのために盛大な祝宴の準備をしてくれた。部落じゅう、約三〇人の人が、われわれを歓迎しに集まった。そしてその一人一人に、この国の習慣にしたがって握手しなければならなかった。もちろん握手といっても、パプア族の間では、われわれの握手とはすこし様子が違うようである。まず拳をつくり、お互いに指を二本出してはさみあい、それから手を強く後ろへ引っぱる。そうすると指がパチッとあって、かすかな音がする。たった一人でも挨拶をし残すことは、大変な無礼と考えられる。相手のパプアが三人だろうと三〇〇人だろうと、この点は同じである。間もなく、バナナやトウモロコシやホウレンソウのもうおなじみの臭いが、蒸し煮の穴から風にのって、鼻をついた。食後、フィルと私は、感謝のしるしに客としての贈り物に、子安貝を原住民にわけ与えた。

ボコンディニからきたポーターの一人は、イガネという名前だ。ついでながら、パプア族は姓を知らず、名だけでよんでいる。その名前もきわめて大雑把なものである。自分の名前がしっくりしなくなると、勝手に別の名前を選んだり、同族の者が選んでくれたりする。ドゥグンドゥグ探検に加わったポーターで、探検から帰ると、自らドゥグンドゥグを称していた男を私は知っている。

さて、ボコンディニからきたポーター、イガネの話に戻ろう。かれは今度の探検に参加することを申し出た最初の一人である。冒険家なのだと思う。そのうえ、イガネは相当の借金をしょっていて、刑罰を恐れているらしい。それで、ボコンディニやムリアから、そう早くは抜け出すことができなかったのである。いずれにしても、イガネはいかにもそんな風にみえる――一見ぞっとするような面魂だ。声もその風貌にぴったりである。陰気で、粗野で、力強い声をしている。それにもかかわらず、かれは毎日祈禱の先唱役をつとめ、聖書の言葉をほかのものたちに述べ伝えていた。

部落のキャンプ地の周りには、野生のショウガが生えている。ポーターたちはこのチャンスをのがさず、また例の「ダニの塩」の調製にとりかかり、ショウガを噛んではバナナの葉の中へはき出し、やがてできあがった混ぜものを、この上ない美食のようにすすっていた。

五月五日

ポーターは真夜中まで笑い、歌を唄っていた。フィルも、私も、ぜんぜん睡ることができなかった。最初に腹を立てたのはフィルだった。しかし今朝早く、ダニたちが夜を徹して有頂天になっていた理由が分ってみると、フィルも心をなごませた。つまりわれわれ二人は名前をつけられたのであり、ポーターたちはすこしばかりその前祝をやったのである。一時間まえに、われわれはおごそかに言いわたされて、今日から私はイエ・トゥアンの名をもち、フィルは以後イエ・イ・トゥアンとよばれることになった。「イエ」は石斧、「イ」は川、「トゥアン」はマライ語で旦那、よそ者、外国人の意味である。「トゥアン」は、現在では、インドで使う「サーブ（旦那）」と同義語になってしまったが、本来は外国人あるいは役人にだけ適用される言葉である。今日インドでも、巡査はサーブとよびかけられているが、イラガやワメナでもまったく同じで、巡査は「トゥアン」とよばれている。そういうわけで、今のところ、私は石斧の旦那であり、フィルは石斧の川の旦那である。

山間パプア族は、いったん友情を結んでしまったとなると、かれらの言うことはユーモアのセンスたっぷりになる。――一〇分後、われわれは出発した。

やっと出発できたときには、もう九時になろうとしていた。今日の行程は、はじめからもう額に汗がにじんだ。滑りやすい倒木の上を、立ちどまり立ちどまりして進んだ。右にも左にも下にも、どこにも逃げ道はなかった。川を越すのに、私は幾度も樹に馬乗りにまたがって渡ったが、ダニたちは優雅に足取りも軽やかに踊り越えてしまうのだった。

長い道程のあいだ、ポーターたちにくらべると、私は自分が象のように思えた。私はダニ族の踏み跡をその通りたどることに全力を尽したが、枝が私の方に折れてきたり、そうでなければ私自身が根の中へ落ち込んでしまったりするのだ。樹の根は、じめじめした地底の上に、目のつまった格子のように広がっていた。これは私には難しすぎるようだ。それなのに、この原住民たちは実に驚嘆に値するような確実さでやってしまう。まるで獣のように、かれらは滑り、跳びはね、走り回って、いっさいの障害を越えてしまうのだ。

われわれは樹の根から成るまったく垂直の斜面を、何度も克服しなければならなかった。私はいまだに骨に痛みを感じた。私がこれまで体験してきたジャングルのなかで、今日のが一番苦しかったと、告白せざるをえない。ニューギニアは、地上で最もひどいジャングルがあることで有名である。アフリカやアマゾン流域も、ここにくらべれば問題にならない。

昼ごろスコールに見舞われた。その名に恥じないものすごい雨だ。ダニたちは、私が買ってやったパンダナス製の帽子を折って頭にのせ、気が気でないほど大切にしている立派な巻き毛をまもった。しかし、私はもう雨を防ごうとはしなかった。というのは、どっちみち私は汗でぐしょ濡れであったし、それに、難しい登攀をするには、身体の自由を完全にしておく必要があったからである。私を動揺させるようなものは、もう何もない。約五カ月間のニューギニア、ほとんど毎日の豪雨、ぜんぜん通りぬけられないジャングル、さまざまな滝、これらは十分訓練になった。

いつも川に沿って歩くことは不可能だった。川はところどころで峡谷をもぎとり、谷は完全に通行不能となり、その急峻な壁を水は一方の深みへ落下している。われわれは峡谷に道をゆずって尾根へ登り、余計な道程と、余計な努力とを費やさねばならなかった。

やがてわれわれは、川の上方、約五〇メートルのところに、小さな洞穴の野営地を発見した。私はいまここに横になって、日記をつけている。洞穴は小さく、低く、じめじめしていて、とても理想的とはいい難いが、それでもこれを見つけたことはうれしかった。ポーターたちは休みなく降る雨にうめいていた。だが間もなく、かれらはその最も優れた一面を発揮しはじめた。つまり、フィルと私が、洞穴の地面の濡れているのをこぼすと、それを聞いたポーターは、棒を使って、われわれ二人のためにテラスを作ってくれた。おかげでわれわれはすくなくとも半分だけは乾いたままでいられた。もちろんそれもいまとなっては、あまり快適ではなくなってしまった。テラスを作ったかわりに、尾根から絶えまなく落ちる水の心配をしなければならないからである。二つの焚火の煙が、濃い湿ったガスとなって漂い、横になると、かろうじて煙のない場所が、頭のあたりにわずかに残っている、といった有様だった。

どしゃ降りだ。注ぐように降る。すぐ下を流れている小川が、褐色の奔流となって、狂暴な猛威をふるっている。メランコリックなロマンを感じるには、やや度が過ぎている。しかし、まだ見たこともないこうした新しい事実のすべては、角度を変えるなら、多少の不愉快さをつぐなってあまりあるものだ。残念ながら今日は一日中、天気がこんな風だったので、映画を撮ることはできなかった。フィルムにおさめるようなものが、何かあっただろうか。ダニたちが薪をとりに、川の向こう岸へよじ登ったときの、あのシーンだけだ。かれらは、激突する流れの中へ四分の三ほどつき出て揺れている樹の上を、まるで小鳥のように敏捷に飛び回っていた。

五月六日

まだ薄暗いうちに、われわれの「鷲の巣」を立ち去った。そしてまたしても、われわれからいっさいの力を奪いとってしまう一日を終えた。相変わらず木の根、木の幹をよじ登らなければならず、ふつうの歩行はほとんど許されなかった。膝の具合が悪く、私はかなり苦しかった。それでも道はずいぶんはかどり、昼ごろにはもう山の背の高みに到着した。ほとんどどの峠もそうであるが、ここでも眺望はきかなかった。巨大な柏の木やシャクナゲやパンダナス椰子、そしてその間には、じめじめしたジャングルの草が人を寄せつけないほどに生い茂って、視界を遮げていた。

この峠で「滝の谷」を横断する道程は終わりになる。これからはまた、ゆるやかな下りである。しかし前進するのは、ますます困難になっていった。高地パプア族の一人が、常に斧で下草をたおし、道を開かねばならなかった。時にはそれさえ困難であった。われわれは何度も、やれ次の部落に着いたな、と思い、そう願ったが、それはいつも錯覚だった。野営できる洞穴をいくつも通りすぎたのち、午後も遅くなって、もう限界にきていた。その時、不意にダニたちが一せいに立ちどまり、互いにささやきあい、次から次と目くばせを送った。フィルは用心深く銃の安全装置をはずした。次の瞬間、われわれ二人も部落を目にした。だが人間は一人も現われない。円型小屋は、まるで死に絶えたように、横たわっていた。無気味な予感があった。ここでは原住民が矢の雨で迎えるか、それともうれしげなおしゃべりで歓迎するか、どちらとも分らないのである。

ゆっくり、用心深く、われわれは部落に近づいていった。すると林間の空き地に、不意に地からでも生えたかのように、かれらはうずくまっていた。黙って、じっとしたまま、約四〇人の男がわれわれをうかがっている。動物の毛でできた気味の悪い飾りを頭にかぶり、真黒にぬりたくった顔でにらまれるのは、あまり気持のいいものではない。その隣りには、これもひっそりと動かずに、しかし、そっぽを向いている女たちが、うずくまっている。女はどの種族にとっても大事な財産であり、十分警護されている。すばやくその頭かずを数えてみると、六五人いた。

われわれの目の前にいるのがワノ族であることは分っていたし、ワノ族については、外国人にあうとまず舐めてみて、どんな味がするか確かめる、という話も聞いていた。もしそうだとしても、それがどうしても折り合いのつかない習慣かどうか、まだ決まったわけではない。そんな話は何の役にも立たない。相変わらず黙りこくっているワノ族のほうへ、私はゆっくり近づき、一人一人に手を差し出した。もしこれにそっぽをむくようなら、災いあれだ。これよりひどい侮辱はないからである。

私は一同に挨拶をしてしまうと、女子供たちに塩やガラス玉を分け与え、一方フィルは男たちにタバコを与えた。こうしてやっと一群の人たちはうちとけてきた。しかし、この部落にテントを張る許可をもらうには、さらに二時間もかかった。

最後の夕日のなかを、私はもうすこし散歩して、不意に、とてつもない広い平原にむかってひらけた谷を見た。それは私にとって、今日一日のうち最もすばらしい一瞬だった。というのは疑いもなくわれわれは湖沼平地をすでに目前にしているからである。それは海抜わずか四〇ないし六〇メートルのところにあり、ルーフェル川とイデンブルグ川によって形成された有名な湿原である。この平原をいつか山頂から眺めたいというのは、私のひそかな願いであった。しかしこんな近くまで来ているのは予想もしなかった。スカヴィルの話では、ここからまだすくなくとも五日の行程を必要とするはずだった。われわれの追求する目標は、なんと、もうすぐである。われわれと採石場とを隔てる山稜はもうない。ここから遠くないところ、キエンベ川とイエ・リ川の合流点に、イエ・リ・メ、つまり石斧の源があるのだ。

フィルも常軌を逸したはしゃぎようだ。われわれは、できることなら夜通し歩きたいくらいだ。それほど上機嫌である。もう雨なんか問題ではない。雨は絶えまなくパラつき、ニューギニアではじめて経験する激しい風を伴っていた。風が強いので、雨はテントの屋根の下から横なぐりに吹きつけたが、もうすこしも苦にならない。

五月七日

できるだけ早く石斧の源へ行きたかったが、一息入れて、一日の休養をとらざるをえなくなった。ポーターにはこの雨はひどすぎるし、おまけに、かれらは滋養のある豊富な食事を欲しがっている。そこでもう一日、このワノ族の部落に滞在することにした。この部落はガニックとよばれる。この浜辺の山や谷や川はすべて、もう名前がつけられている。ここからずっと遠い大きな川だけが、まだ名前がない。

ずっと機嫌のよかったポーターたちが険悪になったのは、今日がはじめてである。風は雨をふくんで吹きつけ、ポーターはパンダナスの小屋の下に、寒さにぶるぶる震えながら、うずくまっていた。そこで、私はワノ族と取引きして、鉄の斧一振りと約三〇キロの豚一頭とを交換した。取引きをきめるのに数時間かかった。値をきめている間、私はテントの上にとまったオウム類のきれいな色の鳥を観察していた。この鳥は時折りギャギャと鳴きながら、小さく羽ばたいて、部落の広場を飛び越えてゆく。鳥はやがて、空洞になった樹をみつけ、一羽残らず、まるで王冠のようにそれにとまり、イチゴのような赤い実をついばんだ。しまいには、夢中になって食べているこの一団に、さらに三羽

まず豚の皮をはいで裂いて焼く

のきらめくほど美しい極楽鳥までが、仲間に加わった。ずっと遠く、谷の下の方には、二羽の鷲が、ゆうゆうと旋回していた。

「豚まつり」の準備が進んでいるあいだ、二人のダニが鼠狩りにでかけた。かれらは本当に鼠をつかまえてきて、それを丸ごと飲みこんでしまった。時には、鼠の頭は乾燥され、その歯を加工して、首飾りを作ることもある。これに反し、野鼠は打ち殺されて、ポンと棄てられてしまう。

そうこうしているうちに、他のポーターたちは、深さ約六五センチ、広さ一メートル五〇センチぐらいの例の楕円形のカマド穴を作りおわり、それから屠殺がはじまった。動物にとっては、残酷な責め苦である。まず豚の脚の一本に綱が結ばれ、一人のダニがこの綱をつかんで、動物をしっかりおさえる。すると、もう一人が弓矢を持ち、約六メートルの距離から豚に矢を射かける。いつでも屠殺はこうして行なわれる。しかし、第一の矢は動物の心臓にあたらなかった。豚は高く跳びあがり、地面をころげ回って、叫び声をあげた。ささった矢が折れ、豚はいっそう狂暴になった。そこでダニは二の矢を放った。これも心臓をはずれたので、豚のうめき声はますます堪えがたいものになった。ほかのダニたちは手を貸そうともしないで、周りに立って、豚の死ぬのを待っている。私はとてももう一緒に見ていることはできないで、恐る恐るダニ族の儀式に口をさしはさみ、まず斧で動物を気絶させ、それからナイフで屠殺したらどうか、と提案してみた。しばらくためらっていたが、ダニたちは私の忠告に従い、この身の毛もよだつような見せ物も、やっと終わりをつげた。

一方、カマド穴の隣りに大きな薪の山が作られる。その上には頭ぐらいの大きさの石が並べられ、火がつけられて、料理用の石が熱せられる。この間に別のポーターたちは、死んだ豚の毛を焼きとり、豚を切りひらく。それにはまずナイフを使って、口の下から腹を通ってシッポまで、長い二条の切り口が入れられる。次に斧の柄を口から押し込み、そうしておいて、下顎を腹もろとも後ろに引っ張る。

すると内臓は全部、斧にひっかかったまま残る。これを川へ運んで、腸を洗うのである。

ダニ族は血を集めることをしないで、地面に流れるままにしておくので、血は草や砂と混じって、一ぺんで食欲がなくなってしまうような粥状にこねられる。内臓の一部も地上にちらばったままなので、部落の残りの豚共が「食人種」よろしくそれをむさぼり食い、ブーブー鳴きながら、死んだ父、あるいは祖父の遺産を奪いあう。これを奪いあって、豚と、部落のうえた犬二匹とは戦闘状態になってしまう。犬と豚、犬と犬、豚と豚との戦いは、闇がおりてくるまで続けられた。

さて、祝宴の準備の話に戻ろう。ワノ族の女たちは、やがてサツマイモの葉やサトウキビを取ってきて、小さな行列を作り、次々とわれわれのテントまでやってきて、その贈り物を足もとに並べた。

カマド穴には、いつものように、葉っぱが敷きつめられ、さらに、男たちが木のハサミで火のところから運んできた熱い石が並べられる。次に女たちは、サツマイモ、その葉、ダニ族のホウレンソウ、もう一度石、まだ熟していないバナナと、なん段にも重ねる。穴が縁までいっぱいになるとはじめて、その上に、ショウガの葉で包まれた肉のかたまりがいくつも置かれ、その間にまた熱い石が置かれる。こまかく穴をあけた葉っぱが、瓦のように隙間なく並べられて、蓋となり、ちょうど炭焼きがまのような円い小山がピッタリふさがれる。

以上の準備に、たっぷり三時間はかかった。いよいよ最後の儀式がはじまった。お祈りをするために、男と女は、きちんとグループに分れて、蒸し煮の穴のまわりに円く坐った。見ていて興味深く思われたのは、ワノ族も、私がこれまで観察してきたすべての原住民と同じように、すぐ眼を閉じるか、あるいは両手を前で組むことである。宣教師が祈りのときや、そのほか精神を集中させるときに、そうするのを、この祈禱の先唱者も習い覚えたのである。男たちのうち二、三人は煙草をすっていたが、それでも大多数は、お祈りにまったく専心していた。

さらに一時間が過ぎ、ついにカマドが開けられ、湯気をたてた野菜がとり分けられた。まず一番に、フィルと私が給仕され、次にワノ族、最後がポーターだった。野菜類を提供したのは部落の人たちであったが、たとえそうだとしても、まずわれわれ二人に給仕されたのは、それが主人役としてのわれわれの当然の権利だったからである。肉のうち股とレバー半分は、フィルと私がとった。だがレバーはあまり長く蒸しすぎたためにパサパサで、ほとんど嚙むこともできなかった。しかし肉はまったく柔らかであった。どの男も見るからにうまそうに舌鼓を打って食べていた。誰も一言もしゃべらなかった。ワノ族の間には、何か「貪欲な静寂」といったようなものが見られた。食事が騒々しいおしゃべりとともに終わるころには、もう夜が暗さを増していた。

フィルと私はテントに横になって、冷たい夜の空気を楽しんでいる。地平線上に嵐が近づいていて、やがて湖沼平原のうえで、嵐が暴れはじめた。しかしいまは、ふたたび鎌のような新月が、あたり一面に銀の光を注いでいる。さまざまなものがシルエットになって、くっきり浮かびあがる。私はいま大自然の映画を見ている、しばしば、そんなふうに思えてくるのだ。まことに壮麗な眺めである。

五月八日

私は横になったまま夜中の一時までおきていた。二回目の嵐が近づいてきた。今度は湖沼平原を越えて、雨がやってきた。盥をひっくり返したようなものすごさだった。水はテントのなかまで流れ込み、大自然の映画のロマンはもう跡形もなかった。フィルと私は、負けじとばかり、罵声をわめきちらした。

今朝、目が覚めてみると、太陽はまた輝いていた。インド・アッサム地方の山腹地帯と同じように、

これが石斧の谷だ

ここでも、夜間に熱帯性の降雨があり、朝になると、空はピカピカ光るように晴れ渡った。だが、このすばらしい陽光も、滑りやすい樹のうえを進まねばならないわれわれの苦しみを慰めることはできなかった。学校の体操の時間には、確かに私は遊動平均台が一番うまかったはずだ。だがここでは、明らかに私が一番下手だった。

たっぷり一時間歩いて、われわれはキエンベの河床に着き、これを渡渉しようとした。しかし、長いことかかって何度もやってみた結果、不可能であることが分った。非常に時間はかかるが、橋を作らなければならない。原住民は巨木を切り倒し、熟練した手腕で、それを向こう岸へと押しだした。川の向こうには、青から緑まで、さまざまな色合いの岩塊があった。

ひょっとすると、これがまさしく、パプア族がイエ・リ・メとよぶ採石場、石斧の源なのではなかろうか。だが採石場とはこんな様子なのだろうか。水辺に岩塊があるだけで、ほかには何もない。しかし山岳パプア族は、けっして採石場とは言わず、いつも石斧の源と話していた。

これがイエ・リ・メだった。探検の目的地に着いたのだ。およそ筆舌には尽し難い魅力をたたえたロマンの地である。この地上に、石器時代のいぶきを感じるような場所が、まだありうるとすれば、それこそ、ここ熱帯の峡谷である。岩塊からなるこの峡谷を貫通して、逆巻く川が押し流れ、力強い飛瀑となって、近くの湖沼平原へと注いでいる。

石器時代人が道具も使わずに、どうやって固い石を砕き、斧を作るのかを、いま私は目の当りに見た。緑色に輝いている大きな岩塊にぴたりと寄せて、長さ六メートルほどの木の支柱が立てられる。ダニはそれに足場を組み、地上二メートルぐらい、ちょうど岩のテラスの上にくるように組みあげる。その上に薪を置いて、燃すのである。束にした草を隙間につめて、突き出た岩塊の肌に十分熱がまわるようにする。裸の野蛮そうな男たちが猿のように柱をよじ登り、まことに原始的な方法で、岩塊に炉をしかけているこの有様は、なんとも不思議な光景だった。ついに火が燃えはじめると、かれらは地上に下りて、黙って見つめている。何度もくり返し、火を起こしては待ち、火を起こしては待った。ある者は待つ間を利用して、ちぢれた髪をとき、虱を退治し、またある者は、最初の斧の形を作ろうと、もう冷たい石をなでまわしている。私は、ほんの断片でもいいから先史時代に触れようとして、原子時代をとび出して、ここへやって来たのだが、もう原子時代は私にとって忘却の彼方だ。ポケットにあるマッチを忘れ、時計を忘れた。こうした一切は、いっさいの技術は、ここではもう考えることもできない。私は単に石斧の源に舞い戻っただけではなく、人間そのものの源泉に立ち返ったのである。私は、ここイエ・リ・メで裸の原住民にかこまれているときほど、自然を身近に感じたことはなかった。原住民は文明の進歩を全然知らないまま、いまなお幸福であった。

五月九日

火は一日中燃え続けたが、石はぴくりともしなかった。石はいまにも空中に飛び散るかもしれないと、ダニはフィルと私に何度も警告した。しかし何も飛ばなかった。そこで魔術師が一人、その秘術を披露し、火の効き日が現われるようにと、火に向かって熱心に呪文を唱えた――だが、かれは優れた魔法使いではなかったらしい。石は依然として静まりかえっていた。いつも用心深くかきたてられている火のパチパチはぜる音がきこえるだけだった。

激しい驟雨《しゅうう》がやってきたので、川下のやや離れたところにある洞穴に待避せざるをえなくなった。それでもダニたちはたえず駈け戻っては、火が消えないようにした。

夜の間中、火は燃え続けた。しかし今朝、私が起きたときにも、相変わらず元のままだった。岩塊はなんの変化もなく、そこにあった。

やがてポーターは新しい岩塊を厳選し、慎重に岩の構造や文様をしらべた。新しい岩は川の中にあり、激流にかこまれていて、それが足場の構築をきわめて困難にしていた。だがいまや、ここでも火が燃され、ダニたちはそばにしゃがみこんで待ち、火を加えては待ち、昨日とまったく同じことだった。

石が崩れおちて水に洗われる光景は、当然すばらしい映画になるはずだ。そこで私は、一日中ここに留まる決心をした。ポーターは大部分まだ古い岩のそばで待ち、火を燃していたから、ここには私と三人の男がいるだけだった。そのうち、今度は私が火を燃す番になった。三人のダニのうち一番年をとったのが私のところへやってきて、火を燃してくれと頼んだ。つまるところ、私はイエ・トゥアン(石斧の旦那)という名前を持つ身だから、霊も私に加護を与えるだろう、と考えた。私が火燃しをやってしまうと、無気味な顔をしたこの老人は私の手をとり、一方の手で、きたない、油じみた、小さな包みを取り出した。何枚も包みをほどくと、やがて中からすこし臭い豚のベーコン、いわゆる「パム」が出てきた。かれはそれを棒切れにしっかり差すと、私を連れて岩のところへ戻った。私はベーコンを火にかざしていなければならなかったが、そうしている間、ダニの老人はブツブツ呪文を唱えていた。

午後になってすぐ、灼熱する火が水の中へ投げ飛ばされては、シュッ、シュッといって消えた。やがてポーターたちは仕事にとりかかった。川原の丸石や楔形《くさびがた》の石や棒を持って、かれらは全力で岩にぶつかった。すると本当に、熱い岩は一枚また一枚とはがれていった。はがれた岩は木のはさみで安全に運ばれ、熱いうちにさらに細かく砕かれた。こちらでうまく成功したことに気がつくと、最初の岩のところにいた他のポーターたちも、われわれの方へ集まってしまった。

誰もが値打ちの高い石の破片をすばやくつかみとろうとした。若者たちは、すぐさま、それをナイフ状に加工しはじめた。はぎ取った破片が大きければ大きいほど、喚声もうれしそうであった。それは一つの重大な祝祭のようであった。

研ぎに３カ月かかる

われわれが砕きとった石は、輝くばかりの青色をしたグラウコファーンであった。ダニ族はこれをバン・コプ・メとよんでいる。加工する際に落ちたかけらは、ナイフのように鋭かった。したがって、二、三人負傷者もでて、フィルは包帯をしてやらなければならなかった。しかしこのような「仕事の上の災害」は、うれしい興奮のために、まったく問題ではなかった。

大きなレンズ形をした石も、すでに荒けずりに打ち割られた。ダニ族の少年たちにとっては、これは大変な楽しみである。かれらは屑のかけらをとろうと、とっ組み合いの喧嘩である。少年たちもこのかけらから、小さな斧やナイフを作るのである。

どの石からもいまは耳をつくような高い金属音が響いている。実際、鍛冶屋のような音がして、鉄が加工されているように聞える。その響きを聞けば、このバン・コプ・メがどのくらいの硬さであるか、わかるという。

陽気なセキレイの小さな一団が、自分のなわばりで起こった時ならぬ騒音にびっくりして、対岸からこちらを見ている。時たまオウムがぎゃあぎゃあ鳴き、野鳩が静かな羽音をさせて、われわれの頭上を過ぎてゆく。それに加えて、落下する水のごうごうたる響き、熱帯の花々、日中輝きわたる太陽。私が魔法にかけられたような気分になったとしても、不思議ではないだろう。イエ・リ・メでの一日は、生涯忘れ難い体験として残るであろう。

われわれが、人間の太古の歴史を目の当りに見ることができた最初の白人でないことは、私も十分承知している。しかし、われわれがおそらくこれをみる最後の者になるだろう、ということも確かである。というのは、遠からず、石は機械で砕かれ、空港で観光客に売られるようになるからである。ニューギニアのオーストラリア領では、美しい薮切り石斧となって、今日すでに現実に起こっていることなのだ。

今日の午後、二、三人のワノ族の女が、夫たちと連れだってやってきて、サツマイモとサトウキビを置いていった。報酬に、かれらが非常に欲しがっている子安貝をすこし与えた。昨日も二人の女が不意に現われたが、足跡も残さないでたちまち消えてしまった。フィルと私は、男たちが女を追っぱらったのだろう、と考えた。というのは、ずっと昔のことではあるが、ここでは男たちの家にのせる神秘をたたえた魔力の石が割られており、この石は女には絶対のタブーだからである。もちろん、こうした点は、宣教団の影響ですこしずつ変わってきている。今日でも女たちを採石場に近寄らせはしないが、それでも女が遠くに坐って見ている分には、我慢しているようである。今日やってきた女たちは、奇妙なことに、昨日の女たちよりずっと「艶々してきれい」に見えた。肌にぬりこんだ豚の脂のせいだろうと思う。

二日まえから、流れの荒れ狂う音が耳を圧し、私はしばしば、聾になったような気がする。昨日からはさらに、石を叩く澄んだ響きまで加わった。この騒音はきっと、いつまでも私の耳から離れないだろう。

石が切られる様子を研究するチャンスは、いくらでもあった。そして、そのたびに私は感心するのだが、石を叩いているうちに、比較的短時間で、もう石斧の原型ができあがってしまう。しかし、いまはそれでおしまいである。「最後の磨き」が斧にかけられるのは、部落に帰ってからである。研ぎがかけられると、斧はつるつると光るようになり、鏡のように顔がうつるくらいだ。もちろん研ぎには、その大きさによって、二、三日ですむものもあれば、二カ月もかかるものもある。

ここイエ・リ・メでは新しい感銘が後から後から起こって圧倒するので、私は二日まえから、負傷した膝の痛みをまったく忘れていた。私は自分が、失われた楽園をまた見つけた人のように思われることが、しばしばであった。テントから外を見ると、すぐ目の前に赤や白のベゴニヤが数本あり、その間には茎の長いランが咲いている。ランの輝くばかりの色彩は、流れ落ちる小川の白く湧きあがる泡を背景として、見事にくっきりと浮きあがっている。

ダニはほとんど一人残らず、川岸で一日中石を叩いている。ただ、われわれのルックザックをここまで担いできた二人だけは、キャンプ・ファイアのそばで、相変わらずぐったりと横になっている。

かれらは頭を、荒けずりの石斧のうえに載せている。かれらの一人は使えなくなったフィルムの切端を額のところに巻いている。今度ポーターとして連れてきたダニ族も、何でも身体につけ、鼻に通してしまう。かれらの単純な情緒も、ある程度それを装飾と感じているのである。それにしても、あのフィルムは、私が遭難したとき、カメラに入っていて、濡れてしまったやつである。

　この二人の男の間には、噛んではきだしたサトウキビが山をなしている。それでも、かれらの顎は依然として動き続けている。さあ、もう二、三カット撮影機を動かしてこよう。

五月一〇日

　この原始的な人々にとって、火がどんな意味をもつものであるかを、私はここで一度ならず目の当りに見た。火は単に裸の人間を暖めたり、悪霊を追い払ったりするだけのものではない。火は、ナイフや斧にどうにも欠かせない硬い石をも、割ってしまうものなのだ。私は今朝、非常に早くバン・コプ・メの岩のところへ行ってみたが、そこでは、もうふたたび火が燃されていた。私があまり早く現われたので、もうそろそろ出発しようと考えているのを、ダニたちにたちまち感づかれてしまった。かれらの態度は、まるで、お気に入りの仕事を取り上げられそうになった子供と同じだった。かれらは断然反対した。かれらは、ここで本来の生活領域を得ているのであり、ここがわが家である。そして一切を忘れ、ポーターとして同行するという、われわれとの協定さえ忘れてしまっていた。ダニ族は岩の間のあちこちに散らばって、うずくまり、一心不乱にものも言わず、ほとんど熱狂的に、石を使って自分の石を切り砕いている。最初、私を滝へ引きずりこんだ霊も、もう私に対して異を唱えてはいず、したがって、かれらが考えてくれたイエ・トゥアンという名前は私にふさわしいものだと、ダニたちは本当にきめこんでしまっている。そんなわけで、私がいまはもう無理にも出発したがっているのを、かれらはどうしても理解できないのである。しかし、配分した食糧もなくなろうとしていた。

昨晩、突然ゴロゴロと大きな雷鳴がして目が覚めた。私は寝返りを打ちながら、この荒天が早くすぎさってくれるよう願った。しかし一時間以上たっても雷鳴はいっこうやまなかった。私は意を決して起きあがり、テントの入口へ這っていって、扇形に大きく広がる稲妻を見物しようと思った。だが見えるものは星の輝く空ばかりだった。私は外へ這い出した。そしてやっと雷鳴の原因が分った。大きな岩が、流れ落ちる水で谷に運ばれ、ぶつかりあう音なのだ。私は原因をつきとめたことにほっとして、またテントに戻り、睡り込んでしまった。

以上は現在までのところである。いまはもう一二時に近く、ポーターたちのほとんどが岩の間にうずくまり、ハンマーを振っている。しかし私は出発しなければならない。分別のあるポーター二、三人を連れて出立し、残りの者は後から追いかけてくるよう期待する以外に、方法はない。フィルは残りのものと後に残ってもらうことにした。かれらも今日中には出発するだろう。これはフィルの確信である。

われわれは原住民の部落ガニックに再度野営した。ここまでの道程で一番困難だったのは、イエ・リ・メにかけたわれわれの橋が水に押し流されてしまったことである。だが、ポーターはただちに新しいもっと立派な橋をかける仕事にとりかかり、一心不乱に完成した。川の向こう岸には、ここへ来るときテントを張らせてもらったワノ部落の人たちが、もうわれわれを出迎えていた。かれらはよろこんで大声をあげながら、水に飛びこんだ。私は水浴のシーンをフィルムに収めるチャンスをつかんだ。自然映画の監督なら誰でも私をうらやましく思うだろう。それは人間がまだ幼かった頃の日々の情景である。脂をぬりたくった裸の身体。それは溢れる太陽にギラギラと褐色に輝き、筋肉のうえを澄んだ水が大きな飛沫になって、真珠のように走る。その顔は笑い、かれらの叫びは、近くの滝の轟きを圧倒して響く。この古きよき地球がまだこのような情景を提供できるとは、誰も信じえないだろう。

フィルは残ったポーターを連れて、後から本当にやってきた。しかしフィルの話では、銃で脅かさなければ、かれらは動きださなかったそうである。それでも一人二人は欠けていた。また会うことがあるかどうか。

たっぷり半時間の後、われわれはガニックに着いた。重苦しいほど暑かった。道案内のポーターがほとんど指のない褐色の手を振り回し、大げさな身振りで、雨になる、嵐が近づいている、と説明した。そして、この部落で夜を過さなければ、ひどい目にあうに決まっている、というのだ。かれらは、ずっと前からあらかじめお互いに協定を結んでいて、われわれとしては決められたことに従う以外、どうしようもなかった。

夕方近く、私はまた散歩の道をのばした。沈みゆく日の柔らかい薄色のなかに、大きな湖沼平原は、静かに、汚れなきままに横たわっていた。そして、あれほど断定的に予言された嵐は、その気配もなかった。

散歩の後で、私はこの付近の山間パプア族の住居をもう一度よく観察した。このあたりでは、一般の原住民部落とは趣きを異にし、円形住居ばかりではなくて、四角形な小屋もあった。円型小屋に入るには、斜めに立てかけられた二つの梯子を登るのだが、その下は豚の出入りする穴になっている。四角形の小屋は快適さの点で、ずっと劣っている。この場合には、大きな部屋がたった一つあるだけで、その中央が柵で仕切られている。その一方には人間が住み、他方には豚が住んでいる。

この部落全体の姿で、とくに目につく点は、ちょうど儀仗馬《ぎじょうば》のたてがみを思わせるような草の束で、それがどの家にも一番高いところに結びつけられている。

すこしたってから分ったことだが、われわれは袋小路に入り込んでしまっていた。ここからはどの方向にも道がない。湖沼平原はすぐ前にあるが、しかし、ちょうど有名なトリの谷と同じことで、そこへ行く連絡路がないのだ。キイレ谷まで戻って、そこから東へ進むほかに方法はない。そこにはボコヤン族が定住しているはずで、前にフィルが行きたがっていた場所である。しかし現在のところ、フィルも私もそこへ行かないわけにはいかない。ボコヤン族については、恐ろしい話も伝えられているが、かれらは赤黄色の金属製の斧を持っている、とも伝えられている。そこでは青銅器時代を発見できるかもしれない。

五月一一日

私は時間をかけて、まず正しい道を探さねばならなかった。われわれは伝説の谷、イエ・リ・メ渓谷ですでに四日四晩を過した。そして、この期間の体験は、私のこれまでの旅と探検のうちでも最も印象の強いものであるといっても、決して言い過ぎではない。すべてが——峡谷の全体が、熱帯の動物群が、激流が、稀には妖怪のように不意に現われる鳥が——こうした一切が文明と隔絶していて、文明のカケラさえ感じさせない。しかし何にもまして忘れ難い経験は、石を叩く裸の人間である。かれらは、壮年からごく小さい男の子にいたるまで、憑かれたような忘我の状態で、完全に石器時代のままの姿を示している。「ワァワァワァ」という歓声をあげて、石が切りとられるたびに、走り寄って、むっつり黙ったまま、それを斧の原型に仕上げていた。

ワノ族は、それが当然といった親切さで、毎日部落からわれわれのところまで食糧を運んでくれ、いま脂をぬりこんだばかりといった様子の女たちを連れて現われた。男たちは、われわれに敬意を表わして、きれいな色の羽根飾りをつけていた。フィルと私は時に自分を異物のように感じることもあったが、ダニ族やワノ族のごく自然な好意が、いつもこうした違和感を取りのぞいてくれた。こうしたすべてのこと、そしてなかんずく、われわれはこの時間と進歩に侵されない世界に来た最初の白人であり、またおそらく最後の白人になるだろう、という事実が、互いに作用して、われわれの感情を高揚させるのだった。

部落を立つときは毎度のことであるが、ポーターはなんのかのと狡い策を弄しては出発をのばそうとした。そして時にはそれがうまく成功した。ある者は脚の痛みを訴え、またある者は、霊がいまはわれわれの味方をしていない、と主張した。こうしてわれわれは、後になってから、無駄にした時間を取り返すために、かけ足で行軍することになるのだった。

昼になってから、もうわれわれは洞穴に坐ったまま、動こうとしなかった。山岳パプア族はこの洞窟をトゥ・ボ・ビットとよんでいる。ここに着いたとき、例の通り雨が降りはじめた。かなり激しい雨だった。ポーターたちは絶好のチャンスとばかり、ここに野営しようと主張した。ここからなら、明日はキイレに着くと、かれらが熱をこめて受けあうので、フィルと私はその勧めに従うことにした。もともと私のプランでは、ずっと上にあるトゥニ洞窟まで行くことになっていた。そこへはまだ三時間歩かなければならないが、そうすれば明日はそれだけ時間を節約できるはずであった。しかし、探検の本来の指導者は原住民であることを、私は改めて認めた。かれらがもう歩きたくないのだ。不承不承のポーターなどというものは役に立つものではない。

トゥ・ボ・ビット洞窟に着くすこしまえ、ポーターは二羽のオウムをみつけ、フィルに撃ち殺してくれ、と頼んだ。フィルはと見ると、かれはこの頼みに非常に不愉快そうであった。それでもフィルは、ポーターたちをよろこばすために、やがて一羽を撃ち落とした。二羽目にはあたらなかった——かれは否定していたが、故意にはずしたのだと思う。オウムは撃ち落とされてみると大きな鳥で、見事なクリーム色の羽根をもっている。この美しい生き物がこんなことになって、私には悲しかったが、ダニたちは有頂天になってよろこんでいた。かれらはまず、その色鮮やかな羽根を皆で分配し、それから鳥を切り裂いた。肉は子供たちが手に入れた。子供たちは非常に心をつかって面倒をみられていて、いつも一番うまいものをもらうのは子供たちであった。

私は、すでに述べたかどうか覚えていないが、ポーターの二、三人は自分の息子をいつも連れて歩いており、まだほんの若者、子供といってよいようなものを伴っているが、これにはさまざまな印象を受けた。この子供たちはいつの日か勇敢な戦士になるはずの者であり、したがって早くから辛酸に耐えることを学ばねばならないのだ。

現在われわれのいる野営地では、イエ・リ・メから持ってこられた石が、ふたたび打ち叩かれている。一万年、二万年、三万年前のわれわれの祖先と同じように、洞窟の中で石斧作りに従事している原始の人々、それは私をいつも魅了して止まない驚くべき姿である。かれらは、ちぢれた髪にオウムの羽根をさし、首と腕には蔓草で編んだ輪をはめている。かれらの傍に坐っていると、自分が靴をはき、ズボンやスポーツ・シャツを身につけ、折りたたみナイフや、ライターや、ライカを持っていることが、ふと不思議に思われてくる。かれら「原始人」は、蔓草でリボンを編む場合には、ほとんど信じられないほどの器用さを発揮する。これを編みにかかると夢中になってしまうので、イエ・リ・メへのわれわれの行程が妨げられたことも、しばしばであった。かれらが飾りを編む時には、首や腕に直接まきながら作るから、この装飾品は、もう取りはずしがきかないのである。

山岳パプア族のある者は、われわれと同じくらい髪を長くしているが、髪型をつけたり、理髪するようなことは行なわれていない。大変なチヂレ毛だから、その必要もないし、またおそらく不可能でもある。それでも、髪の長いものは、かれら専用の油じみてきたないヘヤーネットをかぶっている。ネットをちょっと持ち上げてみると、かれらのチヂレ毛は、たいてい肩の上まで垂れている。ネットの下の髪の毛に両手をつっ込んで、モジャモジャの毛の束に風を入れたり、狂ったように頭を掻いているのを見ると、とてももう、立派とも美しいとも言えたものではない。しかし、人間は、こうして数千年来生活してきたのだ、ということを忘れてはならない。時にかれらは、ただもう気が狂ったようにこぶしで頭を叩いているが、察するに髪の中を動き回る「小さな生き物」に活動停止を要求しているらしい。やがて、かれらはまた髪を高く巻きあげ、ネットの中にしまいこみ、何事もなかったように、うずくまってしまう。私がどうしてもなじめないもう一つの性質は、たえず歯をキリキリいわせていることである。これらの若者は、しばしば一見まったく硬直したように、われわれの前に腰をおろし、見張りでもするような眼で、われわれの動作をいちいち観察し、そうしながらたえず歯をキリキリいわせている。

その他の点では、私はもうかれらにまったく慣れてしまったし、かれらの方でも同じことだと思う。かれらが、かれらなりに「同感」してくれる有様は、いささか感動的でさえある。たとえば、私が足を踏み滑らせる時などがそれだ。つまり私がちょっと滑ると同時に、皆はいっせいに痛いとでもいうようにうめき声をあげる。そして泣いている子供のような顔をする。そのうえ、私の災難がかれらの罪ででもあるかのように、「すみません」というほどの意味合いで、叫び声を発する。「ム・リ」とよばれるヒルが突然現われて、すいつき、血をすいはじめても、かれらは同じようにする。大きな恐ろしいサシバエが私に近づくのでも見ようものなら、かれらの中の一人が、そのほうに飛びあがって、追っ払ってくれる。何事も無くおさまると、かれらは興奮して親指の爪でペニス・サックをはじき、うれしそうに「ワァワァワァ」と喊声をあげる。

今日、ここまで来る途中、私はヒルを相手にとうてい勝つ望みのない戦いを続けなければならなかった。苔や、樹の根や、岩に手をつくたびに、すぐヒルがいないかどうか確かめ、しっかり吸いついてしまうまえに、できるだけ取りさらなければならない。ひどくやっかいな生き物だ。歩きながらたえず手で脚をなぜてみるのだが、それでも休憩するたびに、靴下と靴の間に入りこんで、思う存分血を吸っているヒルを、二、三匹は見つけた。休んでいる間ぐらいは、ヒルに悩まされたくないので、休憩地はいつも六ないし一〇メートルぐらいの円に木を伐採した。ヒルは湿気と暗がりがすきだ。それにしても、ヒルは何を食べ、どうやって繁殖するのか、とくに生贄となる人間が来たのをたちまち知ってしまうのはどうしてか、これはまったくの謎である。音だろうか、振動だろうか、それとも匂いだろうか。この問題を実験的に解明することは、生物学者や生理学者にとっては、非常にやりがいのある仕事だろう。一般には、ヒルは血を吸わなければ繁殖しないことになっている。しかし、人っ子一人おらず、動物もほとんど生息していないこのジャングルの谷間にいるヒル――この生き物は血なしでどうして生き、どのぐらい生きられ、どうして繁殖を続けるのだろう。ヒルを皮膚からもぎ離そうとすると、ヒルはどんどん移動して身を護ろうとするが、その有様は憎らしくて吐き気を催すばかりだ。しかも、これが大群をなして現われた場合は、きわめて危険である。私はインド駐在のあるイギリス将校の話を覚えているが、アッサム地方のジャングルで、かれの部隊の二人のグルカ族が行方不明になり、数日後発見されたときには、ヒルによって、まさしく最後の一滴まで血を吸いとられていたそうである。

五月一二日

ダニたちはすでに睡っており、フィルと私は疲れきってテントに横になっている。私は傷を消毒し、処置してもらった。雨はテントの屋根をパラパラと単調にうっている。私もすぐ寝るつもりである。

今日は早朝から野営地を出発し、強行軍をして、昼頃には峠についた。この峠は往路われわれが一夜を過したところで、激流の上にある「鷲の巣」とよばれる地点である。しばらく休んだあと、われわれはさらに進み、予期通り午後には、キイレ谷の部落、イロレムに着いた。一行は汗でぐしょ濡れになった。最後のポーターは二時間おくれてやっと着いた。それでも二人のダニはまだ峠に残っている。このスピードは明らかにかれらにはきつすぎた。ポーターの一人、ボコンディニの男イガネは、自分の顔が知られていない新しい部落につくたびに、大いに熱弁をふるって、しばしば注目をあびていたが、われわれがすこしでもスピードを増すと、いつもそれに耐えられないで、おくれてしまうのだった。

五月一三日

われわれと同行している高地パプア族の面々は、今日は行軍したがらないのではないか、と私は昨日から心配していたが、やはりその通りになってしまった。毎度のことだが、部落に野営するときには、いつもポーターはあらかじめ相談をきめていた。今度は、後に残った二人のポーターを待たなければ、というのが口実だ。こうした場合、たいていそうするように、フィルと私は譲歩した。そしてムリアに使いを送り、そこからさらにワメナに、二、三日到着が遅れると報告してもらうことにした。

昨晩ラジオは「石斧の源」探検について、最初の長い放送を行なった。フィルと私はテントでトランジスター・ラジオの前に腹這いになって、耳を傾けた。この放送で、ムリアではイエ・リ・メからの私の帰りが待たれていること、また地質学協会は、この後のわれわれのバリエム探検のために、ムユ族のポーター一〇人を空輸する費用をもつ意志のあることを知った。そのほかにも、オランダ人地質学者バン・デル・ヴェーゲンが同行を希望し、またボートがカタリナ川でわれわれを出迎えることになっているそうである。みな非常にうれしい報せばかりだった。私の予定していた日程は、現在のところさまざまの遅延のために、まったく余裕がなくなってしまった。インドのダライ・ラマを訪れるという、心からの希望も、いまとなっては断念せざるをえなくなった。

昨日、ポーターの頭は、かれの魔法を何度も目のあたりに私に見せてくれた。激流をたくさん渡ったが、その一つを徒渉するときのことだった。対岸には高さ四メートルの平らな断崖があり、われわれはそれをよじ登らなければならなかった。蔓草はザイルとして、竹は支柱として役立った。激流を渡るにさきだって、頭は興奮し、真面目な顔をして私に近づき、私をしっかりつかまえて、かれの石斧に触ってくれるよう懇願した。私が触っているあいだ、かれは奇妙な呪文をつぶやいていたが、当然、私には何のことやら分らなかった。それが終わると、かれの魔法と、イエ・トゥアン（石斧の旦那）として私が触ったことが、われわれを救ってくれるのだ、とかれは説明してくれた。何時、何かられわれが救われるのかは、まったく私には分らなかった。しかし、かれの斧の石は同時に護符でもあり、この徒渉を石に新しい魔力を与えるための口実にしたのであることは察せられた。この「年老いた」善良な魔法使いは、ダニの概念で老齢であるだけで、わずか四五歳である。かれの歯は言うまでもなく、たえずキリキリ鳴らしているために、不具のように、ほんのわずか残っているだけである。

ダニ族はほとんど皆、腰や、膝や、肩に大きな傷があるが、これはたいてい火傷のあとである。なぜ火傷をするのか、その理由が分るには、かなり時間がかかった。夜、寒くなると、彼らは眠ったまま、むき出しの焚火のそばにすり寄ってくるので、はねた火の粉や時には燃えさしの薪が裸の身体に落ちて、なかなか治りにくい傷をつくるのである。もう一つダニ族の異常な点は、大腿と膝頭が左右両側に目立ってつき出ていることである。このいわゆるガニ股はかなり多いが、いま一緒にいるポーターには二例を認めたにすぎない。おそらく生まれつき股関節が脱臼したような状態なのだろう。また別のダニは親指まで指をみな切り落としてしまっているが、かれの手の甲には新しい小さな指が、爪までつけて、はえてきている。ワノ族のあいだでは、かわいそうに相当悪化したカスカド病の症状が二、三認められた。キイレにいた一二歳の男の子は、ライ病であることがはっきりしていた。典型的な眼の曇りや脚の腐れから、それと認められた。もちろん、苺のような赤い腫れもでている――いずれにしても文明社会の医者には、高地パプア族のあいだで為すべきことが、まだ沢山残っている。宣教ステーションだけではできない仕事だ。赤い斑点の治った者も二、三人みかけたが、鼻がなくなり、顔のまん中に穴が二つあいている者が大勢いるのだ。

五月一四日

今日フィルと私とは互いに道を分った。フィルはキイレから谷づたいにトリまで入り、そこからティオムへ戻ってくる計画である。別れるについては、かなり時間がかかった。というのはフィルのために新しいポーターを集めなければならなかったからである。ポーターを見つけたころには、もう昼近くなっていた。それから、われわれは別れを告げた。この別離は、私にとって気安いものではなかった。なにしろ二人は幾週間も一緒に、未登頂の山によじ登り、力を合わせてジャングルと戦い、汗をたらし、凍え、どなりあい笑いあってきたのだ。苦しいこともあったが、その都度、フィル・テンプルは、良きパートナーであり、有能なパートナーであることを証明してきた。しかしいま、われわれは道を分ったのだ。

フィルのいない第一日目の行程が終わった。容易なことではなかった。はじめてのことなので、ポーターとの意志疎通が、なにより難しかった。いや、最初から順を追って話していこう。まず道は無気味な渓谷をぬって細々と続いた。そして一時間後には、谷のむこう側にある部落についた。ダニは一人残らず小屋のなかにうずくまり、ここからもう一歩も動こうとはしなかった。往路のときと同じように、またダラダラと何もしない一日を送りたがっていることは、すぐ分った。しかし、今日はもう同意しなかった。私は我慢がならなかった。そして自分の声にびっくりしたくらい大声で、激しくどなってしまった。ダニたちは、そんな私に接したことがなかったので、ひどく気圧されてしまい、つぎつぎとやたらに言いわけをさがした。彼らは、まず荷物が重すぎると説明した。この問題を是正しようと、彼らはとんでもないことを計画していた。この場で、まず食糧の一部を平らげてしまおう、というのだ。そんなことはどう考えても許せないので、はねつけてやると、今度は、私のためにかついでいる石が多すぎる、と言いだした。もちろん、そんなはずはない。私は最悪の場合を考えて荷物を厳選し、私のための荷物は包み四個と石を入れた網二個にしていたからである。そこで、私は荷物を全部あけさせ、加工してない石斧を土のうえに並べさせた。そしてポーターに、彼らが集めた石から、おのおの一個を出すように命令した。それでも、私が自分用にとっておいた分のおよそ三倍もの石が残った。このずるい男たちは、自分が使う石を数倍も一緒に入れて持っていたのだ。これでは重すぎるのが当りまえだ。彼らはその他にも、一個八キロから一〇キロはあるパンダナスの赤い実五個、さらに野菜や、どうしても必要な甘藷をかつがねばならないからである。彼らが出した石を見て、その石斧をここに置いていき、あとでもう一度とりにくればいい、と私は説明してやった。するとダニたちは急に黙りこみ、また硬化してしまった。彼らはもう私の言うことにまったく耳を貸そうとしなかった。結局、私は、彼らに保管してくれるように頼まれていたオウムの黄色い羽根を、カメラ・ケースから出して放りつけ、ルックザックに自分の食糧をつめて、一人で出発してしまった。これは効果があった。ポーターの頭は、私が本気なのを見てとると、すぐ私の後からついてきて、彼らも一緒に行きたがっている、とうけ合った。まったく子犬のように移り気だ。しかし、私は今度ばかりはホッとした。そうと決まると、ダニたちはふたたびその有能さを発揮した。雨が流れるように降っているのに、私自身が苦しくなるような速度で進んだ。そして五時にはもう、往路に調べておいた洞窟に着いてしまった。

いま私はここに腹這いになって、日記を書きたしている。この洞窟は、急な谷に大きく張り出した岩にまもられて、理想的なキャンプ地である。われわれの下では、川が巨大な飛瀑となって落下し、文字通り地獄のようにとどろいている。ゴオゴオと落ちる水は、それに秘められた力のゆえに、しばしば私に畏敬の念を起こさせる。水の落ちてゆく先は、まったく見ることができない。ただ両岸に濡れた緑色の断崖を見るばかりである。暮れかかる光に照らされて、無気味な眺めである。

そのうちダニたちもまた機嫌がよくなった。盛大な晩餐をつくろうと活気を呈している。洞穴の外では二人の男が、どうしても必要な例の蒸し穴を掘り、洞穴の中では別の二人がうずくまり、パンダナスの実を準備している。彼らは骨製ナイフを使っている――鉄のナイフでは、弱すぎるのだ。ダニ族は鉄製ナイフを軽蔑していて、見向きもしない――彼らは骨製ナイフで実の縦の線に二つ穴をあけ、楔を打ちこんで、実をまっ二つに割る。中はクリーム色の木質で、まんなかに薄く固い板があって二つに区切られている。二つに割られた実は、さらに縦に切られ、それから調理する穴に並べられる。青いバナナや甘藷と一緒に、熱せられた石のあいだで、食事はもう一時間以上も蒸されている。

晩餐は終わった。これ以外の調理法を私はほとんど見たことがない。こんどはパンダナスの核からとった脂肪分の塊が水と練られた。ダニ族にとっては最高の美味である塩を私からもらって、それを加える。そしてこの食べ物も、またたくまに、きれいに平らげられてしまった。すると時を移さず、二人の男が、また蒸し穴を詰めにかかった。私は温かいベッドを作りにかかろう。

五月一五日

この洞穴は野営には理想的だった。岩からは水がほとんどしたたり落ちない。私はぐっすり眠った。もうとっくに眼が覚めていたが、横になったまま、ゆっくり身体を休めている。いまのうちに「石斧の源」、イエ・リ・メについて、二、三書き加えておこう。

ここニューギニアで、高地パプア族が石を割り、加工して斧にする方法は、石器時代の最も初期、つまり一万年ないし三万年まえに行なわれていた方法と、およそ一致している。パプア族の石器は磨製ではあるが、それ以外の生活様式はずっと古い。たとえば、彼らは今日でも、なかをくりぬいた木の実や、木の幹のほかには、容器というものを知らない。金属やその加工には、まるで縁がない。それればかりか、陶器を作ることとさえ知られていない。

パプア族のナタや斧には、二つの違ったつくり方がある。柄に使われるのは、先端が太くなって松葉杖のように広がった木片か枝である。この広がって先が四角になっている部分に、穴がえぐられ、この穴の大きさに合わせて加工された石が、半分ほど入るようになっている。穴には前もって植物の髄のような柔らかいものが詰められている。こうして、斧が打ちおろされた場合、楔形の石には弾性が与えられ、簡単には割れないように、工夫されている。もう一つの斧の形は、柄がまっすぐで、その一番太い部分に、先細の円錐形の穴がえぐりぬかれている。楔形に加工された斧石は、この穴にさしこまれる。木の柄を加工するには、石のノミが使われている。

われわれの文化圏の場合には、斧に用いられる石は概してジレックス石である。ジレックスとは、打ちくだくと薄い莢状《きょうじょう》に割れ、容易に希望の形に加工される石である。高地パプア族には、このような石は手に入らない。彼らは、結晶から成るザラザラの岩石で、その裂け目が自然に一定方向に走っているものをくだき割るのである。それを運ぶについては、昨日ポーターと口論してしまった私のコレクション、その中には緑や青の石が含まれている。これらの石は、たいてい非対称のレンズ状に荒い加工がほどこされているが、斧としての刃がつけられるのは、松葉杖ないし撞木杖の形をした柄がすげられてからである。ところで、とくに入念に磨きをかけられた石斧は、決して仕事には使用されない。それは一種の通貨であって、ちょうど豚と同じように、おもに花嫁を買うときに使われたり、そのまま家族の財産として所有されたりする。ここまで書いたら、ダニたちの出発準備ができた。この先は、今晩にも書き加えることにしよう。明晩はまた部落に着くようにしたいものだ。

イエ・リ・メからヤモへの道には、まえにも述べたように、ヒルがいて、恐ろしくやっかいである。今日はとくに悪く、私はこの陰険な小さい生き物とたえず戦いつづけなければならなかった。多くは樹のうえから落ちてきて、首すじや手足に吸いついた。私がぜんぜん気がつかないでいたら、ポーターの一人が、休憩のとき、私の額からヒルを一匹取ってくれたほどである。

別の休憩地で、私は崖のところに一匹の蛇をみつけた。長さおよそ五〇～六〇センチ、親指ぐらいの太さの茶色いやつで、われわれの休んでいるすぐそばの乾いた岩棚に巣をつくっていた。ダニの一人は私の視線を追って、蛇を見つけると、びっくりして親指でペニス・サックを打ち鳴らして、飛び回った。ポーターのあいだに恐ろしい叫び声が起こった。しかし、この蛇は無精者か、そうでなければ平和主義者だったのだろう。いずれにせよ、蛇はピクリとも動かなかった。

昨日、私が激しく怒ったのが、今日もまだ効きめを現わしている。今朝七時、私がまだ腹這いになって書きものをしていたころ、もう出発の準備は万端整っていた。われわれは全行程を、上りでさえ、下りと同じスピードで踏破した。ダニたちは流れ落ちる川にそって矢のように疾駆し、猿のように樹をよじ登り、一言も文句をいわなかった。昼の休みは例外的に短かかったが、それにも満足して平然としていた。そしてそのあと間もなく、われわれは、七週間まえに私が墜落した滝に着いた。私はこの泡立つ地獄をもう一度眺めやった。そして思わず頭をゆすった。私はこれにも生き延びたのだ。

およそ一〇時間におよぶ行軍ののち、われわれはふたたび谷底の部落に到着した。いま私は、原住民の小屋の樹皮でできたフワフワする床のうえに、ダニと、数えきれないほどの鼠と、無数のゴキブリと一緒に、横になっている。ふつうの状況では、とてもこんなところで眠れたものではない。しかし、一〇時間のまことに激しい緊張のあとでは、肉体が当然の睡眠を要求する。

五月一六日

ふたたびムリアに着いた。日中のひどい暑さのなかを、われわれはもう一度、一〇〇〇メートルほど登り、やがてついに、ブリキ屋根のきたない家々が小さく密集して広がっているのを、足下にのぞんだ。

ムリアに残してきた私のテントには、一通の郵便があり、新しいライカもとどいていたが、残念なことにフィルムはなかった。

ここからボコンディニに飛べる見込みは、最初ホーランディアからここへ飛んだときと同じように、うまくなかった。どうせ長いこと待たねばならないのだから、その時間に備え、私は野菜を買いこみ、宣教団からランプを借りてきた。夜、テントで手紙を読み、日記を書けるようにするためである。

待つことは、どうも苦手である。しかし、いまはそれを避けようがないのだから、この暇を利用して、高地パプア族の生活観察をすこし書き加えておこう。まえにも述べたと思うが、ニューギニア山岳地帯のパプア族の場合、男と女は原則として離れて生活する。一般に女は男の家に入ることさえ禁じられている。男の家の屋根には神秘の魔力、霊がいて、婦人の入ることを許さない。このタブーを破ってもよい場合は、一つもない。したがって女の生活や性生活は、すべて戸外で、多くは畑で営まれる。ダニ族が、本能的欲求の満足という以上に、性行為の本質を生殖行為として理解しているかどうかは、はなはだ疑わしいと言わなければならない。いずれにしても、それを示すような単語を、私は一度も聞いたことがない。

婚姻制度、家族制度は、われわれの概念からはかけ離れたものである。女と結婚した男が同族の出身である場合には、彼らは文句なくその共同社会の規則に満足するのである。

第三章　バリエム渓谷へ

五月一七日――ワメナ

人生とはこんなものだ。いらだたしい熱っぽい気持で待っているときには、いっこうやってこない。だが、ムリアにいた昨日の私のように、あらかじめ忍耐で武装してしまっていると、そんなときには、こちらが希望的に考えていたよりもずっと早く、いっさいが整ってしまう。昨日、私はムリア原地人の小屋の間に張った自分のテントに寝っころがって、いったいいつになったらワメナに着き、探検の第三部、バリエム渓谷への準備にかかれるのだろうかと、ただむなしく計算をくり返していた。ところが今日はもう、私はワメナでちゃんとした部屋に坐っている。私のとなりには立派なベッドがあり、私の日記は立派な机のうえにのっている。私は風呂に入り、鬚《ひげ》をそった。シャツはきれいである。石器時代は、私に文明への短い休暇を許してくれたのだった。いつものことだが、こんなことが、とても効果的なのである。

ワメナ周辺は、この島の中央山岳部にある唯一の平地だ。しかし間もなく、道はここからはじまって山岳部へ、まず南東方、バリエム渓谷へ、次に南西方、南海岸へと続くであろう。そこには相変わらず人食い人種がおり、またインドネシア軍が、いまにも落下傘部隊を降下させるかも知れないのである。

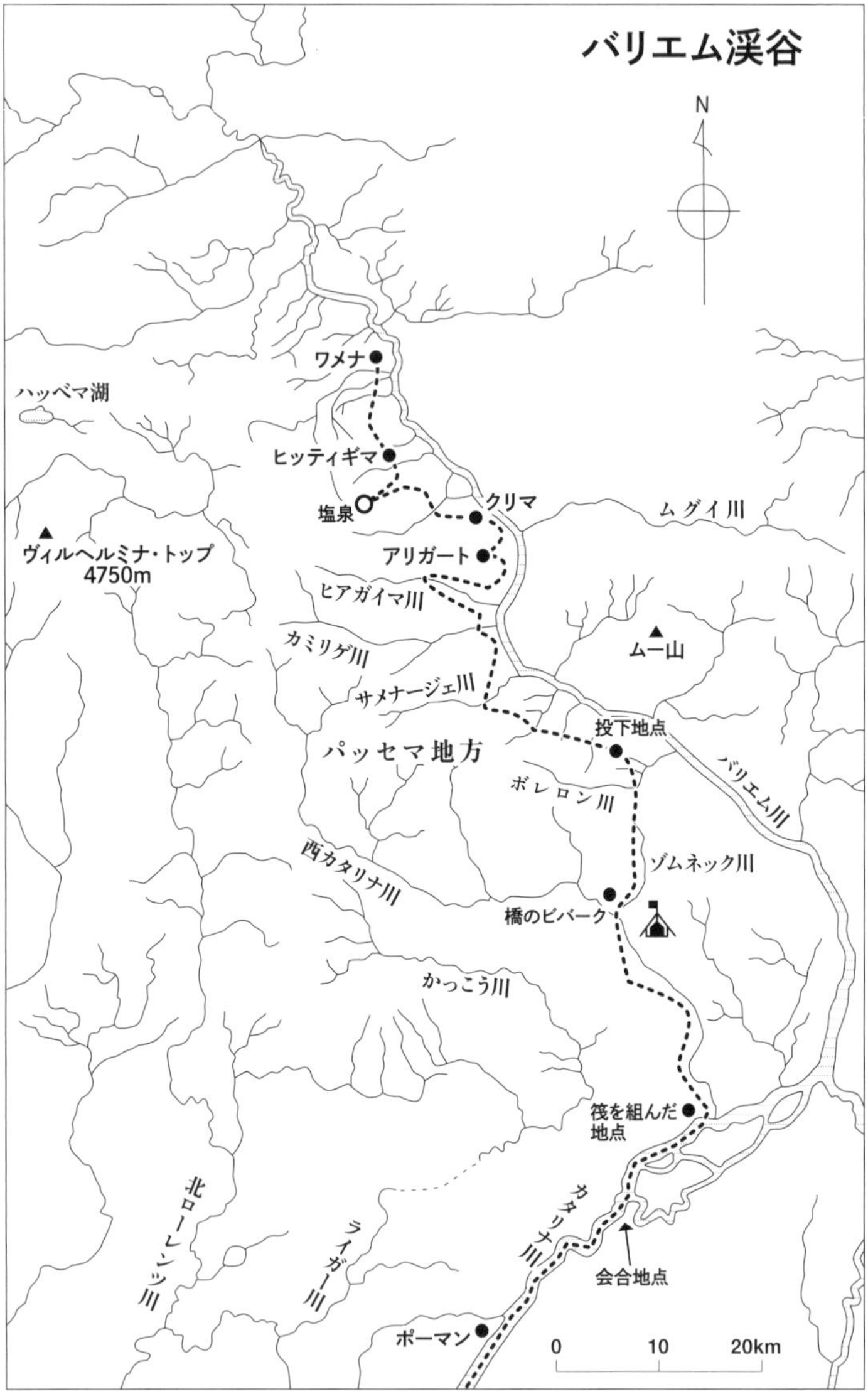
バリエム渓谷
N
ワメナ
ハッベマ湖
ヒッティギマ
塩泉
クリマ
ムグイ川
ヴィルヘルミナ・トップ
4750m
アリガート
ヒアガイマ川
ムー山
カミリゲ川
サメナージェ川
投下地点
パッセマ地方
バリエム川
ボレロン川
ゾムネック川
西カタリナ川
橋のビバーク
かっこう川
筏を組んだ地点
北ローレンツ川
カタリナ川
ライガー川
会合地点
ポーマン
0
10
20km

しかし話をもう一度昨日に戻そう。まったく不意にパイロットのディブ・スティガーが現われて、一時間のうちに出発の用意ができるか、と私に聞くのだ。これにはびっくりもしたし、うれしくもあった。できるどころの話ではない。スティガーが彼の航行計画に従ってボコンディニへ飛び、またここまで帰ってくるあいだに、私はテントをたたみ、荷物をロープでまとめあげてしまった。とくにイエ・リ・メから持ち帰った約四〇個の石斧も荷物につめた。昨日ムリアでの長期滞在を予定して買いこんだ野菜のたくわえと、もういらなくなったその他の沢山の道具類は、別れの記念にポーターにやった。そしてスティガーがふたたび着陸したときには、用意はすっかりできていた。

私は飛行機に乗りこんだ。滑走路の両側にはポーターたちが並んでいた。彼らの黒い、鼻の広がった顔は、まったく悲しそうだった。この別れがつらいのは彼らばかりではない。私にもつらいのだ。これらの原住民は、身振りをすることも、涙を流すことも、悲しい言葉を言うことも、およそ人にすぐ分るような感情表現ということを全然知らないのだ。しかし、それでも私のように長いこと彼らと共に生活してみると、彼らの表情を読むことができるようになる。

スティガーはスタートさせた。最後にムリア上空で大きく旋回してから、ヤモ川とトリ川の分水嶺のうえにコースをとり、ほどなく、小ぎれいなボコンディニの町に着陸した。この町の眺めは、ムリアと比較すると格段の差で、ずっと気持がよかった。屋根にきちんと葺をふいた家並みは、ブリキやアルミの屋根とくらべると、ずっと洗練された感じである。

私はここで別の飛行機に乗り換え、バリエム川の谷へと向かった。このあたりは、よく整理された見事な地域である。宣教ステーションやオランダ行政管理局の影響がはっきり感じとれる。どの部落も、土地を広々ととって建設されていて、いたるところに広大な耕地があった。畑には灌漑用水が張りめぐらされ、それがバリエム地方全域の特色をなしている。パイロットは「ピラミッド」のうえを大きく旋回し、やがてわれわれは、ここワメナに無事着陸した。

五月一八日

なんどもくり返して水浴し、きれいなベッドにきちんと入って睡眠をとることは、気分を非常に爽快にするだけではなく、どうしても必要なことである。ここに着いてはじめて私は気がついたのだが、あちこちの傷が化膿していた。これを消毒し、処置し、治してしまわなければならない。ありがたいことに、私はすでに数日まえから抗生物質をとりはじめていた。その効果がいまになって現われ、根本的に消毒しなおすと、オデキのようになった腫れも、ややひいてきた。

五月一九日

土曜日。私はいま政府経営のホテル「パサングラーハン」に寝起きしている。この名前のもつ響きは、聞いていて、たいへん気持がいい。しかし残念なことに、この響きは現実とは何の関係もない。われわれドイツ人なら、つつましく、ブリキ小屋とよぶところだ。外壁と屋根は波型のアルミニューム板でできていて、なんともすさまじい構えである。間仕切りの合板やコンクリートの床も、見たところ、けっして好ましいものではなく、むしろあさましい感じさえする。そのうえ、夜昼たてつづけに擬音のようなかすかな音がしている。つまり日中は強い太陽熱で、屋根がピンピンと音をたて、夜になると冷えるので、やはりきしむような呻くような音をたてる。その合い間には、鼠が恋の戯れか「運動会」を楽しむのだろう、走り回り、ちゅうちゅう鳴き、あるいはひそかに語りあう。ときおり、鼠は二匹組になって、天井裏や間仕切りのあいだを狂い回る。まさしく、鼠のオリンピックだ。動物たちは楽しいかもしれないが、私は御免だ。

一時間まえ、ワメナ一帯をものすごいスコールが襲った。雨足はナマコ板の壁と屋根をうって音をたて、とても人と話をすることもできまいと思われるほどのひどさだった。

ここでは水浴もできなくなってしまった。シャワーとトイレは家の外にあって、なかなか立派な設備だが、残念ながら水が出ないのだ。私の部屋の洗面台の上にあるピカピカに磨いたコックをいくらひねっても、蛇口からは一滴の水も落ちなかった。それでも私は愉快だった。私の身体は乾いている。私にはベランダがあり、ビールがある。冷たく泡を立てたすばらしいビールだ。言うまでもないが、食事は毎日同じものばかりだ。それでも、私はまったく「自分の家にいる」ような気分だ。なにしろ私はここに滞在するのは、これでもう三度目だからである。私が来るたびに賄方の女は変わっていたが、違う料理を思いつくものは一人もいなかった。

いま私には机があり、椅子があり、日記に書きたす時間がある。現在の環境を、テントや水のしたたり落ちる岩窟ですごした過去数カ月にくらべれば、すべての点で私は満足すべきだ。

ここワメナの人々は、特別私に親切である。彼らは、まだイラガに置いてある残りの荷物の心配をしてくれた。それればかりではない。心から人助けのすきな人たちなのだ。そのうえ、私に新しいがっしりした靴を二足送ってくれた。私はすでに四足はきつぶしていた。

私が、イラガ地区やムリア地区から集めてきた石斧、山岳パプア族から買いとったもので、幾世代にもわたる家族の歴史を物語る古い石斧、さらに最近イエ・リ・メから切りとってこられたばかりの石斧、私はこれらの石斧を夢中になって研究している。二、三日中に、私はこれらの石を全部完全に梱包して、分類や説明を記入して、ヨーロッパに発送するつもりである。

ワメナに住んでいる数すくないヨーロッパ人と私との会話は、もっぱらイエ・リ・メでの発見のことであった。彼らとの話で知ったのだが、ニューギニア北岸の石斧産地として古くから知られているオルムには採石場といったものはなく、そこでは原石が川床や地上に捨て石となってころがっていて、石ははじめからほとんど斧の形をしているということだ。北岸の原住民は、山へ行けば別の方法で斧の石をとることもできるが、オルムで、このように探したほうがずっと簡単である、と主張しているそうだ。以前は、一定地域を所有する酋長なら誰でも、オルムでの採掘権をもっていた。だがそのうち、それも大して意味のない伝統になってしまった。というのは、すでに広範囲に文明化してしまった海岸地域では、石斧が、花嫁を得るための費用の付録としてさえ、あまり使われなくなってしまったからである。海岸地域のパプア族は、一部の工具に金属製のものを、ヨーロッパ人からすでに手に入れているのである。

斧がいまでも花嫁をうる費用として通用しているところでは、かなり出来のよいもので、五〇グルデンから二〇〇グルデンの値打がある。裕福な農夫が結婚する場合には、妻をうる代償として象徴的に支払われる斧のために、一〇〇〇グルデンくらいまでは出さなければならない。このような斧は、もちろん特別で、長く、入念に磨きあげられている。妻をめとる代価として、美しく高価な斧を与えることができるかどうかは、威信の問題なのである。

古い石斧は、オルムにおいても、まだ本質的な役割を失ってはいない。相続問題では斧が重要な意味をもっている。オルムでは、杭のうえに建てられた家の下に、斧は注意深くひそかに保管されている。

石斧がどのように産出し、どんな価値をもつかの問題は、私にとって、たいへん興味あることだから、後でゆっくり究明しようと思う。しかしいまは、バリエム渓谷とそこに行く道程について情報を集めることのほうが重要である。すでにワメナ滞在の最初の二日間に、私は種々の新しい興味ある詳報を手に入れた。これらの新しいデータの一つは、パプア族の観念がわれわれのそれとどれほど違うかを示している点で、やはり例外ではない。すなわち、渓谷に入るとすぐに高さ四〇メートルの岩があって、荒れ狂う水の中につき立っているが、この岩は、夫に先立たれた妻が自殺する儀式的な場所だと、一般に考えられているという。まえにも述べたが、パプア族の結婚は、われわれの考える結婚とは比較にならない。パプア族のあいだでは、男が花嫁と交際する場合、これが是認されるには、その婦人が同族に属しているということだけで十分である。男の勢力が大きければ、妻は大勢いてもかまわない。このような男、つまり酋長が死んだ場合には、大勢の妻が彼の死を追って、この岩から谷底へ飛び込む。それだけでは十分ではない。妻たちは、たいてい一人か二人、ときには三人もの子供を死の道づれにする。パプアの婦人は乳のみ児をいつも網に入れて歩いているが、岩から飛びおりるとき、一番小さい子は、この担ぎ網に入れられて、すやすや睡っている、という話だ。

バリエム渓谷の入口一帯を領する酋長はとくに裕福で、名望家として知られている。したがって二二人もの妻を所有していると言われている。ちょうど一週間まえ、この酋長の領土で、ここではしばしば見られる種族間の戦闘が起こった。すでに二年もまえのことだが、この谷に住む種族が山に住む種族に攻撃をしかけたことがあった。そしていま、山に住む人々の復讐が懸念されていた。こんどは立場が逆であった。山腹一帯に住む種族は、集結し、谷に押しよせ、血なまぐさい報復を果たしたのだ。寛容だの慈悲だのは、彼らの関知しないところだ。いつもは小熊のように善良な彼らが、いざ戦争となると、猛々しい野獣となり、残酷で流血を好む戦士となってしまう。彼らの思想が残忍であれば、彼らの武器もそれだけ残忍である。たとえば、その鏃《やじり》には両側にカエシがついていて、そのため一度身体につきささると、押すも引くもできなくなってしまい、無理に引きぬけば、肉や骨を、もろともに裂きとってしまう。バリエム渓谷の山岳種族は、谷の種族の大酋長を殺し、女を凌辱し、数百の小屋からなるたくさんの部落を焼き払った。そして勝利に有頂天になり、満足して、彼らの住む山腹地帯へと引きあげていった。しかし来年には、二年、三年、五年あるいは八年後には、谷に住む種族による反撃が、同じような恐るべき苛酷さで、また起こるかもしれない。

バリエム・ボコンディニ地区全域のオランダ管理局長は、オランダ人の若い上級警察官に指揮をとらせて、パプア人警察隊をただちに組織し、平和を確立しようとした。しかし一〇〇〇年来いだきつづけた原住民の復讐心は、かなり根強いものである。山岳住民は撃退され、押しもどされるどころか、むしろ逆に、警官にさえ襲いかかり、そのため警察隊は銃砲を使ったのである。

このような報復の襲撃は、板で入口をふさいだだけの小屋で、パプア族が深い眠りについた夜中に行なわれるのがつねである。ダニ族の眠りが鉛のように重いことは、私の経験からもよく知っている。叩くぐらいでは、とても眼を覚まさない。あのようにぐっすり寝こんでいる部落を不意打ちすることは、攻撃軍ががやがや物音をたてたとしても、きわめて容易だろう。

オランダ管理当局は、原住民が武器を蓄積することから起こる危険を防止しようと、多大の努力をはらっている。そして当局は、たとえ小規模であるにしろ、われわれ文明社会の軍縮会議とまったく同じ問題に直面している、というのが実際のところである。防衛のための槍は許されているが、攻撃用の槍は禁止されている。一つの部落で約五〇〇本の槍が発見されれば、そのうちの二〇〇本は大目に見られた。原住民が、自分の住居から遠く離れたところで、槍を手にしているのをみつけられれば、槍はたちどころに折られてしまう。

今日の午後、私はワメナの警察署長を、その駐在所におとずれた。珍妙なのは、そこの監獄である。それはダニ族の小屋二軒から成っており、鉄条網が張りまわされている。現在収容されている囚人はぜんぶ殺人犯で、三人ずつ鎖でつながれて、労役に服している。獄舎はヨーロッパ的概念では考えられないほどひどいものらしい。しかし、ふつうのダニ族の小屋と囚人の獄舎との違いは、ヨーロッパの住居と独房との違いほど大きくはない。刑務所の事務室には、長さ四メートルないし六メートルの押収された槍が山をなしていた。これでやられたら、目方の軽い矢など問題ではない。間違いなく死んでしまうだろう。

夜になった。私の脚の傷は、どこも悪化し、熱帯性の膿腫になってしまった。もうこうなっては、まじめに医者に治療してもらわなければなるまい。いままでは、ソーダ水に浸したり、湿布したり、イヒチョール療法をしたりして、満足していたのだ。

石器時代と青銅器時代との関連を明らかにし、これが推移してゆくありさまを究明するために、十分な装備をもつニューギニア考古学探検隊を組織することに、資金をだしてくれる人がいたら、どんなにすばらしいだろう。私は、そんなことをくり返し考えている。というのも、赤味をおびた金属器を所有する原住民が確かに存在する、といわれているからである。

警察署を訪れたあと、私は、バリエム探検に同行するパートナー、オランダ人地質学者のゲラルド・バン・デル・ヴェーゲンに会った。彼は三〇なかばぐらいで、あまりがっしりはしていないが、心の強そうな身体つきをしている。何より心丈夫なのは、この島については実際的な経験を豊かに積んでいる点である。私は、彼とその助手と机をかこんで、バリエム渓谷進出の計画を論じあった。二人は、途中まで飛行機で、後からもう一度補給したほうがよい、という意見である。この件については、パイロットとの交渉をすませたあとで、なお詳細に話しあうことになるだろう。バン・デル・ヴェーゲンは甘藷畑の航空写真をみせてくれたが、それには、約八日から一〇日かかる道程が写されていた。この航空写真によると、道は、バリエム川から離れ、峠を一つ越えてから、そうとう広い無人地帯を横切り、ふたたび人の住む地域へと続いているらしい。

五月二〇日

今朝早く、当地の医者がボロ谷への往診から戻ってきた。そこでは種族間の戦争が荒れ狂っていたのであった。この先生の話によると、およそ一〇〇の部落が焼けおち、そのためすくなくとも二〇〇〇から三〇〇〇の人たちが戦争に巻きこまれていた。甘藷畑に加えられた損害もかなりのものであるらしい。襲撃をうけた原住民のあいだには、深刻な飢えと病気が広がっている。そして生きるためには近隣の種族に屈従せざるをえないような状態らしい。自分たちの畑が回復するまでは、そうしなければ、食べていけないのだ。ところが、もう攻撃者に対する復讐が協議されている。こんどの場合も、二二人の妻を擁し、宣教師にも政府当局にも従おうとしない例の大酋長が、この交戦計画を、背後からあやつっているらしい。大酋長によって、無数の奇襲が、すでに計画されているのだ。

種族間のこのような戦争と比較して、しばしばシシリアの仇討ち、近親報復が引き合いにだされる。しかしこの比較は当を得ていない。ダニ族の戦争は、どんなに残酷であるといっても、それは平和的に解決されることもあり、賠償に豚を与えれば、罪は抹殺されるのである。しかしその場合、賠償問

酋長は 22 人の妻をもっていた

題はあくまで公正でなければならない。罪の悔悟と自白が、誰の眼にも明らかでなければならないのである。

とにかく種族間の血なまぐさい戦闘を避けるためには、警察の派出所がもっと数多く設置され、たえずパトロールが巡回している必要がある。とくに、キリスト教に改宗し、護符とともに武器も棄ててしまった種族は、彼らを勧めて無防備にしたものの手によって、どうしても護ってやることが必要だ。というのは、管理局の勢力がまだおよばない隣接地域では、武器をもつ原住民が、別に理由はなくても、隙さえあれば当然のように、無防備の種族を襲おうとするからである。このようなケースは、バリエム渓谷入口付近の争いと同じころ、つい最近に起こったばかりである。多くのダニ族が、それによって生命を失っているのだ。

五月二一日

月曜日。水曜には出発する予定である。部屋の床には、探検用の物資や薬剤が山積みになっている。ところが準備のため立ち働くあいまに、私は相変わらず傷の手当をしなければならない。熱帯の気候は、私が想像した以上に、傷の全快を妨げている。棘でできた何でもない掻き傷が、膿をもって、深い溝になり、ほとんど目には見えなかったヒルの吸い跡が皮膚の穴になって残った。

五月二二日

三時間まえから、ワメナには雨がパラついている。しかし、雨には慣れっこになってしまい、ほとんどもう気にならない。われわれの目論見はしっかりした形をとり、私の考えていたことは、とくに地質学協会の援助をえて、現実となり、本格的な探検隊が組織された。海岸地区の管理官は、二〇日後にわれわれを原生の林野から連れだすためにボートで迎えにくる、と明言してくれている。もちろん、インドネシア軍の意図する侵攻に関連して、政治情勢が悪化しなかったらの話である。状況がいちじるしく変化した場合には、ラジオを使って情報を放送させ、起こった事態をわれわれが推測しうるようにする、と彼は確約してくれた。

バリエム渓谷への同行者、ゲラルド・バン・デル・ヴェーゲンは、南海岸までは一緒に行きたくないようだ。バリエム渓谷だけを調査し、それがすんだらすぐワメナに戻るのが希望らしい。私が言えることは、彼の行動が完全に自由であり、いつなりと帰路についてかまわない、ということだけだ。私自身は、どんなことがあろうと、バリエム川沿いに南海岸まで行きたいと思っている。私の探検装備のなかには、手製の帆走用具がはいっている。探検の期間中に、ひょっとして侵攻が起こったら、アラフラ海をオーストラリアまで帆走することになるかもしれないからである。

私は一日中、整理と荷作りをした。この探検のあと、私はおそらく、またワメナに戻ることはないだろう。南海岸のメラウケで、予定の探検行が終わったら、ニューギニアを横断して、出発点である北海岸のホーランディアまで、まっすぐ飛行機で帰る、というのが私の計画である。いまにしてはじめて分ったが、私の探検荷物のなかには、つまらないガラクタがごたごたといっぱい集まっていた。

現在、私はホーランディアから予定通り飛行機が着くのを待っている。その便でフィルムが届くはずなのだ。全体的な雰囲気としては、この二四時間、なんとなくヘタバリ気味である。多すぎる荷物、未知のコースの困難に対するさまざまな懸念、不安定な政治情勢などが、こうした気分にするのだ。私はふたたび旅に出て、別の心配をしていた方が、心が安まる。

石器時代への探検の第三部、そして最後の部分、いまやそれがまた開始され、私はすばらしい気分である。私の傷も、シュミット博士の適切な処置によって、目立って快方にむかい、すくなくともリンパ腺の腫れだけはもうひいてしまった。滝に落ちたときの膝と肩の負傷は、もちろん以前と同じように、心配だが、私はもう、これに慣れているから、障害にはならない。杖の助けをかりれば、最後までしっかり持ちこたえるだろう。

南海岸でボートがほとんど確実にわれわれを迎えてくれる、ということは、なんと言ってもうれしい事実である。ゲラルド・バン・デル・ヴェーゲンは、このような計画を無制限に信じている私の期待の裏に、ある不確かなものが紛れ込んでいるのではないかと、相変わらず悲観的である。今晩、私は最後の別離を記念して贈りものを分けようと思う。カルステンツ山群の探検に参加したボコンディニの警官には、約束した通り、防水時計を贈ろう。

五月二三日

ゲラルド・バン・デル・ヴェーゲンは、われわれのポーターとなった一〇人のムユ族をつれて、今朝一〇時にはもう出発した。私は一二時すこし過ぎまでワメナに残り、それから一人で出かけた。ゲラルドは私とパプア二人を渓谷の入口の手前にある一番奥の宣教ステーションのそばで待つことに取り決められていた。

出発するすこしまえ、私がシュミット博士にもう一度最後の治療をしてもらっていると、そこへ四〇歳ぐらいの男が、その息子に抱えられるようにして現われた。男は血だらけの手を医者にさしだした。昨晩、自分の妻を盗まれてしまい、今朝になって指を二本切り落としたのである、わが身を傷つけて悲しみを表わすこのやり方は、前にも話したように、ニューギニア高地人のあいだで広く行なわれている。それからしばらくして、父と子が警察署長の家の戸口に坐っているのが見られた。泥棒を追いかけ、妻を取り戻してくれと、彼らは頼んでいたのである。

わずかではあったが数日の休養をえて、私はハイ・ピッチで歩き、快調に前進した。道はほとんど平坦で、丈の高い野生のサトウキビとトクサ属の叢林とが、交互に続いた。しかしこんどの場合は、ぬかるみを漕ぐようなところはない。アルプスをハイキングでもしているように、早いスピードで進むことができた。

パプア族の二人は原住民の伝道師で、北海岸のグル族出身であり、バリエム渓谷の諸種族を漸次改宗するという使命をおびている。

ゲラルドはマライ語が達者である。ムユ族のポーターも、二、三人はマライ語がわかるので、ゲラルドはポーターの世話を引き受けてくれた。われわれはポーターの全部に、簡単なシャツ、セーター、半ズボンを着せた。こうすると、彼らもいくらか知的に見える。外見だけでも彼らをわれわれと同じようにしておくことは、必要でもあった。つまりわれわれが接近しているのは、われわれの知らない種族である。彼らは戦争によって混乱し、そのため、同じような裸の男たちをみれば襲いかかるかもしれない。それればかりか、ひょっとすると殺戮さえ犯しかねない。ポーターたちはたいていヨハンネスとかアントニウスといった洗礼名をもっているが、彼らの指導者は単にマンドゥアとよばれている。これはマライ語で「指導者」の意味である。

五月二二四日

今日はまっさきに塩分を含んだ泉を見に行き、そこでパプアの女たちが塩を採るありさまを観察した。

しかし順を追って話を進めよう。私はほとんど眠れないで、日の出まえにもう目が覚めてしまった。星のまたたきは黎明とともに静かに消えていった。ゲラルドも早くから目を覚ましていた。これから起ころうとしていることへの好奇心に、彼も私と同じように悩まされていたらしい。

われわれは広く開けた谷を元気よく登っていった。この谷はカーゼン谷とよばれ、たくさんの原野とすばらしく美しい針葉樹があり、話に聞いていたとおり、貴重な塩泉があった。一時間ほどの道のりを歩くと、この辺の事情に詳しい背の低いダニが、石で仕切られた貯水池のある濁った細流を示してくれた。さらに約一〇〇メートル登って、本当の塩泉に着いた。それはパンダナスやバナナの木でかこまれたたいそうせまい場所で、見たところ非常にロマンティックな感じである。原住民はこの泉を、石を使って囲み、階段状に下に向かって一五の貯水池が作ってあるが、芸術的といってよいほど見事な施設である。そのいたるところに生々した生活がみなぎっている。およそ一〇人の女が、塩分を含んだ水に踝《くるぶし》まで入って立ち、よく枯れたバナナの樹皮に手を加えている。これが、高価な塩を含んだ水を吸いとる「海綿」の役をするのである。女たちは一心不乱に、この樹皮をこね、たたき、くまなく踏みつぶし、できるだけ柔らかくして塩水をたくさん含むようにしているのだ。すこしでも多くの塩を手に入れるために、彼女たちは、いろいろな種類の乾燥した野菜にも水を含ませている。「石斧の源」では、男が働き、女は遠くに離れて坐っていた。ここ「塩の源」では女が働く。男たちは、かなり離れたところに気持のよい火を焚き、そのまわりに真面目な顔をして腰をおろして、一瞬も眼をはなさないで女たちを見守っている。われわれの道程はすでに争いのあった地域に入っており、いつ襲撃が起こるかもわからなかった。だが男たちは、働いている自分の妻を眺めて楽しんでいる。

新しい樹皮の山がつぎつぎと塩水を含み、乾かすために石のうえに拡げられるのを、楽しそうに見ている。乾燥された樹皮は焼かれ、多孔性の凝灰岩のような塩の結晶がえられる。パプア族は見るからにうまそうに、それをしゃぶっていた。塩の味はするが、燻い臭いもある。

このように塩を手に入れることは、石を割るのと同じように、ダニ族にとっては重要な仕事である。彼らは、万一の場合、襲撃から守れるように、いつもグループをつくってやってくる。そしてかならず二、三日はここに滞在してゆく。

泉の所有者は、禄をもつ封建君主に似ている。塩を手に入れようと思えば、誰でも貢税を支払わなければならない。税は豚や甘藷のような食糧の形で支払われるが、石斧や武器を代用することもできる。これで網一杯分の塩を作る権利を買いとるわけである。荷物を背負うのは女たちである。男はいつでも武器をとれるように身を自由にしておかなければならないからである。実際いつ襲われるかわからないのだ。

われわれはさらに行進を続け、バリエム川の支流でかなり大きな川につきあたった。それはイェトニ川とよばれ、広大な川床を見せていて、そこを豊かな水量が逆巻き流れていた。ダニの説明によると、雨が降ったら、完全に交通不能になるという。しかし今日も好天に恵まれているので、思いきってイェトニ川を徒渉することにした。それでも水は腰のうえまでくるので、安全を確保するために、おたがいに手をとりあい、おたがいに支えあって進んだ。

イェトニ川は、川幅が広く、渡るのが難しいので、種族と種族のあいだの侵しがたい自然の境界をなしている。この流れにそって互いに区切られた種族は、明らかに仇敵の間柄である。例外もあるだろうが、一般に直接隣りあった種族は、たがいに反目しあっているのがつねである。こうした場合、ほとんどいつも、一つ越えた向こうの谷と親交を結び、女や宝貝や品物を交換しあっている。

塩泉で会った二人の原住民がパッセマ谷へ行こうとしていた。彼らは好機を逃さず、われわれに合流した。自分たちだけでは、とても通り抜けられない知らない種族の土地を、彼らはこうして突破することができた。

イェトニ川はヒッティギマ谷とクリマ谷とを分っている。われわれはやがてクリマ谷に着き、ここに野営した。

この二つの谷の間で、この春に流血の戦いがあった。一つの種族がキリスト教に教化されて、護符や矢や槍を焼きすててしまった。するとすぐ、隣りの種族が襲いかかり、武器を棄てた数多くのダニ族を殺戮した。この襲撃のあったあと、クリマ谷には警察派出所が設置され、海岸地方出身の四人のパプア人がいまもここにつめている。今日までのところ、彼らは平和を保つことができた。しかし、今後も維持しうるかどうかは疑問である。

クリマは、荒れ狂うバリエム川から五〇メートルほど高いところにひろがる広いテラスにある。それは文明の最後の拠点である。われわれは、警察派出所のすこしてまえ、先に述べた自殺の岩のそばで休息している。

バリエム川を越して向こうの部落に行くには、蔓草でできた長い吊り橋を渡らなければならない。川はこの辺りでは六〇メートルの幅があるが、吊り橋は、川のうえで優雅な弧をなして、ゆらゆら揺れている。ポーターたちは、このような橋をどうやってかけるのか、説明してくれた。まず蔓草の繊維で作った糸を矢に結んで、これを対岸に向かって放つ。これで、いわばロープウェイができたわけである。つまりこの糸を使って、さらにもっと太い蔓草のロープや籐のザイルが引き渡されるのである。

橋はあっても、川を渡るのは大変な冒険である。というのは、人の歩くところは平らな地表からはじまり、地表で終わるわけではないからである。つまり、そんな風に橋を作ったら、橋の中央がたれさがって、水を切ってしまうだろう。それで、揺れ動く橋にたどりつくには、まず数メートルの高さのある支柱をよじ登らなければならない。それから川の中ほどまで、はじめの半分は急傾斜の下りで、それから向こう岸までは同じように急な上りである。そのため踏み板は斜めに取りつけられていて、大きく揺れるのに合わせて身体を動かし、調子をとるには、たいへんな注意力と適合力を集中しなければならない。

バリエム川はヒッティギマのすこしまえの早瀬からはじまり、これまで見てきたかぎりでは、だいたい平均した落差をもっている。数メートルおきにどっしりした岩が水中からそそり立ち、その近くで流れは大きく渦巻く早瀬となり、泡を立てている。水は茶褐色に濁り、なま温かかった。

この地方で特に私の興味を引くのは、ダニ族がその畑を開墾する技術である。畑は、いや野原といったほうが適切かもしれないが、しばしば四〇度ぐらいの急斜面を耕やして登り、目に見える限り、山の背を越え、次の谷まで延々と続いている。そして、この畑の全部が、たった一本のスキの形をした長い棒で耕されたのである。このきわめて原始的な方法で耕された段々畑を見ていると、ときどきアルプスの谷の急斜面にあるブドウ畑を思い出し、妙な気持にさせられる。

この地域の部落のあるものは、非常に大きい。部落の構造は、ワメナやピラミッドの近くの平野に見られる部落とよく似ている。原住民は昼間だけ使う長方形の小屋をもっていて、そこで料理し、豚を飼っている。それとはまったく別に、円形の男の小屋、女の小屋が離れて建っている。

明日は重要な一日になりそうである。朝のうち二時間は、周知の道を歩くことになろう。しかしその後は、一人の白人もまだ足を踏み入れたことのない新天地に入るのだ。

五月二六日

昨日、私は日記を書くことができなかった。一日中バリエム川に沿って歩きづめに歩いた。なん度も豪雨に見舞われ、ずぶ濡れになって、夕刻クルアグイ谷のアリガートに到着した。われわれはたちまち原住民の大群集に囲まれてしまった。私はひそかに、ムユ族に加えて二、三人のポーターをここで獲得できることを期待した。しかし今朝早く私がテントから這いだしてみると、人っ子一人いなかった。どこへ行っても、バリエムのダニ族は一人も発見できなかった。家は空っぽ、畑にも誰もいない。幻影を見ているようだ。ふと、幽霊の谷にいるのではないか、と思った。

失望して、われわれはムユ族とともに立ち去った。ムユ族も今日は楽ではなかった。延々九時間も、困難な道を歩き、バリエム川をたどった。上り下りの連続で、ほとんど道らしい道もない。ジャングルの藪が終わったと思うと、岩場がはじまった。最後には、バリエム渓谷がせばまって通れないので、止むをえず、支流ぞいに山のほうへ数時間も登っていった。疲れ果ててついにヒアガイマ谷に着いたときには、もう暗くなりはじめていた。グル族の二人はここに一軒の小屋をもっていた。そこでわれわれも、ここに野営することにした。バリエム本流からは、すくなくとも四キロは離れている。この支流も相当に激しく、この地点には蔓草の橋がかかっている。二人のグル族はクルマからこの地点まで屋根を越えてくるのに、数時間きりかかっていないが、われわれはバリエム川沿いの道を二日間要している。だがおかげで、この付近の渓谷の構造を理解することはできた。

われわれが後にしてきた道は、ただ上り下りの連続で、谷の曲折はかなり大きかった。昨日われわれは難しい道を一五キロも行軍したが、それでも直線距離にすると、わずか三キロきり進んでいなかった。

とくにうれしかったのは、ヒアガイマの谷に入るとすぐ、また二〇人ほどの原住民が現われて、われわれの言うとおり、荷物をキャンプ地まで運ぶのを手つだってくれたことである。

明日は谷の向こう側をふたたびバリエム渓谷まで戻ろうと思う。

この地区の男たちは、私がいままで見てきたすべての高地パプア族と同じで、ペニス・サック以外のものは何も身につけていない。女は、パンダナスの紐で編んだ短い腰蓑をつけている。面白いことには、この谷はイラガと密接な婚姻関係を維持していて、ここの原住民はイラガ方言も理解するのである。

五月二七日

一日中ポーターには辛い日だった。相変わらず同じことのくり返しだ。部落につくと、原住民の大集団に取り巻かれ、彼らが荷物をもってくれる。だがわれわれが部落のせまい領界を去るときには、彼らは言葉もなく荷物を置くと、逃げ去ってしまう。

せまくツルツル滑る小道を前進するのが、今日くらい苦しかったことはない。にょきにょきとそそり立つ突起を巻いて、道はたえず斜面にそって進んだ。逆巻くバリエム川にかかっている橋が、われわれのはるか下のほうに、ちらっと見えた。行程の最後の部分は、われわれになんとかついてきた四人のポーターだけになった。われわれはゆっくり先行した。ついに、草木のない尾根に、野営地を見つけた。

原住民のあいだには、異教の伝統と、キリスト教宣教活動の最初の成果との奇妙な混合が、いたるところで見られる。山岳パプア族の一部はまだ古い魔法の石を持ってはいるが、しかしもうそれを信じてはいない。二、三の部落では、禁止されるままに、護符を焼きすて、川に流してしまったところさえある。護符を持っている部落もあるが、それを私に売ってもよい、と言っているほどである。そこで私は、塩少々と子安貝で、花嫁の飾り紐二、三本と家に伝わる斧を手に入れることができた。キリスト教の教化とともに、当然文明の設備もいろいろと入りこんでくる。ここにはアルミニュウム板の切れ端があり、そこにはガラス玉が二、三個あり、あそこにはすでにナイフさえある、といった具合だ。ある部落は過渡期にあるが、いぜん完全に石器時代の生活を営んでいる部落も存在している。しかし服飾のあり方は、どこの聚落も同じである。ダニ族はどこへいっても、以前と同じように裸で暮らしていて、男はペニス・サックを、女は植物の繊維の腰蓑を身にまとうだけである。

昨日は面白い観察をした。以前にもしばしば気がついたことだが、パプア族は石のナイフと並んで、竹のナイフも使っている。このナイフは竹を割って、それをそのまま刃にしている。それは信じられないほど鋭利で、とくに、子供が産まれたとき、臍の緒を切るのに用いられている。

五月二八日

一日は幻滅ではじまった。出発しようとポーターを集めてみると、夜中のうちにまた一人逃亡しているのが分った。塩泉からパッセマに行くと言っていた二人の男は、とうの昔に雲を霞と逃げのびていた。

今日の道程のはじめの部分は、石灰岩の開けた斜面まで、急な登りが続いた。われわれはそこをよじ登らなければならない。しかし、ポーターのムユ族には、それは不可能なので、われわれには骨の折れるコースだが、密生したジャングルの道を選んだ。私はジャングルをもてあましたが、ポーターたちは元気な猿のように敏捷に、根が覆い、幹のたおれたうえを駈けまわった。

われわれは高いところから、原住民の報告によって聞き知っていたパッセマ地方を、はじめて眺めた。われわれはひときわ高く突き出した丘のうえで休んでいた。二人の原住民に教えられたのだが、この丘は戦争のときには、狼煙をあげる場所として使われ、レ・ウとよばれているそうである。

休憩のあと、道はふたたび雨に濡れたオークの森を下っていったが、ここにはヒルがうようよしていた。午後われわれはモキの谷に着いた。どの道にも、道らしい踏み跡はほとんど認められない。種族同士の絶えまない戦争のために、行きかうものもまったくなく、そのためバリエム川へ出るまでに何カ所も、地すべりでひどく破壊され、かろうじて道とわかるほどになっている。モキ川を渡るとき、われわれはこのチャンスを利用して、思う存分、水浴びを楽しんだ。水はかなりきれいだったので、怪我したものは傷を洗った。

われわれは一日中、一つの部落も通らなかった。これは一面、好都合でもあった。というのも、いまわれわれがいるのは、種族同士が目下たがいに争っている地域であり、刺戟された原住民に、どんな迎えかたをされるか、わからないからである。事実、午後もおそくなって、誰かがわれわれを発見し、ジャングルの中から見張っているのに気がついた。ヒアガイマからきたポーターは恐ろしさに震えている。やがてパッセマのパプア族が野蛮な叫び声をあげてやって来たとき、ポーターたちはもう立っていることさえできなかった。この「歓迎委員会」は武器をもっていないことがわかり、われわれ一同はホッとした。うれしそうな「ワァワァワァ」のかけ声とともに、われわれはパッセマ部落に案内された。

まず一番に、サトウキビ畑の中にある原始的な小屋のかたわらに、われわれはテントを張った。ここへくるまでの一〇時間の行軍の疲れは、そう簡単には回復しなかった。ここの原住民はたいそう親しげにふるまってはいるが、状況が完全に明らかになったとは、まだ言えない。たとえば、ここの酋長は誰かと聞いても、彼らは頑固に黙りこくっている。イノシシの牙や子安貝の飾りをつけた男が二、三人、突然、音もなく消えていったりするし、長いことなだめたり、おどかしたりした末、やっとすこしばかりの甘藷が提供されただけである。

五月二九日

いろいろ懸念はあったが、夜は事もなく静かに過ぎていった。それでも、翌朝八時にこの村を立ち去ったときには、われわれはホッとした。道はまずサトウキビの畑を進み、やがて落差の大きい細流の川床の、激しく水の流れるところを登り、一時間半ののち、広く開けたパッセマ谷を前にした。しかし、それからいくつも小さな谷を横切らなければならなかった。その間の尾根には狼煙が燃えていた――決していい気持のものではない。高地パプア族がこの火を焚くのは、まず開戦を知らせるときであるのは分っているのだから、なおさらである。目下の状況が危険なものである第二の証拠を、われわれは最初の部落で発見した。われわれは一軒の小屋を見つけたが、ポーターの話によると、二週間ほどまえグル族の一人がここに現われ、この小屋を建てたらしい。しかし一日とたたないうちに、酋長の腹心のものがやってきて、身の安全を図りたいなら、一度この谷を見すてて立ち去り、しばらくしてから、また戻ってきたほうがいい、と説得したらしい。これも決してよい前兆ではない。

部落から部落へと進むにつれて、われわれのキャラバンは増大していった。午後になったころには、もう数百人に膨れあがっていた。当然、大酋長に全権をまかされた一人の原住民が指揮権をにぎった。

午後四時ごろ、われわれはふたたび一つの部落に近づいたが、そのとき、この地帯で最も勢力のある二人の酋長のうちの一人、ワハスマが、われわれの突然の来訪を迎えるように、六人の親衛隊をしたがえて、岩頭に腰をおろしていた。そして苦笑いをしながら、われわれに挨拶したが、それが本当の笑いでないことは誰がみても明らかだった。ヒアガイマからきたポーターのダニなどは、おじけをふるって後のほうに隠れてしまったが、酋長とその従者が手を振ると、ホッとして深い溜め息をついていた。こうしてわれわれは相ともに部落への道を進んだ。

きわだって見事な男の家のまえの広場に、われわれはテントを二つ張るのを許された。まだテントを張り終えないでいるうちに、二番目の、これも同じように強大な勢力を誇る酋長が、強そうな男たちを引き連れて、われわれのところへ近づいてきた。見るからにぞっとするような姿のこの誇り高い男は、自分の力を意識していて、この島では戦のときには当然とされている残忍な行為を、平気でやりそうな面魂である。彼は平均をはるかに上回る体格をもち、小さなダニ族のあいだでは、一八五センチの身長は巨人に属する。彼は身体じゅうに黄土をぬりたくっている。その他の点ではワハスマと同じ外観で、裸で、一つも羽根飾りをつけていない。この二人は飾りなど必要としないのだ。彼らの姿はただそれだけで強い印象を与えるから、とくに外見上の付属品をつけなくとも、人々は彼らの権力と価値を認めるのだろう。二人目の酋長はボタという名である。ボタかワハスマがひとたび発言すると、他のものは一人残らず黙ってしまい、よく訓練された犬のように耳をそばだてる。ボタは三人、ワハスマは四人の正式の妻をもっている。しかし、その他にも二、三人の若く美しい娘を、二人とも内縁の妻としていることは、公然の事実である。

バリエム地方ではどこへいっても、部落の女を見るのは非常に難しい。数日来、私はたった一人の女も認めなかった。婦人たちにキラキラ光る美しいガラス玉を贈りたいと思う、と私がボタに説明すると、やっと私は彼に連れられて女の家に近づくことを許された。

今日歩いた道も草が生い茂り、ほとんどそれと分らないような道が多かった。これは、パッセマ周辺に危機が迫っていて、この地区は戦争状態になっていることの確かな証拠である。どの部落にいっても、武器がすぐ手にとれるように並べられていることも、このことを証明するものだ。小屋の庇の下には槍がかけられ、男の家の壁には矢が束になって置いてある。

戦争気分と無関係なのは子供だけである。子供たちは小屋のあいだをさわぎまわり、平たい木でできた円い玩具を飛ばせて、びゅんびゅんいわせている。そうかと思うと、家の壁のところに静かに坐って、色のついた植物の繊維を使い、色彩豊かな模様をつけて、十文字の網を編んでいる。それを見ていると、私はチベットの悪霊を捕える罠を思いだす。

夜おそくなってはじめて知ったのだが、われわれのテントは酋長ボタの地所に、男の小屋のすぐ傍にあった。私は食事のことでボタとまったく退屈な取引きを続けたが、そのとき残念ながら私のもっているダニ語の語彙は役にたたないことを知った。この辺りでは全然違う方言を話すのである。ただここでも豚はヴァムであり、煙草はタヴォだった。最初、私が鉄の斧一振りを支払ったのに対して、小さくて貧弱な豚一頭が示された。私は取引きを断わった。それから一時間以上もたって、やっと二頭の大きな豚をつ

愛らしい子供たち

れてきた。私はそのおのおのに斧一つ、手いっぱいの子安貝を払って買いとった。

現在ここの雰囲気はかなり平和的になったようだ。はじめての気心の知れない種族のあいだで守ってきた私の原理は、ここでも正しいことが証明された。その原理とは次のようなものである。つまり、午後できるだけ遅く到着すること、贈りものを分配すること、そして原住民に強い印象を与えるために、できる場合にはいつも、こちらの力のデモンストレイションをすることである。とくに大事なのは、翌朝、原住民が気がつくまえに、できるだけ早く部落の領界から姿を消すことで、彼らと比較して、こちらが弱小であるかのような印象を与えてやるのである。次の尾根を越して、その種族の領域を出てしまえば、もう追ってはこない。そして新しい谷へ入ったら、また同じ芝居をはじめからくり返すのである。しかし酋長ワハスマとボタのこの部落で、私ははじめて居心地の悪い、ある不安を感じた、と告白せざるをえない。

しかしそれも、われわれが二頭の豚を手に入れてしまったあとでは、ダニ族古来のやり方で食事の準備をする妨げにはならなかった。数人のものが豚の足をもって高くさしあげると、矢を射るものが、三メートルの距離から豚を射殺した。こんどは一発でうまく心臓に命中し、動物はなぶり殺しの苦しみをまぬがれたので、私はホッとした。

ポーターが最初の豚を切り開き、内臓を取り出そうとしていると、突然、部落民が興奮してかけてきて、豚を食べてはならん、と言いだした。なぜ急に意見が変わったのか、その理由をぜんぜん言いもしないで、斧一つと貝を半分ほど、いきなりわれわれの足もとに投げだした。われわれはなんのことやら、さっぱり分らなかった。最初私は、豚は腹に子をもっているから、その分も支払え、と言っているのかと思った。私が、そうなのか、ときくと、かれらはただ黙って頭をふるばかりだ。われわれはだんだん気味が悪くなってきた。何かとんでもないことをしでかしたのかと、心配になってきた。

しかし、やがて別の部落民がやってきて、すべては丸く収まったから、安心して「ヴァム」を食べてくれ、と説明した。その間、かれらは占い師のところへ行ってきたらしい。そして何か魔力のようなものを、金を払って解いてもらったものと推測される。いずれにしても、われわれ一同はホッと安堵した。というのも、ことがおよそ宗教的慣例と関係している場合には、とくに慎重を要するからである。こうした慣習については、パプア族は何もしゃべらないし、したがって学び知ることもできないわけだ。しかし彼らはそれに従って生活している。そして原住民は彼らに特有の狂信から、外国人も同じ慣習に従って行動することを期待する。われわれの立場を難しいものにしているもう一つの原因は、パッセマ方言がわれわれのポーターの方言とはまったく違うという点にもあるのだ。

雨が流れるように降ってはいたが、われわれは魔法から解かれた豚を、例の火穴に入れて、蒸し煮にした。こんどは野菜なしである。薪が湿っていて、石は灼熱するほどは熱くならなかったので、肉は汁気がしたたるほどにはなっていたが、完全には煮えていなかった。ゲラルドと私はレバーを食べた。まことにおいしかった。

五月三〇日

一晩中、雨は激しく降り続き、そのために空気マットレスは救命ボートのように泥水にふわふわと浮いてしまった。私は起きあがって、ひどく流れこんでくる水をすこしでもほかへそらそうと、テントのまわりにわずかな溝を掘りめぐらせた。現在われわれのいるこの地点が、海抜四七五〇メートルの高山、ヴィルヘルミナ・トップの南斜面から、すでにだいぶ離れていることは明らかだから、その激しさの故に有名な、熱帯南東風の運ぶ雨が、影響をあらわしはじめているのだ。

昨晩と同じように、今日一日も騒然たる荒れ模様だった。朝のうち、悪天候がみなの意気を阻喪させた。そのため、ポーターを動かすには、彼らの裸の腹を杖でつつかねばなるまいと、何度か思ったほどである。私は長さ一二〇センチほどに折れた槍の先を杖にしていたのである。しかし夕刻には、昼間のあらゆる苦労を埋め合わす償いが与えられた。

もう一度、朝のことに戻ろう。われわれが荷物をまとめていると、もう一〇〇人ほどの男たちが、彼ら特有の姿勢で、じっとうずくまっていた。両手がうなじのところで組み合わさるように、腕を交差させて組んでいる。朝晩の寒さを防ぐには、これが最も効果的なポーズなのだ。彼らはじっと観察しながら、こうして坐りこみ、誰も指一本動かさなかった。われわれがテントをたたみはじめると、やっと一団に動きが生じた。まず酋長が立ちあがり、やがてその他のものも思い思いの方向に、つぎつぎに消えていった。ただボタの小屋には、四人のよぼよぼの老人が坐っていた。二人のまだ若い男が、音もなくうえへよじ登り、中二階に隠れた。この屋根裏部屋は円型の小屋ならどれにもついており、葦でかくされているが、外壁と三角屋根が接合する部分である。きざみを入れた太い樹が、梯子として、それにかかっている。つまり若者二人は、ここへ隠れたのである。だが、男の家へそっと首を入れてみれば、薄い床がキシキシ鳴るのが、きっとかすかに聞きとれただろう。

ゲラルドも私も、あまりいい気持はしなかった。人っ子一人いない死の静寂、小屋の壁にたてかけてある矢、弓、槍、こうした一切が何か薄気味悪かった。ここは宣教団でさえ地盤を固められなかったところだ。極楽鳥の羽根とか、豚の睾丸やシッポといった類の、さまざまなお守りが、いたるところに置いてあったり、さがっていたりする。昨日の晩われわれが食べた豚のそれも、いっしょに並べられていた。

そんなわけで、数すくないムユ族のポーターだけが頼りだ。ゲラルドはポーターに、私物の包みを開けるように命令した。不必要に重い荷を背負って歩くのを避けるためである。ゲラルドのこの考えが、当を得たものであることは、すぐ判明した。水中眼鏡だの、鏡だの、ポマードだのが山をなした。それればかりではない。ボロボロの古着さえ、彼らは相変わらずしょって回っていたのだ。古い着物を捨て、われわれから与えられた新しい洋服をきるように、ポーターは強制された。いまは辛くとも荷物を捨てることが大事なのだ。しかしこんなことをしているあいだに、賭けられたものも非常に大きかった。ポーターの荷物を点検して、ずいぶん時間を無駄にしてしまった。そのために、われわれがもっと大きな危険にさらされる可能性も、十分考えられるのだ。いずれにしても、出発を急ぎながら過した最後の三〇分のあいだに、われわれはダニ族の姿をなんどもチラチラと見ていた。彼らは、部落を取り巻く石の堡塁の背後から、まるで影のように不意に現われては、同じようにす早く消えてしまうのだった。しかも、幽霊が運びでもしたように、矢や槍の束がなくなっていた。それがなんのためであるかは、容易に推測できた。

ヒアガイマからきた二人のポーターは離れて立っていたが、その一人が、喉をつまらせたような苦しそうな声に身ぶりを混ぜて、ダニ族はきわめて悪い状態にある、と説明した。彼の話では、昨晩ダニ族は豚の肉をぜんぜんもらわなかったからだ、という。私に想像できるのは、この二人がどんな事情に関与しているのかを、ほかのポーターがひた隠しにしている、ということだけである。出発のとき、この二人を探してみると、彼らはあとかたもなく消えうせていた。彼らになにが起こったのか知らない。ただ、彼らが数日まえから、異種族のあいだで暮らして、ここの原住民にいつ殺されるか分らないという不安に苛まれていた事実は、考えてやらなければならない。私は彼らに何もしてやることができない。というのは、現在はわれわれにとっても危急のときであり、われわれ自身が逃亡しなければならないからだ。われわれの直面している敵意に満ちた態度は、ますます硬化していた。

私は二五キロの重いルックザックを肩にしていた。私はゲラルドと協定を結び、今日はポーターに二往復してもらうことにした。つまり最初は私といっしょに次の谷を横切って、すでに偵察してある部落までいき、ゲラルドは残りの荷物の番をして、ポーターの帰りを待つ。つぎはゲラルドといっしょに、もう一度荷物を運んでもらう、という計画である。だが、ポーターはこの提案に、ものすごい勢いで反対した。彼らだけで道を引き返すぐらいなら、沢山しょったほうがいいと言うのだ。彼らも、ヒアガイマの逃亡パプアと同じように、自分を歓迎されないよそ者として意識し、生命の不安を感じているのだ。それは決定的なもので、これはどうしようもない。

新しい部落へ行く途中、その部落の住民がわれわれと一定の距離を保ちながら、どの道を行ったらよいかを、遠くから合図を送って知らせるのを、われわれは幾度か観察した。

まったく謎のような世界だ。どうしようというのだろう――われわれを助けようというのか、それともわれわれを誘って罠にかけようというのか。いったい本当は誰が誰を恐れているのだ。この辺のパプア族は、白人を相変わらず大魔術師だと思い、われわれの服を槍や矢に対しては絶対安全なものと思いこんでいるので、私は大いに安堵した。つまりここでは、われわれ以上に強い者は誰かを考える必要がないからである。しかし彼らが数の優勢をたのんで攻撃をかけてきたら、われわれとしては為す術がない。彼らはわれわれをまったく別の方向に連れていこうとしているのかも知れないし、またどの道が死の陥穽《かんせい》につながるのか、知りようもない。このことが、われわれをひどく疑心暗鬼にした。このような状況のもとでは、チベットの北チャンタン地方で盗賊にあった経験が役に立つ。つまり、ひとの忠告に頼らず、自分自身の本能だけに従うことだ。

午後になってすぐ、われわれは直接戦争の脅威におびやかされている地域を出たことが明らかになった。一つの渓谷の縁に立って、ゆっくりそれをおりてゆくと、藪や樹のうしろに、はじめて二、三人の少年が姿をみせ、やがて男たちも現われた。彼らはすこしも敵意らしいものを見せず、しばらくわれわれについてきた。そして子安貝をすこし儲けようと、たちまち荷物を背負ってしまった。

　われわれはサメナージェ川に着き、堅牢な蔓草の橋を渡った。私はルックザックなしでも汗をかいた。われわれは向こう岸についてから、四〇度もある急傾斜をよじ登らねばならなかったが、そのとき、私はまた負傷した膝に非常な痛みを感じた。もう一方の脚も別の橋を渡るときに負傷していた。私は二本の丸太でできた橋のまんなかで倒れ、ゴツゴツした樹で脛の骨のところをずうっと擦りむいてしまったのだ。

細いつり橋を渡る

　ゲラルドと私は、ひたすら道を急いだ。ポーターは、最初から連れてきたムユ族のものは別として、実際には部落に着くたびに入れ代っていた。問題はわれわれの役に立つ人間をいつも確保することとなのだから、これは、われわれにとって別に迷惑ではなかった。

　たちまちパッセマの境に近づいた。さらに、橋のない谷を一つ、パッセマ最後の部落を一つ過ぎると、道は、イラガ地方と同じような苔の森とぬかるみを通って、数時間の登りが続いた。一時間一時間とわれわれのグループは数がへり、たえずポーターを後に残して進み、その荷物を他のものに分配しなければならなかった。私もずっとまえから、またルックザックを自分でしょっている。

　ついにパッセマ地区を後にしたときには、ほんの少人数の一隊になっていた。蔓草でたがいに結びつけられて、死者のさらし台がいくつも立っていたが、これは、復讐の戦闘によって大勢のパプア人がこのあたりで命を失ったことを物語っていた。まだわれわれのもとにとどまっている少数のパッセマの者は、恐ろしそうにそれを見ると、いまにも逃げだそうとした。私にはもう、皆にショウでも見せてやるほかには、方策がなかった。私はできるだけ乾燥した木を選び、ゲラルドはわれわれのたった一丁の銃に装塡して、二回この木を射つと、木は砕かれ、無気味に澄んだビュンという音とともに、あたりに飛び散った。パプア人たちは最初はひそひそ話しあっていたが、銃声がすると、たちまちジャングルの茂みに身を隠し、いつもの敏捷さに似合わず、脛の骨をぶつけるほどあわてた。しかしすぐまた這いだしてきて、メチャメチャになった木を眺め、うれしさにまったく興奮しきって、親指の爪でペニス・サックをはじいては、はねまわった。まだ全部で七人残っていた。彼らは、イェスゥ谷の最初の部落へと一時間半の下りを、われわれと共にした。

　遠くのほうから、もう部落民の「ナブラワ、ナブラワ」という叫び声が聞こえた。それはこの辺で広く行なわれている歓迎の叫びであるが、パプア族のこの喚声は、おびえたような響きをもっている。それでこの声を聞くと、われわれまで気が重くなってしまう。いままで通ってきた数多くのパッセマ部落、四〇ものさまざまな村におよそ二〇〇〇人もの人口をもつパッセマで、われわれはしばしばこの叫び声を聞いてきた。それを聞くと、われわれはもう平静ではいられないのだ。ただ慰めといえば、ここイェスゥ谷には、ほんのわずかの小屋があるばかりで、われわれを威嚇するように優勢だと思われた人数も、小さな集団にすぎなかったようである。

　いくぶん安心して、われわれは眠りについた。バリエム川はすぐ近くにある。したがって私の考えでは、バリエム上流の通行不能な巨大な突出部を、パッセマ地方を通って、大きく迂回したことになる。すでに三日を要しているが、直線距離にすれば、ほんの数キロメートルきただけである。苦しい行軍の連続だったこの一週間の成果は、直線距離で計れば、だいたいのところ八ないし一〇キロメートルを出ないだろう。

五月三一日

現在われわれは赤道の南、緯度にして、わずか四度のところにいる。したがって昼と夜は一年を通じてほとんど長さが変わらない。朝は規則正しく六時すこしまえに明るくなり、いったん日が出ると、太陽はたちまち高く登ってしまう。

今朝の日の出もそんなふうだった。われわれが最初に聞いたものは、例によって、子供と豚の声であった。間もなく大人たちも二、三人現われて、テントの周囲を、こっそり歩きまわっている。なにか悪企みがあってやってきたのではなかろうかと、私はまた疑ってみた。しかし好奇心から、もうじっとしていられず、こんなに早くからわれわれのところへやってきたのにすぎなかった。

ダニ族の男は徹底的に怠けものであり、ただのらくらして、女の働くのを見ている――私はいままでそんなふうに観察し、それをくりかえし述べてきたが、それは日常生活のこまごました仕事に関してだけのことであるのが、やっと分ってきた。原始林の一部を開墾するといった大仕事をやらなければならないとなると、男たちは非常な熱心さと驚くべき力で働きだす。彼らは山の斜面に段々畑さえ作ってしまうのだ。しかし一方、移植したり、種を播いたり、刈り入れをしたりといった畑仕事は、女の手にゆだねられる。女たちは、こうした仕事では、まことに手早く上手である。このように畑仕事が女にゆだねられる点では、多くの未開民族のやり方と一致している。つまり、女は母として生産の担い手であり、したがって、種まきや刈り入れという農耕生産も彼女たちにゆだねられるのである。女が働いているあいだ、その夫はいつも武装して、そばで見ている。藷が掘られようが、作物を入れた重い網が部落に運ばれようが、男はいつも疑い深く、矢の束と槍とを手にして、いつ現われるかもしれない敵に対する防御の構えを解かない。なんといっても女は男の最も高価な所有物であり、しかも女泥棒は日常茶飯事のことなのだ。

おそくても半時間のうちには、出発することになろう。部落民は彼らの最もよい面だけを示し、われわれに、ありあまるほどの甘藷をふるまってくれた。

ワメナで打ち合わせた通り、われわれは七時にトランジスター・ラジオをつけて、明日は飛行機による食糧の投下を期待できるかどうかという報知を聴こうとした。しかし、こんなことははじめてだが、どの局の放送も全然はいってこない。

私は荷物をまとめねばならない。ポーターたちは、すでに出発の準備を完了している。

六月一日

昨日われわれはレコードを作った。出発直前、あとから加わったポーターが、またしてもみな逃亡してしまったが、それでも新記録をたてたのだ。私はパッセマのもの全員に報酬として鉄製ナイフをやると約束した。そして自らルックザックをしょって、出発した。が、まだ一〇〇メートルと行かないうちに、かなり若い男たちの一団が突然現われた。私はルックザックを渡し、けなげなムユ族のポーターからも荷物をとってやることができた。彼らだって、すこしは休養をとってもいいはずだ。

道は相変わらず登り下りが続き、谷また谷が並んでいた。バリエム川は三日のあいだ、まえにも述べた突き出た山塊によって隠されていたが、それがふたたび視界に入ってきた。谷の向こう側にはたえずムー山が望まれた。ひときわ秀でたその姿は、数日来われわれに強い印象を与えていた。谷の北側から、壮大で美しい滝がバリエム渓谷に落ちている。数キロ離れてはいたが、白く泡立つ水は肉眼でも見える。それで滝の高さは二〇〇メートルはあるな、と私は見つもった。この滝を見ていたら、いつか一度大きな滝を発見したいと願っていた若くて勇敢なマイケル・ロックフェラーのことを思い出した。それで私はこの滝を、ひそかに「ロックフェラーの滝」と命名した。

地図のうえでは、今日はわずか五キロ進んだにすぎない。しかしこのように高低の烈しい地域では、それでも断然レコードである。つまり事実上は、すくなく見つもっても二〇キロは歩いているからだ。その間、われわれの通過した部落の数はごくわずかである。それらの部落は、どれも悲惨といってよいほど貧しかった。

われわれは九時間ものあいだ、ほとんど休みなく行軍した。そして五時ごろ、一つの部落に到着した。この部落の位置は、飛行機から食糧を投下するには、好都合のように思われた。しかし事実は、好都合どころか、むしろぶっそうなくらいである。二二軒ある小屋には、二人の老人をのぞいては、人間の姿はまったく見当らない。そして老人は、言葉もなく、不信をむきだしにして、われわれを観察している。そのほかの部落民は、夜になっても消えうせたままだった。

今日は飛行機がきて、郵便物や食糧を投下するはずである。ひょっとすると、この見物が、逃げた部落民を誘い寄せるかもしれない。私はこの部落で日記を書きながら、ホーランディアとワメナの間の無線通話がはじまるのを待った。われわれは送信機を持っていないから、ホーランディアの放送を聴くことだけが頼りである。そうしているうちに南海岸のメラウケの放送にダイヤルが合った。ここからの放送では、われわれを迎えにくるはずの船がアガツを出帆したかどうかを知りたいと思った。

バリエム渓谷の激しく流れ落ちる勾配は、ここではもう見られない。奔流は終わって、一様にゆったり流れる川となり、その中には小さな島や、支流から押し出されて流れにまで達している扇状地がある。

この探検をはじめるにあたって、ゲラルドは非常に悲観的であったが、昨日一日が大変上首尾にいってからというもの、彼もあまり悲観しなくなった。途中からワメナへ帰るなどとは、もう言わなくなってしまった。われわれの計画は、いったん次の谷まで進出し、さらにバリエム川沿いに行ったほうがよいか、それとも南へ峠を越えてバリエムの支流に出たほうがよいか、この点をその谷から偵察しようというものである。この部落であった二人のパプア老人の一人は、モッパ川へは三日で行ける、と話してくれた。モッパの川沿いには人間が住んでおり、これもバリエム川に注ぐのだそうだ。

地質学者は、バリエムの谷の航空写真に基づいて地質学的には古生代であると推定し、地図にもそのように記入している、という。これはゲラルドの話である。しかしゲラルドの考えでは、これは誤りであるかもしれない。というのは、昨日、彼は赤い沈泥石を発見したからである。この石は、なるほど大部分が、古生代後期のものであるかもしれないが、しかしここでは中生代初期に帰すべきだろう、というのだ。

今朝八時すこし過ぎに、トランジスター受信機が突然ピーピー鳴りだし、次のような声をきいた。

「ハロー、ハロー。ハラー探検隊へ。供給物資の投下は、九時から一〇時までのあいだに行ないます。どうぞ、すぐわかるように煙をあげて下さい」

われわれはヨーロッパから持ってきた黄色の細長い布を、ただちに標識として広げ、焚火をつけると、湿った薪や葉をくべて、あおりたてた。こうして、もうもうたる煙がおこった。煙の筋は、まっすぐ空に舞いあがった。焚火に薪を加えるためにムユ族一人をそこに残しておいて、ほかの者には、投下予定位置に生えている二メートルもある野生サトウキビを踏みならさせ、あるいはナタで切りたおさせた。

私はカメラをもって、部落のはしからはじまる斜面を登った。上に着いたときには、もう一〇時になっていたが、まだ何も見えなかった。広大なバリエム渓谷のどこかで雷雨がおこり、飛行機はホーランディアとワメナの間でそれに見舞われたのではないかと、私はもうそんなことを心配していた。しかし、われわれのいるところは理想的な気象状況である。北のほう石灰岩の尾根のむこうにも、積雲は一つも走っていない。谷の底には薄い霧がかかっているが、しかしここでは、これ以上はのぞめないほどの上天気であった。

私は爆音をきいた。しかし姿は見えない。やがて突然ずっと下のほう、バリエム川のすぐ上に飛行機を認めた。それは小さな黄色い玩具の鳥のように、われわれの南にある山塊に近づいている。とうとうパイロットは煙を発見したらしい。飛行機は旋回し、たちまち尾根のうえへと上昇し、それから正確にわれわれのキャンプへと飛んでゆく。もう一回ためしに旋回してから、飛行機は機音を下にして高度をさげた。最初の二つの荷物が空中に放りだされるのが見えた。続いて三番目の荷物を落とすと、飛行機はもう一度旋回し、さらに二つの荷物を地上に向かって投下した。

すべてが驚くほどうまくいき、秩序だっていた。五個の荷物のうち一個だけが、踏みならした投下地点をはずれたが、この荷物も皆で探し、一五分後にはサトウキビのなかで発見された。残念ながら郵便物は入っていなかった。たった一通だけファルク博士からのがあった。それには、政治情勢がいくぶん改善された、と書いてあった。オランダ軍とインドネシア軍は、近い将来、会談する意志があるらしい。われわれにしてみれば、このことは、南海岸のボートを期待する確実度が、かなり増したことを意味する。

いま一一時すこしまえである。数分で出発の準備は整うだろう。部落の住民は相変わらず全然姿をみせない。粘土を身体にぬりたくったガニ股の男二人だけが、うろうろしては、疑い深そうにこちらを見ている。しかし、男の小屋の屋根裏ではガサガサ音がしている、他の者がそこに隠れていることは、わかっているのだ。わずかの距離でもいいから、追加のポーターが欲しかったのだが、この希望も、そんなわけでかなえられなかった。この部落の人たちはたいそう貧しいから、荷物をかつぐには文字通り弱すぎるだろう。そこで、さっき投下された補給食糧から、一番悪い米五〇キロを取りのけた。しかしそれでもまだポーターには十分ではない。彼らにもう一度往復してもらうよりほか、しかたがあるまい。ゲラルドはムユ族を連れて次の尾根にある峠へむかい、私は六個の荷物と、ここに残った。

苦しい四時間だった。ゲラルドとポーターが部落を出るか出ないかのうちに、私の周囲に動きが起こった。ほとんど音もなく、いずれの場合にも無気味な動きである。男たちは背をかがめ、小屋から小屋へと、こっそりしのんでゆく。明らかに何かを相談するためだ。ゲラルドは一丁きりない銃を持っていってしまった。まったく無防備のまま、この音もなくかすめすぎる姿に取りかこまれて、私はひしひしと不安を感じた。それは突然襲ってくる不安ではない。どうしてよいか分らないほど、ゆっくり這いのぼってくる不安だった。私は用心のため、矢と槍がかかっている小屋の壁を背にして、位置した。このように立って、私は、それが何であるかわからないまま、なにかをじっと待った。

小屋の隙間や藪の陰から、無数の両眼がこちらを見ているのを感じて、私は、本気ではなかったが、一方の手で槍を、一方の手で矢を束から抜きだし、私でもこういう武器の使いかたぐらいは知っていることを、皆にみせてやった。私の神経は極度に緊張していた。というのも私のまわりの動きを一つも見のがすまいとしたからである。どんな動きも、危険、いやそれどころか死につながる可能性があるのだ。四時間後、ムユ族のポーターが戻ってきたときには、思わずホッとした。彼らもパプア族ではあるが――私にとっては、一人でいる危険から私を救ってくれる友人だからである。だが彼らにしても、あまりいい気持はしなかったに違いない。後になって話してくれたことだが、彼らも、峠から部落までの今日の道のように、われわれの護衛なしで彼らだけで歩くのは二度と御免だそうである。

夕方になった。雨のジャングルと苔の森を通って、四〇〇メートルも続く長い急な登り道を過ぎると、二軒の空き家のある耕地が見つかった。そのまん中をつらぬいて、小川が流れている。われわれが着いたときには、川の向こう岸に、ゲラルドがもうテントを張りおわっていた。ひっそりとした、景色のよいキャンプで、ムユ族もそれを楽しんでいる。やっとのことで、部落民の抱く敵意を恐れる必要がなくなったのだ。それなのに、ポーターたちは、誰もいないこんなところでさえ、甘藷二、三本を盗むこともしなかった。パプア族は所有財産については特別な感じ方をもっていることを、私は改めて確認した。戦争になれば、彼らは互いに盗みあい、略奪しあうのに、平和時には、果物一個でさえ、ひそかに持ち去ることもできないのだ。

しかし、昨夜われわれが一晩をすごしたあの無愛想な部落へ、もう一度、戻ってみようか。残念なことをしたと思うのは、投下嚢の中身きり持ってこられなかったことである。というのも、ポーターのためには、つねに一グラムでも重量を軽くしなければならないからだ。われわれは、ぜひとも必要とする袋を、部落に残してこなければならなかった。その他の荷物も、一緒に大急ぎでまとめると、大よろこびで、この不親切であからさまな敵意を示す部落を、無事に逃げだしたのだった。部落民も同じようにホッとしたことと思う。われわれが彼らに対して不安を抱いたのと同じように、おそらく彼らもわれわれに不安を持ったのだろう。なぜなら、われわれがまだ数百メートルと遠ざからないうちに、男、女、子供、そして豚に対する禁足令が解かれたからである。彼らはガヤガヤ騒ぎながら、小屋のあいだの広場に群がった。そして、後に残してきた麻の袋と二、三キロの米のまわりに歓声をあげて駈け寄るのが、遠くからも見えた。彼らには、われわれは魔法使いのように映ったに違いない。なにしろ、部落を出て行くときより、着いたときのほうが、荷物がすくないのだから。しかも些少ながら部落民に物を残していったのだ。それも、彼らが生涯にまだ見たこともないような物をだ。

とにかく、われわれは邪魔もされなかったし、こうして生きてもいる。同じ道を戻るのは、もちろんもういやだ。いまはただ前進あるのみだ。

私が峠の頂上へつくと、ゲラルドはさらにポーターを督励して、次の休憩地へと進んでいった。私はまた後に残って、数時間、ここにおろされた荷物の番をした。この間を利用して、私はシャクナゲの花を二、三種集めたり、肉食植物の写真をとったりした。そうしていると、小さな黒い蛇に出会った。蛇は明らかに私を攻撃する身構えで動いてきた。瞬間、私はそれを打ち殺す以外にどうしようもなかった。蛇は激しく私に歯向かってきたのだ。いずれにしても、この蛇は有毒だったかもしれない。

四時間後、ポーターは残りの荷物をとりにやってきた。彼らはもう一度あの敵意にみちた部落を臆病そうな眼で眺めた。そして大急ぎで、ここから逃げだした。私ももう一度ふりかえった。そしてふとアメリカ映画の「帰らざる河」を思い出した。私には、それがこの部落のことのように思えた。

六月二日

今日は友好的な部落を見つけ、そこに野営した。だがここの人たちは、ほとんど例外なく病気にかかっている。苺腫、つまりキイチゴのような発疹のでる熱帯性の皮膚病や、マラリアや、時には結核でさえある。

もう恐れるものは何もないはずなのに、ポーターは歩いているあいだじゅう、骨の髄までしみわたった不安が、まだとれなかった。同じ道を自分たちだけでは決して戻ろうとはしなかった。むしろ、ひっくり返るほど重い荷物をしょったほうがいいらしい。ゲラルドと私はそれに同意し、自らも重いルックザックをしょった。こうしてわれわれは、はっきりそれとは分らない道を、よろめくように前進した。われわれがいま野営しているこの部落の近くへきて、やっと道らしい道が開けた。

ここでも死のような静寂が、われわれを脅かすように出迎えた。はじめゲラルドと私は、この部落も敵意を抱いているのか、それとも原住民はまだわれわれに気がついていないのか、どちらだろうと考えた。だがそのとき突然、おなじみの「ナブラワ、ナブラワ」の叫び声がひびいた。この挨拶は歓迎を約束するものであるが、同時に不安の表現でもある。

近づいてみて、パプア族がなぜ不安がっているのか、その理由が明らかになった。のろのろ、おずおずと小屋から姿を現わした男たちは、これまで通ってきたどの部落の住民よりも貧しく、惨めで、哀れにみえた。最初にちょっと見ただけで、前にも述べた熱帯性の病気の徴候が歴然としていて、思わずゾッとした。

ここのパプア族は、われわれが敵としてきたのではないのをよろこんでくれているので、彼らと商取引きを成立させるのは非常に簡単だった。斧一振りにつき、すぐ豚一頭が渡された。そこで、すくなく見積っても二〇〇ポンドはある肉が、例の穴で、たちまち蒸し煮にされた。食事がはじまったとき、一〇〇人以上もの腹をすかせたものがひしめいており、その大部分がこの部落のものではなかったから、察するに、われわれが着いたという報せは、樹をゆすって知らせる「ジャングルの電報」によって、近在にばらまかれたに違いない。このように大勢ではあったが、「祝宴」に満腹しないまま立ち去ったものは一人もいなかった。

おそらく今日が最後の高地パプア族部落になるだろうということで、われわれの贈り物はまことに気まえがよかった。そうすることで、荷物は軽くなり、しかもパプア族の友情を確かなものにできるのだ。われわれは煙草、塩、大量の子安貝を贈った。そのお礼に女たちは甘藷を運んできた。女たちも病気にかかっていて、皮膚の発疹で醜くなっている。若い女たちは、たいしてひどくなくても、決して人前に姿を見せない。乳房は袋のように垂れさがり、かさぶたで覆われているのだ。女たちの唯一の着物はパンダナスを編んだわずかばかりのものである。女は、たえず忙しく立ち働き、甘藷を引きずって運び、あるいは八軒ある小屋の一つでいままさに息を引きとろうとしている病気の夫のことを嘆く。すこし前にも女が一人死んだに違いない。われわれのテントのそばに、まだ火が残っている灰の山が煙をたて、杭の先には汚れた「スカート」ときれいな「スカート」、古い網と新しい網がかかっていたから、それと分った。これだけが、生前、女の所有していた唯一のものであり、また死者が後に遺していった唯一つのものなのだ。

明日は通り抜けられる峠をさがし、最後の尾根を越えようと思う。それを越えてしまえば、バリエム川の描く巨大な弧を辿ったことになるはずである。われわれの前にあるのは、高地パプア族と、まだ見ぬ海岸住民との間に広がる未探検地域である。

目的地に近づくにしたがって、だんだん分らなくなってきたことだが、この島の最も有名な大河の流域をさぐり、かつ高地から海岸へ最初に抜けるという計画を、なぜいままで誰も思いつかなかったのだろうか。ゲラルドの話では、この計画は何度も考えられたのだが、結局、その困難と危険とにしりごみしてしまったのであり、それにまた、管理官は職務にしばられているから、とのことである。

昨日通過した谷の住民の言うところによると、この地区はボレロンとよばれているそうだが、このあたりでは、川はイ・バとよばれ、部落の下流には美しいしっかりした橋がある、と主張している。明日われわれの出発の際に、この部落の人たちがどんな態度をとるか、これには興味がある。彼らは、これまでのように姿を消してしまうだろうか、それとも荷物を運んで、われわれを助けてくれるだろうか。

六月三日

この最後の部落は、私がこれまで見てきたうちでは、最も貧しく、最も原始的であった。このような共同生活の人々が生きながらえ、長いあいだ死滅しないできたことのほうが、むしろ不思議なくらいだ。しかし他面において、農業収穫のきわめて乏しいこの地区の状況は、人々に医療が与えられれば、ますます絶望的なものになってしまうだろう。子供の死亡率は低くなり、たちまち人口は増加して、その結果は飢饉だ。これらの人々を治療し、同時に器具を与えて、新しい形の農業を教えてやるのでなければ、解決は与えられないだろう。そうすれば、彼らはもっと畑を耕やし、耕地面積を広げて、甘藷やサトウキビやバナナを植えることもできよう。さし当って必要な食糧の心配も同時にしてやるのでなかったら、薬品は救いにならない。われわれが着いたときの彼らの恐れが、こんなにも早く友愛に変わってしまったことの理由も、この人々の貧困にある、と私は思う。彼らはわれわれの贈り物で近隣の谷から、いささかでも食糧を買うことができるからだ。彼らにしてみれば、われわれは、彼らに好意を寄せる霊からの使いのように映ったに違いない。

われわれが彼らに与えた好印象も、ポーターの問題となると、残念なことに現実には何の変化ももたらしてくれなかった。今朝、たいていの部落でそうであったように、同じポーター問題に、また打ち当ってしまった。パプア族は逃げ隠れしないで、われわれのまわりに立ってはいたが、「どうだ」、ときくと、答えはきまって「ナノ」であった。これは「結構です」というほどの意味だ。そこでわれわれは、一人のポーターも得られないままに、出発した。しかし心の中では、しばしばそういうことがあったので、後から二、三人のものが駈けてきて、軽い荷物なら持とうと申し出てくれることを願った。しかしこの期待も結局、裏切られてしまった。しかも最初のうち、われわれは正しい道がわからず、イノシシの道を迷っていたらしいが、突然、袋小路に入りこんでしまった。そこはパプア族が用便をたすところだった。それでも彼らは決して正しい道を教えてくれようとはしないで、ただ「ナノ」をくり返し、うろうろ探し回るわれわれを放っておいた。しかし最後には、部落のうえに道を見つけることができた。

昨晩、このあたりからも二、三人の原住民がおりてきて、食事に加わっていたが、そのうちの一人は、それでもポーターを助けてくれた。しかしちょうど一時間後、一五の小屋からなる彼らの部落に着くと、彼らは皆、あとかたもなく消えてしまった。

運よく、われわれはやがて良い道を見つけた。それは尾根を進み、しばらくすると、せま苦しい抜け穴のような道になった。あまりせまくてホースの中を歩いているような感じで、ルックザックが両側の壁にぶつかったが、高さは四メートルぐらいあり、その上には草が生い茂って、まるで屋根のようになっている。ところどころ、陽がほとんど射さず、われわれが歩いている下のほうは、まったくの闇に近かった。

この道にも、次から次と難所が待ちかまえていたが、なんとか克服して進んだ。苔とビッシリからみあった根のうえを、われわれはたえずよろめきながら登って、ついに約二〇〇〇メートルの標高に達した。ここには、最近の報復戦争のときできたらしい杭の囲いがあって、前進をはばんでいる。道は完全に通行不能になっている。われわれは後戻りして、新しい踏み跡を見つけ、それをたどった。谷の下から霧のヴェールが吹きつけ、遠望を不可能にしていた。しかしこれから考えて、われわれは大分水嶺を南へ越えたものと判断した。

この地域に関するわれわれの知識は、航空写真だけに基づくものである。航空写真によって、この地域のバリエム流域には、平野はないこと、川は大きな弧を描き、石灰岩の尾根を遠く迂回して流れていることがわかっている。われわれは、この弧を直線によって切断しようとしているのだ。

モス・フォレスの中の急斜面を道はさらにくだった。三〇分後、驚いたことには開墾地に出てしまった。このあたりには人間はいないものと思っていたので、原住民の手による労働の跡をみて、びっくりしたのだ。それは林間のかなり広い伐採地だったが、人は住んでいない。そしてさらに一時間行くと、はじめて二軒の貧弱な小屋に出た。ここの住民があの畑を開墾したのだろう。

探検の全期間を通じて、こんなことははじめてであったが、今日の道程では、部落を不意打ちしてしまった。一〇歳ぐらいの男の子がわれわれを発見したが、そのときにはもう、われわれは小屋と小屋の間、すぐその下に立っていた。子供は大きく見張った眼で、われわれを見つめた。驚いてしまって、声も立てられないでいるのだ。すぐそばには、薪割り用の石斧をもった、二人の男がいた。われわれを見ると、斧をバッタリと落としてしまい、そして例の「ナブラワ」を叫んだ。彼らは二人とも、ひどく痩せていて、猫背で、病気のように見えた。しかしペニス・サックをつけているので、彼らも山岳パプア族に属していることがわかった。彼らを傷つける意志がわれわれにないことを知って、やっとホッとしたのだろう、彼らは先の道を教えてくれた。

いままでのところ、道は、尾根の向こうのパプア族とここの零落した原住民とをつないでいたのだから、とにかく通行可能であったが、やがて、それもまったく無くなってしまい、もうとても道などとよべるものではなかった。われわれは果てしないと思われるほど長い時間をかけ、とうとう甘藷、タロ藷、サトウキビ、二、三本のバナナの植わった斜面の畑へでて、そこから、やっとのことで一本の逃げ道を見つけた。

一区画ごとに、ムユ族の案内人、マンドゥアはブッシュ・ナイフをもって先行し、古くてほとんど分らなくなった道をなおし、ひどい障害を叩き切らなければならなかった。このように骨の折れるコースを通って、われわれはゾムネック川の川床に到着した。もっとも、この名前は、さっきの部落で二人の老人が、そうよんでいただけのものだ。ゾムネックの谷は落差が激しく、石はツルツル滑るので、われわれは、きわめてのろのろと前進した。川を越えてからは、さまざまな自然の障害に迂回を余儀なくされた。垂直の断崖をなして落ちこんでいる個所をさけて、われわれは、しばしばジャングルの中に道を切り開かなければならない。マンドゥアと「ヨハンネス」が先頭を交替しあった。不意に、われわれは滝のうえに立った。滝の落ち口の岩が大きく張り出しているので、水塊は何にも触れず、八〇メートルほど落下して谷底に達し、そこで打ちあたっている。マンドゥアは、向かって右の斜面に新しい道を開きはじめた。他のムユたちもそれを助けた。しかし半時間もたつと彼らは戻ってきて、そこはもう先へ進めない、と報告した。われわれが見たわけではないが、川は彎曲して、この道を妨げているらしい。とすれば、左の斜面を試みたほうが利口そうだ。カシミールという美しい洗礼名をもつムユが、山塊を越えて続いてゆく古い遺跡を見つけた。それについて進むと、一時間後にふたたび川床に着いた。谷の一方から、かなり広い別の川が注ぎ、水路を大きく広げているので、ここでは、ずっと大きな川になっていた。

そうこうするうちに、四時半になってしまった。われわれは重い荷物を背負い、九時間にわたる行軍をしてきたのだ。峠を一つ越し、ふたたび谷に着いて、いま野営する場所を探している。川床には乾いたところもあるが、ここにキャンプを張るのは危険のようだ。いつ熱帯の降雨があるかもしれないし、そうなったら、増水した川に押し流されて、一巻の終わりだ。そこでわれわれはジャングルの木を切り倒して、かなり大きな空き地を作った。もともと木にはヒルがいるにきまっているから、あまり小さくすることはできない。空き地が小さすぎれば、この生き物は当然われわれのうえに落ちてきて、例の通り人間の血を吸いつくすかもしれないのだ。

六月四日

いろいろプランをねってはみたが、昨晩は「ヒルにせめ立てられるキャンプ」となってしまった。あらゆる隙間からヒルは入りこんできて、私の蚊帳の中にさえヒルがいた。懐中電燈の握りのところにもついていて、闇の中でそれをつかんだときには、まったくヘドが出そうだった。

一晩中、雨はかすかに降り続いたが、水量はそれほど増えなかった。今朝、川に沿って歩いていたときも、うまく通れる岸をたえず物色しながら、簡単に徒渉することができた。

昨日ゲラルドは、またすこし悲観的になった。ニューギニアのオランダ人は、どうも悲観的な傾向があるように思われる。彼らは、絶対に安全と思われないことは、決してやってみようとはしない。大きな冒険を進んで引き受けようとはしないのだ。しかし今日はすべてが円滑にプログラム通り進んでいるので、ゲラルドは、また疑念をすててしまった。私にとっては、そういう彼が理想的なパートナーである。彼は私と同じように徹底しており、しかも私よりずっと慎重である。これは私にとって非常によいことだ。彼の手堅さは、どんな疑念にもまさって、貴重なものだ。それは、われわれの協同の探検に優れた役割を果たしてくれた。飛行機による米の投下を準備してくれた事前の配慮にしろ、また正確に計算された食糧のたくわえを、厳密に管理し、分配してくれたことにしろ、彼の掌中にある事柄は、どれもきちんと運営された。そんなわけで、今朝のわれわれ二人は非常に上機嫌である。ヒルのことも忘れ、蚊のことについては一言のぐち話もでなかった。

われわれの上機嫌が突然の豪雨に見舞われたときには厄介なことになった。ジャングルのまん中にキャンプを張らなければならなかった。一番おくれたポーターは、一時間も後になって、羊歯の葉で濡れるのを防ぎながら、おずおずと用心深くキャンプにやってきた。

雨が降っているにもかかわらず、飲料水はなかった。われわれはテントで雨を受け、水を集めなければならなかった。雨は非常に強かったので、水の供給は十二分に確保できた。しかし、ありあまるほど水があれば、それはそれで、また欠点にもなる。つまり、このようなビショ濡れのなかでは、火を起こすことはとてものぞめなかったし、また当分はのぞめそうもないからだ。

昨晩の「ヒルのキャンプ」に引き続いて、今日は「ヒルの一日」を体験した。このやっかいな災難の経験は、まことにひどいものだったので、いまかなり乾いたテントのなかにいても、もうヒルのことは考えたくもないし、また、それについてはほんのすこしでも書きたいとは思わないほどである。この生き物は、ときに無数といっていいほどの大群をなして、樹から落ちかかり、あるいは地面からズボンの裾の中へはいあがってくる。こんな場合には、ヒルを防ごうとしても、まったく無意味だ。逃げるにしかず、である。非常に小さく、す早いので、靴の紐を通す穴からでさえ、強引に入ってくる。ヒルの大好きな場所は耳である。とくに、髯の中によくまぎれこむが、そうなると、つかまえるのは非常に難しい。だいたいが、吸盤の両側についている歯で、いったん嚙みついたとなると、とろうとしても、とても痛い。無理に離そうとすれば、傷ができてしまう。離れるとすぐ、ものすごく血が出て、たいていの場合、たちまちひどい炎症を起こしてしまう。

川床の道で、私はフィルムに収めるのに良い場所を探すために、ゲラルドとポーターから、できるだけ先行した。それは十分酬《むく》いられた。ここの景色は自然のままの完全に無垢な美しさを持っていた。水は苔でおおわれた岩のうえを、さまざまに色を変えて輝きながら、飛瀑となって落ちてくる。くぼ地に流れこんでとどろき、力を増してくぼ地を飛び出すと、湧きあがる雲のように、大きな飛沫を投げあげる。このような激流ではあったが、運よく私は、たえず膝ぐらいまでの深さのところを見つけながら、ある時は川のこちら側を、ある時は向こう側を、いつも水に濡れて進むことができた。私は撮影に夢中になっていたので、たちまち時がたつのに気がつかなかったし、相変わらず一人でいることにも、疑念をもたなかった。私はハッとして、ルックザックを岸におろし、半時間ほど道を引きかえした。しかしゲラルドもムユたちも、足跡さえ見当らなかった。それで、彼らはおそらくどこかに道を見つけて斜面を山のほうへ登っていったのだろう、と推測した。そんなわけで、私はまたルックザックのところまで戻り、それをかつぐと、川下に向かってさらに歩きだした。私は歩きながら、なんども四方に声をあげてよんでみたが、一つも応答はなかった。正直なところ、なにか好ましくない感情がしのび寄ってきたことを、私は告白せざるをえない。ジャングルのまっただなかで、同行者を見失うことは、どう考えても苦しいことだ。ましてや食糧と装備は同行者が持っているのだ。平静さを失ってはならない、私はたえず自分にそう言いきかせた。ありがたいことに、この不安な状態も一時間とすこしで終わった。まったく不意に、二人のポーターが山腹を切り開きながらおりてくる音をききつけた。彼らは、一隊の位置と方向を私にしらせるために、ゲラルドが送り出したのであった。彼らの説明によると、私のいないあいだに、ムユ族の案内者が、私の思った通り、草の密生した道を発見したのだった。一隊は当然この道をたどった。ゲラルドは数回、空に向かって発砲し、このことを私に知らせようとしたのだが、その音も、流れのゴウゴウたるとどろきのため、私の耳には達しなかったのだ。いまはふたたびすべてが秩序通りになった。そしてわれわれは共に先へと進んで行った。もう決して一人では離れない、と私はゲラルドに約束した。

たっぷり一時間も道は急な登りになって続いた。いつまでもただ先へ進んで行くことが、事実、最善の方法なのかどうか、われわれはしだいに疑わしくなってきた。「道」などというよび名は、もうまったくのお笑い種だ。われわれは一歩ごとに苦労してたたき切り、切り開いていかねばならない。戦争や狩のとき、原住民がこの道を通ってから、もう一年にもなるように思われる。おそらく獣の踏み跡さえ、いまは問題とならないだろう。

もうこれ以上悪くなりっこない、というのがせめてもの慰めだった。事実、ひどい辛酸をなめた後、われわれは尾根に達したが、その稜線の上には、ちゃんとした道らしいものがあった。やがてその道はゆるやかにくだって、ふたたび谷底に着いた。川に出て、われわれは小休止した。雨が降りはじめた。

雨が小やみになったので、われわれは出発した。行く手に大きな地すべりがあったので、濡れないで渡れるかもしれない、と思った。たしかに、その通り、半ばうまくいったが、山崩れの泥沼と丸石をおよそ過ぎようとしているところへ、こんどは豪雨がはじまった。はるか彼方に、とうとうパンダナスの小屋を見つけた。熱帯特有のものすごさでバラバラと降り注ぐ雨から、この小屋は安全に守ってくれた。

だが、この小屋でも小休止をしただけだった。雨は流れるように降っていたが、飲料水と炊事用の水はどこにもなかったからである。

今日われわれは、平均すると、一時間にせいぜい半キロ進んだにすぎない。下りはもうすこし速かったが、上りはどうしても遅くなった。現在野営しているところは、標高わずか八八〇メートルである。したがって二日間で一〇〇〇メートル以上くだったことになる。明日はバリエムの下流渓谷まで、さらに七〇〇から八〇〇メートルはくだらなければならない。バリエム川は、そこではカタリナ川とよび名を変えている。低くなればなるほど、やさしい斜面を期待することができるが、これはなんといっても、ありがたいことである。

六月五日

今晩も夜通し雨が降りつづいた。われわれのキャンプを覆う大きな樹の茂みの間から、目が覚めているとき見たわずかばかりの空は、厚い雲に包まれていた。この辺りの樹は、互いにびっしりつまって生えているので、梢のうえでいくらかでも太陽をつかもうと思えば、いわば競って上へと伸びなければならない。このことは二、三本のパンダナスに、はっきり見てとれた。パンダナスのあるものは、光の方へ伸びようとして、本来なら根の生える三角にふくれた部分が、地上一〇メートルのところまで持ちあがっている。オークや、流れにそって繁茂するカズアリーナという針葉樹も、光を求める必要上、とても本当とは思えないほど高く生長している。その梢には、無数のさまざまな鳥がすんでいる。明るいクリーム色をしたものから、光線の加減でさまざまに色が変わるものまで、いろいろな種類のオウムがいる。締めつけるような静寂の支配する夜、こうした鳥の声であろうか、呻くような叫びに、私はふと眼を覚ました。その声は、ただならぬ不安な響きをもっている。ひとしきり啼くと、やがて静まったが、そのあとには、ふたたび底知れない夜の沈黙があった。

なにもかも濡れているので、今日は出発するまでに、ずいぶん長くかかった。やっとのことで火をおこし、ムユ族のために米を炊き終わったときには、もう一〇時になっていた。昨晩は火を燃すのに、大分むだ骨を折っていたが、今朝も彼らは二時間もかかってやっと火をつけた。彼らはあらかじめ一時間も米を洗っていた。きっとヨーロッパ人がそうするのを見ていたのだろう。ヨーロッパ人からこうした無意味なことをまねて、なにか特別なことでもしていると思いこんでいるのだ。

われわれのムユ族は、本来みな、きわめて気持のいい、人助けをいとわない若者である。これまで私の見てきた他のパプア族と、彼らはほとんど違わない。あまり大きくはなく、横にひろがった鼻をして、たいてい反りかえった唇と、ちぢれ毛をもっている。しかしムユ族は、体力的にはもともと、ダニ族やウフンドゥニ族よりずっと弱い。それでも彼らは卓越したポーターであって、すでに多くの探検に参加し、ポーターとして高名を馳せている。彼らの忠実さは、自分の素質というより、むしろ苦難によってたたきあげられたものだ。つまり、このような探検においては、彼らはつねに、敵意を抱く種族が居住している未知の危険な地域に入ってゆく。もし一つの部落からのがれたとしても、おそらく次の部落では殺されてしまうだろう。これらの若者は、それをわれわれよりずっとよく知っている。それで彼らは、いつもトゥアンのそばにくっついて、忠実におとなしくしているのだ。しかし、故郷の広野にいれば、彼らを監督するのは、袋の中でピンピン飛びはねるノミを監督するよりむずかしかろう。ちょっとでも目を離すと、彼らは稲妻のように姿を消してしまう。彼らは、自分の時間を自分で勝手に決めるのが好きだ。しかし長い距離を走るのは、まったく彼らの趣味にはあわない。ゲラルドが一人に、警備官になりたくはないか、と聞いたら、ムユの答えはこうだ、「給料はいいし、食いものもいい。だが駈けてばかりいるんでは、俺はいい警備官になれやしない」彼は毎日のパトロールのことを考えているらしい。こればかりは、どうにも魅力的とは思えないようだ。

もしダニ族やウフンドゥニ族を、飛行機に乗せてポーターを必要とするところへ連れていけたら、これは理想的だろう。彼らはたしかに最上の随伴者である。なるほど彼らにも、他の種族と同じように、利口もいれば馬鹿もおり、不忠実なときもあるし従順なときもある。しかし他の種族に較べれば、ずっと頑強であり、すぐれた能力がある。もちろん原住民を使う場合には、その能力を正確に知っておく必要がある。さもないと、能力を越えて、彼らに探検の指導者などという無理な要求をする危険も生じてくるのだ。彼ら自身は、自分の力の限度を評価できないのだから、どんな命令にも抵抗しないで従ってしまう。だから、彼らにあまり不当な要求をしないよう、誰かが注意してやらなければならない。でないと弱い動物のように、彼らは死んでしまうだろう。

今日もまた、われわれは大きな成果をあげた。われわれは、川のうえ約五〇メートルのところにあるテラスに、キャンプを張っている。高度計は海抜六四〇メートルを指している。われわれは朝一〇時ごろやっと出発し、途中で小休止して、四時にはもうこのキャンプに着いていたはずだから、短時間のうちにすばらしい能率で歩いたわけである。しかも、途中で石灰岩地帯の荒原を横断したあと、さらに、筆舌ではつくせないほど密生したジャングルに出会った。ゲラルドは、もうだいぶ神経を高ぶらせていた。しかし彼はなんとか自制することができた。夜になって、今日の好成績を確認すると、笑顔をとりもどし、たちまち楽観的になってしまった。

われわれは小さな川を二つ、やや大きい川を一つ渡らなくてはならなかった。そしていまわれわれがいるキャンプのすこし手前で、流れは、深く狭い石灰岩の渓谷の中へ消え、そこで高さ約八〇メートルの滝となって、荒れ狂いながら落ち込んでいた。われわれは、この滝も越えなければならなかった。

キャンプは現在、密生したジャングルのなかにある。キャンプを張るに先立って、まわりにある樹が腐っていないかどうかを、慎重に調べた。腐った樹がキャンプのそばにあると非常に危険だからである。というのは、ひょっとして夜にでも、その一本が倒れると、それが他の樹もいっしょに倒し、次々と連鎖反応を起こし、ついには大災害になるといった可能性があるからだ。もっとも、原住民が開墾をする場合には、こうして次々に樹を倒してしまえば、大へん労働の節約になる。

われわれは、めったに川を見なかった。しかし生い茂ったジャングルのうえには、もう尾根はほとんどなかったから、高い山の地域からは出たらしい。そのかわり、やがて、別のものを発見した。貧弱な道が、パンダナスの葉で葺いた小屋のそばを通り過ぎた。その葉はまだ青味がかっているから、最近一、二カ月のうちにできた小屋だろう。われわれの糧食はとぼしかったが、やがて人間の住んでいるところへ着けば、なんとかなるかもしれない。空想力は、すでに豚祭りを思い描いている。半時間後、最初のサゴ椰子に出会った。ムユ族は小躍りしてよろこんだ。とうとう彼らの大好物、サゴをまた見ることができたのだ。ムユの故郷、タナ・メラではサゴが主食なのだ。人間が暮らしているというこのような証拠に加えて、さらに野生のバナナが数本あって、いっそうよろこびが増した。もちろんバナナの樹は一つも実をつけていなかったが、それでもポーターとトゥアンの気持を高揚させるのに役立った。間もなく最初の海岸パプア族に出会えるかもしれない。

六月六日

地面がひどく汚れていたので、昨日の晩ムユ族は、ゲラルドと私のために、丸太や棒を組んで、小さなテラスを作ってくれた。しかし残念ながら、この安楽も長続きしなかった。やっと睡りこんだころ、根太が折れて、われわれは泥の中に放りだされてしまった。未知のジャングルを行く途中での、ごく些細な出来事であるが、あのときのことを思い出すと、笑いが止まらないほど、おかしくなってくる。

六月七日

すでに暗くなりはじめている。もうあまり時間もないので、重要なことだけを書きとめる。

昨日、テラスのあるキャンプを出てから、一五分ほどは、道らしいものがあった。しかしその後は、それさえまったく無くなってしまった。ジャングルのなかに石灰岩の深い窪地がある。斜面に道を切り開きながら登らなければならなかった。ついに三〇〇メートルほど登って、ふたたび標高九〇〇メートルに達した。その間に午後になってしまった。こんどは逆方向に、斜めにおりられる道はないかとさがしてみた。というのは、われわれの進む基本的な方向は南東であるのに、そのときは結局、西北西に向かって歩いていたからである。

急に日が暮れて、山腹に野営せざるをえなくなった。ここはあまりうれしい場所ではなかった。なによりも嫌なのは、いつものヒルがうようよしていることだった。とくにムユ族は下からヒルに悩まされた。彼らはいつも裸足で歩いているからだ。ムユ族は、このヒルに対しては、まことに効果満点、ききめ保証つきの防御法を知っている。つまりブッシュ・ナイフを手にとって、その刃を使って、いとも簡単に掻き落としてしまうのだ。

このキャンプも、ひどいぬかるみにある。皆みじめな気分だった。とても言葉などでは言い表わせない。しかししばらく探すと、水だけはいくらか手に入った。流れるようにいくらでも降っている雨水とあわせると、われわれ全部の米を炊くには十分の水がすぐに得られた。

ほとんど睡れないで一夜をあかした。今朝は、水がないので朝食もとらずに出発した。約一時間歩いて、われわれはゾムネックの大きな支流に達した。一見して、本流と同じぐらいの水量で流れている。ここでひと休みして朝食をとった。

とうとうわれわれは、六〇メートルも高さのある石灰岩の岩壁を越えて、二時間もかかって、川におりることができた。その前に、川下から川上にかけて、つかまりながらでも下りられそうなところを探したのだが、無駄だったので、ついに決心し藤蔓でなわ梯子を作り、それを伝っておりたのだ。やっとの思いで川岸に立ったときには、もう昼になっていた。

川床のおよそ二〇メートル先に、すばらしいテラスを見つけ、まず食事の支度をした。食事が終わるとすぐ、ムユ族は大きな樹を次から次と切り倒しはじめた。つまり、大きな樹が一本でもうまく倒れて、その先が向こう岸へかかれば、と考えたわけである。そうなれば橋ができるのだ。しかし樹はすべて、向こう岸にとどくまえに、激流にうたれて飛ばされ、樹冠は流れの強い圧力に洗われた。結果は不成功に終わったが、ポーターたちの働きはめざましかった。直径二メートルもある樹でさえ、ものの三〇分とはかからなかった。もちろん、川床を越してうまく倒れそうな樹を物色してから、かかるのだが、幹の半分も切り終わらないうちに、倒そうとしていた。

これがみな役に立たないとわかると、ムユ族たちは流れの中にある岩のうえへ小さな岩塊を次々と投げこんで、急造の橋を作ろうとした。これも最後の一〇メートルのところまではうまくいった。しかしその先は流れが強く、丸い小さい石のうえに立つと、ポーターでさえツルツル滑ってしまうので、この計画も放棄せざるをえなかった。さらにもう一つ、のぞみのすくない最後の試みは、倒れた巨木を使って、なんとか向こうへ渡ろうというものだが——この企ては当然中止させた。明日の朝になって、水位がすこしでも下がったら、橋を架けるのに成功するだろう、ということが一縷の望みだ。

われわれのいるすぐそば、東の方には、もう一本の水晶のようにきれいな小川があって、この川に流れこみ、石灰岩をけずって深い渓谷を作っている。高いところを歩いていたとき、われわれが巻いてきたのは、おそらくこの渓谷だろう。

昨日と今日で進んだ距離は、回り道や、上り下りがやたらに多かったので、ほんのわずかだ。現在われわれは標高四〇〇メートルのところにいる。まあいい方だろう。川はいつかは海に流れこむのだし、いずれは海抜〇メートルになるわけだ。標高四〇〇ということは、間もなく山岳地帯の南縁にたどり着くだろう、ということだ。海抜およそ二五〇メートルぐらいになれば、川は平野に入るのだ。ここから海まで行くには、なお二〇〇キロは克服しなければならない。

食糧の貯えはもうあまり多くない。米と缶詰はまだきっちり六日分は十分だ。今朝ゲラルドは、ムユ族たちが夜中ひそかにコーンビーフと魚を二缶ちょろまかし、食べてしまったのを見つけた。そこで彼らは、明日は米と砂糖と塩だけしかもらえないだろう。ゲラルドが、ずっと先まで見越して、長い間きちんと守ってきた割当ては、この盗みのために、めちゃめちゃになってしまった。したがって今後は、いっそう配給をつめなければならないが、それもやむをえないだろう。

六月八日

朝、薄暗いうちから、もう起きあがった。ムユ族の一人に朝食の支度をするように命じておいて、他のものは全員、斧をもって川へいった。大きな樹を切り倒し、川に横たおしに落として、橋にしようと試みたが、やはり失敗だった。昨日と同じように、流れのなかにある岩にぶつかると、樹はその大きな重量のために粉々に飛び散った。そして向こう岸にとどくにはどうしても一〇メートルほど足りない。そこでムユの二人は、他に何か方法はないかと川上のほうへ探しにいったが、結局、肩をすくめて帰ってきた。川下のほうは、すでに見たように、いたるところ垂直に切り立った岩壁に妨げら

橋を作るのに2日かかった

れている。

　そこで、まったく別の方法でやってみることになった。岩と岩の間に小さな橋をいくつもかけようというのだが、これは根気のいる仕事だった。ムユたちは、荒れ狂う流れにかこまれながら、驚くべき才能と勇気で仕事にあたった。ゲラルドと私は、そのあいだ、用心深く水位を観察した。山岳地帯では熱帯の豪雨がいつ洪水を起こすかわからないからで、そうなると、六メートルも増水して、水は下流へ突進しポーターを一人残らず運びさってしまうだろう。ありがたいことに、雨はこなかった。そして、二、三時間後には、ついに最後の樹が向こう岸へがっしりと渡された。さらに二本目の樹が、それを補強した。こうして昼頃には、まだ弱い橋のうえを腹這いになって、最初のムユ族が渡った。ポーターたちはドッと歓声をあげた。そしてみんな、たちまち渡ってしまった。

　橋が安全になるまで補強されているあいだに、ゲラルドと私はキャンプを撤去した。そして一時間後には荷物を全部持って、われわれは激流を渡った。ムユ族は荷物をかついでいるのに、まっすぐ立ってバランスをとりながら樹のうえを渡っていたが、ゲラルドと私は荷物もないのに、四つん這いになって進んだ。

　この渓谷を去るころ、天気が急に変わり、雲が裂け、太陽が温かに気持よく渓谷を照らした。悲しいかな、対岸にも垂直に切り立った石灰岩の壁があり、長い間迂回の道を探し回らなくてはならなかった。

われわれはこの壁を登りつめて尾根に出た。そしてついにまた、はっきりそれとわかる道を見つけた。

ムユ族の道案内マンドゥアが先に進んで、必要なところは樹や草を切りはらい、道をつくった。こんなふうで、しばしば渋滞したが、それでも驚くほど速く前進した。二時間して、突然ジャングルのまんなかにある空き地にぶつかった。ムユ族はじっと立ちどまって下を向き、不安のためか、おとなしくなってしまった。おそらく部落の境界を示すものだろうが、「霊の柵」が設けてあって、彼らはその先へ進むことができないのだ。彼らを勇気づけるために、私が一番先に進んだ。やがて人の住む小屋が四軒あった。しかし原住民はわれわれを見ると、ひどい恐怖に襲われ、その瞬間、もう森へ駈けこんでしまった。それで、小屋の様子を詳しく観察することができた。料理用の穴や炉があるところから、この住民も高地パプア族に属するものと推測された。壁には古い石斧や、たくさんの弓、無数の矢がたてかけてあった。住民は稲妻のようにす速く逃げてしまったので、武器をとる暇さえなかったのだ。火も燃えたままになっていた。小屋は、温順な南の気候にあわせて、非常に通風がよくできている。全体として、耕地や住居は、きわめて原始的である。わずかばかりの甘藷もみられたが、切り倒された樹のあいだに蔓を這わせている程度だ。ところどころに、バナナの樹もあった。

わたしは、しばらくここにいて、甘藷で空腹をみたそうと、ゲラルドを説得したが、彼は先へ行きたがった。この点、ムユ族も同じであった。

そこでここには、いつまでもとどまらないことにして、前進を続け、二番目の空き地までできた。原住民はここもまだ開墾していないらしい。ここでも休憩しなかった。道はますますきれぎれになる。ここに住むわずかばかりの人々は、巨大なジャングルの中の孤島のような空き地で、隔絶した生活を営んでいるのだ。途中でムユ族がニーブン椰子を見つけた。この椰子の芯の部分、まだ葉にならないところは、非常においしそうだ。

この辺の土地は、どこまでいっても石灰質であり、したがって水にとぼしかった。水のないところに野営することになるのかと、それが心配だった。だが五時ごろ、文字通り最後になって、鍾乳石のできた溝のなかに、小さな川があった。

長さが一五メートル以上もある葉をつけたものすごく大きなサゴ椰子が二本、われわれのキャンプのすぐそばに立っている。しかしムユ族の説明するところでは、この椰子にはみな所有者があるので、とるわけにはいかないのだそうだ。仕方がないので、その埋め合わせに、彼らは化け物のような熱帯の昆虫をとりに出かけ、それをキャンプの焚火であぶって、むしゃむしゃと食べてしまった。

今日はずいぶん道がはかどった。この二日の行軍をふりかえって、十分満足すべきすばらしい夕べを迎えた。平野までもうそう遠くないところに来ている。そして、いままで踏破してきた道をもう一度戻る必要がないのだ、と考えると、うれしくなる。敵意にみちた好戦的なパプア族に恐怖を感じたことなどは、はるか彼方へ遠ざかってしまった。

ゲラルドと私は、荷物から不必要になった重いものを取り除きはじめた。通貨の貝はムユ族の故郷ではいまでもかなりの価値があるので、彼らはそれを持って帰りたがったが、われわれは二袋の貝を例の橋のところへ置いてきてしまった。橋のところを出発する際、私はこの袋のそばに立って、ゲラルドとポーターが視界から消えるまで、番をしなければならなかった。さもないと、ムユが貝をとりにきて、重い貝を隠し持って歩くにきまっているからだ。

今日われわれは野生の豚の踏み跡を見つけたし、また野鳩がクークー啼く声も聞いた。ジャングルが密生しているので、姿を見ることはできなかったが、鳩がいるということは、平野が近いことの証拠でもある。ジャングルを覆う葉は、隙間もないほどに、ますます生い繁り、そのため太陽の方向さえ分らず、コンパスだけを頼りに方位を定めるより、しようがなかった。

六月九日

ゲラルドにとって、この探検は精神的な動揺のたえまないくり返しだった。一日の目標に到達すると、天にも届けとよろこびの声をあげるが、道もわからず、いくら骨を折っても、さっぱり前に進まないようなときには、またふさぎこんでしまう。銃やルックザックがたえず岩や棘にひっかかるが、彼はそのたびに、ひどい罵声を発した。

マンドゥアはポーターの指導者としては理想的だ。しかも強い責任感をもっている。たいていは両手にブッシュ・ナイフを持って、一隊の先頭に立ち、両手を使っていつも同じリズムで、厚い下草を切り開き、道を作ってゆく。彼のうしろには、これも両手にブッシュ・ナイフを持って、二番目のムユが続き、さらに「仕上げ」をしてゆくのだ。

この二人は今日は特にたいへんだった。一時間もすると、道は完全になくなってしまった。二人は新しい道を切り開くのに、大いに苦労した。しかも、渓流をわたり、滝をこえ、大小無数の谷を越えて、上りと下りの連続だった。流れにむかい急傾斜で落ちこんでいる山腹を、二度もよじ登ろうとしたが、これは無駄な努力だった。こんなふうにわれわれは、ただもう歯をくいしばって、ひたすら南東の方向に道を開いていった。

雨はひっきりなしに降っていた。雲はひじょうに厚く、そのため、もう夕方になったのではないかと思った。それでも大分距離を歩いた。本当に夕刻になり、キャンプを設営したときには、ゲラルドも今日の一日に満足げであった。

およそ九時間、われわれは歩けるかぎり歩いた。重いルックザックが、しまいにはまったく文字通り「重圧」のように感じられた。しかし尾根のうえのキャンプに立って、われわれの前に広がった平野が、夕方の光の中で青く霧にかすんでいるのを見たとき、いままでの苦労をすべてきれいに忘れてしまった。

ムユたちは山腹のうえ、一番はじにある大きな木を一本切り倒した。するとこれが別の木を倒して転落し、さらに次々とひっさらうように落ちていった——まことに雪崩のような、忘れがたい光景だった。最後の木は、はるか下のほうで、もう倒れるのを見ることもできなかったが、鈍くメリメリという音だけは聞えた。こうして平野への広大な眺望が開けた。ムユ族も含めて、われわれは、みんな晴ればれとした気分だ。明日はさらに一つだけ谷を越せば、明らかにもう登りはないはずだ。ゆるやかな傾斜面を、ななめに切って進めば、やがて大きな川床に到達するだろう。昨日は海抜四六〇メートルだったが、今日はふたたび標高七六〇メートルの地点に登ってきていた。

一週間まえの今日、つまり先週の土曜日に、われわれの探検についてラジオが報道しているのを聞いた。われわれはたえず、アガツかメラウケの放送に注意して、海岸地区の警備官が、われわれを迎えるべく、すでに出発したかどうかを知ろうとした。しかし、これはすでに打ち合わせておいたことだから、わたしは別に心配していない。ただし、これはアガツ地区にインドネシア軍の進攻がなかった場合の話だ。出発まえ、私はファルク博士と、行程は三週間かかると見当をつけ、三週間を過ぎてもさらに一週間はわれわれを待つようにと取り決めた。待機期間の一週間が経過した場合には、警報を発する手はずになっている。六月一二日で、ちょうど三週間になる。おそらくそれまでには会合地点に着けるだろう。しかしそうは言っても、予言が禁物なのは、わかっている。天候や距離は、あらかじめ決められているわけではないし、原住民の暴動などは予測しようもない。

六月一〇日

今日もまたつらい一日を過した。何よりも、道が予想を裏切って、まったく当てはずれだった。はじめの半キロは、また渓谷を通って進んだが、それだけの距離に一時間以上かかってしまった。しかし道はさらにいっそう悪くなった。

まったく予測されなかったことだが、突然われわれは大きなドリーナ地帯にぶつかった。石灰岩地帯にできるこの漏斗状の凹地は、密生したジャングルに覆われていて、外からはそれとわからない。ギザギザに鋭く尖って、棘でおおわれているような石灰岩が、地上に突きだし、そこのむこう側は垂直な壁をなして、陥没した穴になっていて、危険この上もない。われわれは標高五〇〇メートルの地点からふたたび七〇〇メートルのところに登り、東、つまり川の方向に進もうとしていたが、まったく無駄だった。ドリーナは後から後からと続いた。ムユ族はこの陥没口の縁を切り開いては、次の穴へと進んでいった――とうとう四時すぎまでこの地帯は続き、いっこうおだやかな地形になりそうもなかった。

このような辛酸を埋め合わせるように、予期しなかったことだが、水のあるキャンプ地がみつかった。ドリーナには水がないのは当然なので、今晩は米の飯はないものと、すでにムユたちにも覚悟させていた。

歩いている間ずっと、発酵したような米の臭いが、たえず鼻をついていた。それでまだ乾いている米を、濡れた麻袋から出して、二つのカメラ・バッグに移しかえる以外には、どうしようもなかった。

半分発酵した米だけ、先に食べてしまわなければなるまい。

平原――いったいわれわれは、いつ平原に着くのだろうか。マンドゥアは、とある樹に登り、気取った格好であたりをぐるっと見回していたが、きっとまだ数日は歩かなければなるまい、と知らせた。われわれは三日、いくらかかっても四日と計算していたので、みんないささか驚いてしまった。とくにゲラルドは、すでに数時間まえから悪い道にさいなまれ通しだったので、かわいそうに、マンドゥアの予告にびっくりして、むっつり黙りこんでしまった。彼を見ていると、ふと私の父を思い出す。彼は腹が立つと、ルックザックでも銃でも、およそ何にでも大声であたり散らす。しかしそのすぐ後で、またおだやかな気持を取り戻し、誰にでも親切でやさしくなる。ゲラルドも、自分のせまい視界、弱い視力でとらえたものを深く考えかつ分析する質の人間である。これはむしろ学者の資質であろう。彼は自分の体力を、肉体的な緊張よりも、むしろ思考に使いはたしてしまう。

昨日の晩、私は生まれてはじめて、ジャングルの七面鳥の卵を食べた。それはとてもおいしく、ニワトリの卵に決して劣るものではない。ムユ族は木の葉の山のなかに四個の卵を発見したが、彼らの主張では、ジャングルの七面鳥はきまって八つの卵を産むものだそうだ。卵はガチョウのものと同じぐらいの大きさである。しかしこの鳥の大きさは、ヨーロッパにいるふつうのニワトリと大して違わないから、産卵はきっと苦しい作業だろう。その啼き声はガチョウがガァガァいうのに似ているが、もうすこし大きい声を出す。

ここに住んでいる野生動物に対してオウムが果たしている役割は、ちょうどヨーロッパの森でカケスが果たしているのと同じである。人がオウムに近づくと、すぐおそろしそうな叫び声をあげ、ジャングルにいるその他の動物に、われわれの闖入を警告する。

今日は一日中コンパスだけが道しるべだった。コンパスだけを頼りにしたのは、ジャングルのためばかりではなく、広大なドリーナの原を横断したためでもある。われわれはたえず岩穴を巻いて進まなければならないので、方向がわからなくなったり、そればかりか、ひとところをぐるぐる回っていたりする危険に、いつも曝されていた。本来なら道しるべになってくれる太陽は、われわれを脅かす雨雲の後に隠れて、ついに姿を現わさなかった。

六月一一日

今朝もアガツからはなんの放送もなかったので、私はカレンダーを見て、今日が祝祭日なのを確かめた。聖霊降臨祭の月曜日だった。もちろん、われわれにとっては、家にいて祝っているときのような「よろこばしい祝日」ではなかった。むしろ正反対である。のろわしく、いまわしい一日だった。

昨晩から今朝にかけての一晩が、すでにもう、ひどいものだった。発酵しかけた米は、私の胃のなかで、石のようにもたれた。眠れないままに、私は、ポーターたちが嘔吐しているのを、なんども聞いた。

まず、われわれはいまいる尾根をくだっていった。どの方向でもいいから、すこしでも早く川床に出たかったからである。しかしふたたび大きな石灰岩に乗りあげてしまった。しかも不意に、断崖が行く手を完全にはばんでしまった。そこで、われわれは引き返し、流れるように降る雨のなかを、いま来た道を出発点まで登っていった。そのうえ、いつもなら夜やってくる雷雨が、今日は午後四時ごろにもう襲ってきた。雨は天の盥をぶちまけたように降り注いだ。最後にはポーターまで反抗しだした。どしゃ降りの雨のさなかに、われわれはキャンプを張ろうとしたが、手助けしてくれたのはマンドゥアと、もう一人、パウルスという名のムユ人だけだった。その他の八名のポーターは、すこし離れたところに、さえない顔をして、いつもよりいっそう悲しそうに鼻をひろげて、うずくまっている。彼らをふるいたたせようとして、ゲラルドが、一発は空に向けて、一発は彼らの頭のすぐうえに向けて発砲した。ぜんぜん危険なものではなかったが、それでもムユたちは最初、仰天してしまい、パッと腹這いに身をふせた。やがて一人また一人と、おそるおそる近寄ってくるまで、彼らは三〇分以上も、そのままの姿勢でふせていた。

事態はまさしく重大であり、しかもこの容易ならぬ事態はわれわれによって惹き起こされたものではあったが、私はこの瞬間には、むしろおかしくて笑いをがまんするのがむずかしい位だった。そのとき私は、流れるような雨と泥沼のなかに、すっ裸で立って、びしょ濡れの着物の水をしぼろうとしていたのだ。しかしやがて、ポーターが私の荷物をもって、そばにきたときには、彼の首をむずとつかんで、もう一度逆らうようなことをしてみろ、貴様の骨をへし折ってやる、とどなりつけた。そして彼をすこし持ちあげると、棒を倒すように、泥のなかへ投げつけ、今日のお仕置きはこれで終わりじゃないぞ、と叱っておいた。

ポーターたちが果たして自分の落度を認めたのか、それともただ腹がへっていただけなのかは、いま考えてみても、どちらとも言えない。いずれにしても、ムユ族たちは、濡れているにもかかわらず、わずかな火を起こし、配給分の米をもらおうと、親しげに頼むのだった。彼らはすでに途中でニーブン椰子を数本倒し、まだ開いていない葉を食べていた。これと、ゲラルドがけちけち計ってわたす米とをあわせれば、すくなくとも最低の飢えを充たすには十分だろう。ポーターは野生の豚かひくいどりを二、三羽でも殺せれば、と願っていたが、それは無理な相談だ。もう暗くなっていたし、こういう動物をとるのは、早朝が一番いいからである。

ゲラルドは疲労のために、食事のまえからもう居眠りをしていた。米が炊けても、ほんの短いあいだ、睡魔と戦っただけだった。

六月一二日

昨日私は、ジャングルの七面鳥の卵を、舌鼓をうって食べたが、この七面鳥についていた「シラミ」が一晩中私を悩ませた。まことに不快なこの生き物は本当はダニであって、肉眼ではとても見えず、皮膚の下にはいって活動するのだ。さらに雨ともなれば、このいやらしい虫に加えて、ヒルも当然出てきた。ヒルはとんだご馳走とばかり、私に吸いついて大よろこびしているにちがいない。

テントから這いだすと、標高二九〇〇メートルのキャンプには、霧とこぬか雨が吹きつけていた。谷はこのあたりでは非常にせまい。それで、あの渓谷を越えれば、それを最後に平原になるのではなかろうかと、性懲りもなく、そんな希望をもった。

苦労しながら、まことにのろのろした速度で、われわれは進んだ。昨日は七時間も歩いたのに、進んだのは、わずかに一キロだ。こうしているうちに、私は自分の経験から悟ったのだが、現在いるところは、大きく迂回することなしに、ともかく南東の方向に進める最も恵まれた大斜面そのものなのだが、ただ、われわれはこの斜面を毎時間五〇〇歩以上は歩けないのだ。これは、水平面での距離になおせば、わずか二〇〇メートルである。ここでは、こんなゆっくりしたテンポは死活問題になってくる。食糧はつきようとしているし、この山の中では居住地を期待することはできない。今日ここにいたって、私ははじめて、いったいここから生きて逃れでるチャンスがあるだろうか、と自問自答した。

言うまでもなく、今日も重労働と辛い困難の一日だったが、しばしば滝がわれわれの目を楽しませてくれた。多くの場合、それは一〇〇メートルも下のドリーナに落下し、そこで姿を消していた。しかし、すこしでも速く前進して、この無人地帯から出なければ、という強迫におさえられている場合、ロマンなどはおよそなんの役にも立たないし、自然の美しさなどは感じられもしない。美はいたるところにあるが、それを享受している余裕はない。数日来、気がついていることだが、夜、寝るまえになると、この異常な自然の姿をみて、ふとよろこびを感じることもある。カビに覆われた森の地面が、腐敗するバクテリヤのために起こるのか、ボウと光り、鬼火のように輝くようなときは、とくにそうだ。

このような探検でゲラルドのような地質学者がパートナーにいると、多くのことを学べるし、また面白い話も聞ける。だが、翌日の行程はどのくらい進めると予想してよいか、といった問題については、その道のエキスパートでも正確なことはなにもいえない。地質学的な組織や系統、その特質などについて知ってはいるが、褶曲《しゅうきょく》や断層や堆積などが地表のどこにあるかは、あらかじめ決められているわけではない。地質学的に見れば、石灰岩のうえには泥灰土のような沈泥物が多少はあるだろう。しかしわれわれが最上層に見るのは、大部分が石灰岩であり、そのために、道は非常に歩きにくい、不快なものになっている、というだけのことだ。われわれはたえず傾斜面を登りながら、地表が柔らかく歩きよい泥になってくれたら、と願った。しかしぶつかるものは、いつも褶曲地であり、石灰岩の大地が、たえず頭上にあった。今日もその通りであった。

朝のうち、ポーターたちは特別愛想がよかった。昨日、わたしが泥のなかに投げ飛ばしたエスモンドは、頼まれもしないのに荷造りを手つだったが、こんなことははじめてだ。

まずわれわれは、大した障害もなく快調に二八〇メートルの地点までくだった。しかしそのあと、渓谷に沿って、また四六〇メートルまでよじ登らなければならなかった。この地点で、昼の休憩をとり、なん人かのおくれたポーターを待った。食糧がとぼしいので、体が弱まり、おくれてしまったのである。芯の葉が食べられるニーブン椰子はぜんぜん見当らなかったので、ゲラルドが分配してくれるブドウ糖の活力だけで満足しなければならなかった。食糧はますますすくなくなってゆく。探検の最初からゲラルドが行なっている厳格な配給に、文句を言わず屈服しないわけにはいかなかった。歩きながら悟ったことが一つある。つまり、食糧を携帯しないで、このジャングルを横断することなどは、絶対に不可能だ。この地帯では、自然が動物や野生の果物を与えてくれることなどは、まずない。ここの土地を開墾すれば、長時間かかるにしても、おそらく生きることはできるだろう。しかしそれも、食べられる果実を栽培し、家畜を飼い、時には野生の動物がとれたら、可能だろうという話だ。しかし食糧もなしで前進する――そんなことは絶対にだめだ。動物も、ひょっとしたら、とって食べることができるかもしれないが、われわれが木をたたき切って進むので、その音だけで動物はおじけづいてしまうにちがいない。しかしこの騒音もたった一つだけ利点がある。というのは、無数にいる蛇も、われわれが進む音をききつけて、逃げてしまい、危害を加えないからである。

やっと最後のポーターが到着した。だが彼らが着いたときは、われわれが出発しなければならない時間だった。しかしそれでは無意味だろう。一番おくれたムユ人が一番弱っているのだ。彼らもすこしは休む必要がある。さらに三〇分のばしてから出発した。

出発するとすぐ急なくだりになった。また密生したジャングルと、たえまない道造りが続き、われわれは、ひたすら南東の方向に押し進んだ。数時間ののち、ついに川に到着した。五日まえに見てから、ずっとお目にかかっていない川である。目には見えないが、かすかに聞える川の音を、われわれは道しるべにしながら歩いた。

川は、このあたりでは、垂直にきりたった絶壁のあいだを、無理やり押し通るように流れていた。

いつまでたっても、山はこの川を平原に開放しないのではないか、われわれはだんだんそんな気がしてきた。ゲラルドは一日中、苦痛を訴えつづけた。さっきも、絶望的な声を出して、いったいいつまで「歯で」歩かなきゃあならないんだ、などと言っていた。つまり彼はオランダ語で、「つま先立って」歩く、と言っているつもりなのである。本当に疲労してくると、言葉さえめちゃめちゃになってしまう。しかしわたしは、この瞬間には、とても笑えなかった。

現在のわれわれのキャンプは、まことに無鉄砲な話だが、ちょうど鳥の巣のように、川のうえ三〇メートルぐらいの絶壁にぶら下がっている。こんなところにでも、とにかく野営できたのは、ポーターの才腕のおかげである。われわれは長いこと探したのだが、どうしてもキャンプする平らな場所を見つけられないでいると、ポーターたちは断崖に樹を組んで、テラスのようなものを作ってくれた。そのために、彼らは運べる樹や枝はなんでもかき集め、それを断崖につっぱって水平にし、つぎに縦に支柱を立てて、下から支えた。いま、われわれはそのうえにいるのだ。われわれの足下で、川は「ビンの首」を通り抜けるように流れている。ずいぶん深いにちがいない。というのは、川幅は小さく二〇メートルぐらいに見え、まったく流れの音はきこえず、ちょうど海峡を通るように流れているからである。

ムユ族はいまも、親切でやさしい気持を持続している。一日中、雨は降っていたが、ふたたび川の近くに着き、しばしば方角がわからなくなってしまうジャングルと、もう悪戦苦闘しなくてもよい、ということが、彼らを晴ればれとした気分にしているのかもしれない。

キャンプの標高は一〇〇メートルを指している。つまり、川の高さはわずか七〇メートルであり、これでわれわれも、とうとう渓谷から抜け出したはずである。山麓から海岸までの水路はまだ二〇〇キロはあるから、川はその間たった七〇メートルの落差を流れればいいわけである。ここニューギニアでは、すべてが他の世界とは違っているとしても、水が海抜零よりも低く流れるとは、考えなくてもいいだろう。しかし、われわれの高度計が狂っていないことを前提とした話だ。

六月一三日

数分のうちに、われわれは「巣」を出発することになろう。やっと朝の太陽が輝くのを見ることができた。いく筋かのかすかな光の束が、われわれのいる渓谷まで射しこんできた。ここ数日、まったく経験しなかった光景である。

精神にとっても、耳にとっても静かな設営であった。目的はまもなく達せられるという希望にみちていたので、気分は落着いていた。渓流はもう激しく咆哮しなかった。われわれの真下三〇メートルのところの深い淵を音もたてずに流れてゆくので、耳は静かだった。そうだ、どんなことがあっても二日、長くて三日のうちに、ここを出発しなければならない。厳密にいえば、ワメナをたって、今日で三週間になる。

今日のルートのはじめは、峡谷の上部へまず険しい登りを一〇〇メートル行なって引き返した。次に登りも下りもなしに二時間歩き、地図に記入されている、鋭く東へ曲った渓谷の曲り角があることを、昼ごろ樹木ごしに、確認することができた。そして、この渓谷の屈折しているあたりで、もっと大きな支流が西の方から注いでいるのではないかと期待した。

しかし、地形はふたたび複雑になり、ブッシュはいっそう深くなり、突如、不愉快で歩行に困難な石灰岩の岩稜地帯にはいった。

それだからといって、ほかにとるべき方法もなかった。その中を歩いて突破するよりほかはない。

不意に、ほぼ二〇メートルの下にしずかな川にのしかかっている石灰岩の壁が見えだした。よくたしかめると渦巻いている。これがどんな流れなのか、およそ見当もつかなかった。支流なのだろうか。いや、けっしてそうではない。川はこの地点ですくなくとも一〇〇メートルはなれたところにあるはずだ。しかし、一つのことがはっきりしている。川は東方へまちがいなく迂回し、六ないし七キロメートル流れてバリエム川へ合流するはずだが、ここは最後の蛇行の地点だということだ。バリエム川の合流地点のあたりは、むろんもうカタリナ川とよばれているが、そこは出発前に打ち合わせておいた地点、アガツからの警備艇が待ちうけている地点である。

だがなんとしても石灰岩地帯とジャングルを突破し、西方に進路をとってすすまなければならない。パウロとかわるがわるになたをふるって灌木をきりたおして道をつくっていたポーターのマンドルが、午後の四時には、設営する場所をたしかめ、そこにテントを張ることにした。

ここには水は一滴もない。しかし二人のムユ人の原住民が道を引き返して、水を汲んできてくれた。テントを張っている間、ゲラルドと私は陥没地をくぐってみた。われわれの下の川の屈曲部でわきかえっている〈静かな〉水の謎が解けた。これは予想したように、支流であった。ただ、あちこち伏流して流れていたのだ。これで、気がかりだった今日の目的を達した。人夫たちには、報酬として各自に半箱ずつシャグ煙草を与えた。

石灰岩地帯の典型的な一日であった。一日中、太陽の光やあまり鬱蒼としないジャングルや、石灰岩もなくなる、最後の川のカーヴにたどりつけるという希望をいだいて歩きつづけた。山も見えず、峡谷ももはやないような期待をいだいて進んでいった。しかし、万事は全然正反対であった。茂った低い灌木、休みなき斧の枝払い、石灰岩地帯、新しい山、新しい峡谷の連続だ。私のあとからついてくるゲラルドは一日中ぶつぶつ不満をもらしていた。けれども、いままでにもよくあったように、一日の目的を達し終わると、ふたたび和やかに信頼感を示してくれた。

ジャングルは食糧になるようなものを、全然提供しないとおもってはならない。もともと何もないというわけではない。ジャングルの贈り物は、今日の昼は椰子の芯であった。野生の七面鳥の卵が手にはいる希望をもったが、これはひどくあてがはずれた。ムユたちは葉をきれいにしきつめた場所を発見した。それは七面鳥の巣の特徴である。彼らは一〇ないし二〇メートルの圏内に葉をあつめ、つみかさねたところに卵を産む。けれども巣は空《から》であった。ゲラルドとわたしはこの葉の山のまわりに大きな柵をつくった。なぜならこういった巣の中には、おいしい卵のほかに、ジャングルの中で人間にとってもっともおそろしい敵の一つである潜伏性のクトマレオがいるからである。クトマレオの名はマレー語から出たものだが、しかし全然マレーのそれとはちがったものである。クト（Kutu）は毛ジラミの意味であるが、肉眼では見えないほど微小のダニで頭に侵入するおそろしい奴だ。これに咬まれると、最初はほとんど我慢できないかゆみを感じる。しばらくすると、こわばった水疱が生じ、一定の大きさになると、皮がやぶれ、膿をもった傷になる。われわれの血が種々の熱帯性の病原菌に感染していると、とくにこういった微生物に侵されやすくなり、頭も血液も十分抵抗力がなくなる。吐気をもよおし、化膿し、潰瘍となる。クトマレオの水疱が、われわれの皮膚のまわりに生じていた。

ジャングルに射す太陽の光のもとで、われわれはひくいどりの足跡を発見した。この巨大な走鳥は、蹴りたおす強い武器として、長い足をもち、人間にとっても危険だが、同時にひじょうにおいしい肉も提供してくれる。しかし残念ながら、その足跡があるだけで、一度もこの鳥の姿を見かけなかった。おそらくひくいどりは、ブッシュをきりはらう騒がしい音のために、遠くへ逃げ去ったのだろう。

胃の空腹感のために私は食べ物のことばかり考えている。数日来、私はそのことだけに没頭している。こんな風にわれわれは前へ前へと進んで、動物たちを追い払ってしまっているので、とぼしい献立を補うチャンスにいっこうに恵まれない。しかし、一日中静かに坐っていても、獲物もとれず、無為にすごすことになるかもしれない。そんなことでは、現に保有している食糧をいたずらに空費して、新しい食糧も得られずに、貴重な一日の前進もすててしまうことになってしまう。こういった生命の危険をひきおこす冒険はとてもやれるものではないということに、ゲラルドも私も意見が一致している。ただ前進あるのみだ。狩猟をする時間などはない。米食の貯えをともに気づかいながら、ともにとぼしきをわけ合って食べよう。とぼしい米以外に、まだ少量の塩とわずかな砂糖がある。われわれの目的を果たしたとき、そのときこそ、最高のよろこびを皆でわけ合おう。

六月一四日

われわれはキャンプを設営した。この日も順調に予定どおりに前進できなかった。石灰岩地帯、滝のような雨、鬱蒼たるジャングルの閂《かんぬき》からにわかにそそり立つ山など、——われわれは一足ごとに苦闘しなければならなかった。

ジャングルがいく分明るくなった昼頃、前をさえぎる最後の山が見えてきた。それは実際に最後の山であった。この山の背後には、はげしい光の中に途方もなく広大な平原がひろがっていた。道は下る一方になり、二時には川のもとまでたどりついた。波一つたてず、ゆったりと力強く川は流れていた。突然一同の顔はうれしさに明るく輝いた。そのとき、ここからなら、筏《いかだ》を組んで下れるかもしれないという考えがふとひらめいた。

しかしわれわれはさらに下っていった。とりあえず、もう少し川に沿って進もう、そうしたら平原にたどりつくのだから。

ジャングルはいく分明るくなった。小休止をし、いくつかの椰子の芯を発見した。これは最大のご馳走だ。おもいがけず、すばらしい食物にありついた。その後一時間以上もさらに前進をつづけた。われわれはバリエム川とカタリナ川の合流点ソムネグにたどりつこうと思いつづけている。ところが途中おもいもうけない障害が生じた。ソムネグはずっとずっと遠くの地点であり、四つの支流のあつまるところで、われわれはもっと迂回しなければならない。原住民の人夫たちの消耗はひどく、最悪の事態を覚悟して目的地ソムネグの四つの合流点までまだ大分距離のある場所で、キャンプを設営することにした。ここで今、私はテントにねそべり、この日記をしたためているのだ。

キャンプを設営し終えて間もなく、数人のムユたちが河岸に走っていった。すると突然恐怖のあまり川の中で叫び声があがった。おどろいてその方にかけつけると、異様な恐怖にわたしもおそわれた。この探検行ではじめてニューギニアの鰐《わに》を見たのだ。岸に這っていたこの大きな鰐は、信じがたい迅さで川の中にとび込み、ムユたちが指で示す一点となって浮かんでいた。鰐はのんびり岸でねむっていたらしく、危険な様子は見られなかった。徐々に川の沖へとすすみやがて姿は見えなくなった。しばらくして、われわれもその同じ場所で水につかったり、水泳もした。消毒剤のはいった石鹼でもって、患部を洗った。ゲラルドと私はダニに咬まれてできた潰瘍と、毒虫にさされて血のにじんだ無数の傷を消毒した。人夫たちも毒虫に刺されていたし、原住民もかなり脛から血がでていた。二時間もたつと、もうあたりは暗くなった。私はまだ治らない頭の傷を処置し、もう一度、そっと包帯をまいた。傷口の潰瘍や毒虫に咬まれたあとなどを数えれば、優に一〇〇以上もあるだろう。今日はこれ以上歩かないのだが、包帯をもう一度しっかり巻きなおすことにした。ゲラルドも、人夫たちも、私も、みな、小休止の間になんども傷の包帯をまきなおしたが、すこし歩くとすぐ包帯がぬれてしまい、汚れ、ずれ落ち、しばらくたつと包帯の役目をはたさなくなったので、どうしてもしっかり手当をしなければならない。ただ夜ねむるためにならば、こういった場所での傷の手当は、ただいたみをすこし軽減するだけのものである。

ゲラルドは、汚れた血を清めるため、また体力の消耗を防止するために、抗生物質ストレプトマイシンなどを皆にくばった。この場合、比較的私は調子がよかった。ワメナで医薬によって強力な処置をうけてきたので、わたしの頭は気の毒なゲラルドの潰瘍よりも若干の蔓延をふせいでいた。ゲラルドは彼のおそれていた毒虫に刺され、傷がひろがって、大分苦しんだが勇敢に耐えていた。

人夫たちは面白いものをもっている。途中で木のぼりとかげをつかまえたのだ。このとかげは木の枝にじっとして動かないので、なかなか見つからないという話だ。彼らはおそらくこれを食べるつもりなのだろう。

ムユたちが道をつくるために手斧をジャングルでふるっているとき、私をびっくりさせるようなことがまたおこった。頑強な一人の若者の前に、突然小さな木のようなものが落ちてきた。通過する道をきりひらくためには、全然わきへとり除けられないような大木から落ちてきたのであった。こういった大木は手斧ですばやくたたき切って、道をつけるわけにいかない。あたりの小さな樹木をたおしていると、落ちた木が動き出した。すばやく原住民がつかまえたとき、それは明らかとなった。落ちてきたものは、ゲラルドも私もまだ見たことのない大とかげであった。

ジャングルの中の原住民は、動物のような眼をもっている。彼らはこれが動物だということがはっきり分る。つかまえられたとかげは首だけを動かしていた。とかげに苦痛もあたえないで、すばやく皮をむき、肉を葉でつつみ、つぎの休息地まで荷物の中につみ込まれた。

ムユたちがとかげを料理している間に、ゲラルドはわれわれが食糧に欠乏してないというう れしいしらせを皆につたえた。われわれは今日はお粥だが、明日は朝食に、スタミナのつく食物で腹いっぱいになるだろう。

大きな鳥がわれわれのキャンプ地の上にさわぎ立てながら飛びまわっていた。たいていこういった鳥は口ばしに年輪をもつ〈渡り鳥〉である。彼らは不思議なことに、幼鳥といつも一緒になって飛んでいる。これはこの鳥の家族本能なのか、保護本能なのか、ゲラルドにもわたしにも謎である。

人夫たちがキャンプ地を設営している間、ゲラルドと私は、この年輪鳥を射とめようとおもった。胃袋はくうくうと鳴り、口に唾がたまるようなおもいだ。しかし、ムユたちはそれに反対した。彼らの話によると、肉は固くてまずいということだ。とにかく肉の質を知っている原住民たちが断言するのをきいて、年輪鳥を射つのはやめた。

それでも、二発射撃したが、それは鳥をおとすためではなく、バリエムまでこの弾丸の音がきこえるかもしれないというあわい希望があったからである。わたしが想定したその場所にはすでにアガツから派遣された警備艇がわれわれ一行を待っているかもしれないと思ったからである。しかしこの合図には、なんの応答も得られなかった。早くも暮れはじめた暗がりの中できこえてきたものは、われわれの昼食の残りをあさる野生の犬の声だけであった。とにかく、年輪鳥とともに、われわれは生命が支配している地帯にはいったという証拠を受けとったのだ。これからは昼歩いているうちには、おいしい動物をつかまえるチャンスが多くなることだろう。さて次のことがらが、とにかくわれわれにとって厳然と必然的なものとなった。つまり、アガツからの警備艇が全然来ていないとすれば、最初の合流地点にまで前進できるようにいろいろ計画を立て、さらに平原まで筏を組んで下らなければならないかもしれない。船はもう来てしまったのか、あるいは、これから来るのか、皆目見当がつかないのだ。なぜならば、われわれがオランダ官憲と打ち合わせたときに、この川のあたりの、危険性や川の流れの早さ、その他の自然的障害について全然未知であるといっていたからである。バリエム・

カタリナ川は山岳地帯に近く、まだ完全に未踏地である。したがって、われわれはこれからもいろいろ不愉快な思い設けないことに出会うだろう。第一の会合地点がだめなら、第二の会合地点でオランダ人とぜひとも会いたいとおもうが、じつはその場所はもう海岸地方に近いカタリナ川地域にはいっている。

第三の可能性として、ことによったら、熟慮と忍耐によって、長い苦しいジャングルのなかを海岸まで歩きつづけねばならないかもしれないのだ。最近、インドネシア軍の落下傘部隊が降下に失敗したので、新しい大規模の軍事進攻作戦が海岸地方におこり得るということも考慮に入れておかねばならない。したがって、アガツからの警備艇が、約束の場所にくることも不可能となるおそれはある。ありがたいことに、われわれの携帯ラジオは、まだそういったニュースを報じていない。しかしもしこういった事態がおこれば、行程にして約二〇〇キロほどある海岸地方まで二週間ないし三週間の筏下りの旅をつづけなければならないだろう。たとえそうならなくとも、当然こういった可能性を予定しておかねばならない。われわれの探検の装備の中には筏の組立てに必要な材料はすべて用意してきている。

われわれの前に直接せまってくるこの広大な南ニューギニアには、まだ解明されていない多くの問題がのこっている。たとえばたえず私の心に浮かんでくるのは、中央ニューギニアの山岳パプア人たちは、北方から山岳地帯にはいってきたのか、それとも南方から移ってきたのであろうかという問題である。近い内に南方平原地帯の原住民に出会ったら、自分なりに比較をして、考えをまとめることもできるかもしれない。私が今まで読んだり、オランダの官憲や宣教師からきいたところでは、山岳パプア人は南方からきたらしい、広い意味で、オーストラリアから来たのではないかと推定している。とにかく、彼らはオーストラリア原住民と無数の民俗的な類似を示している。これに反して山岳パプ

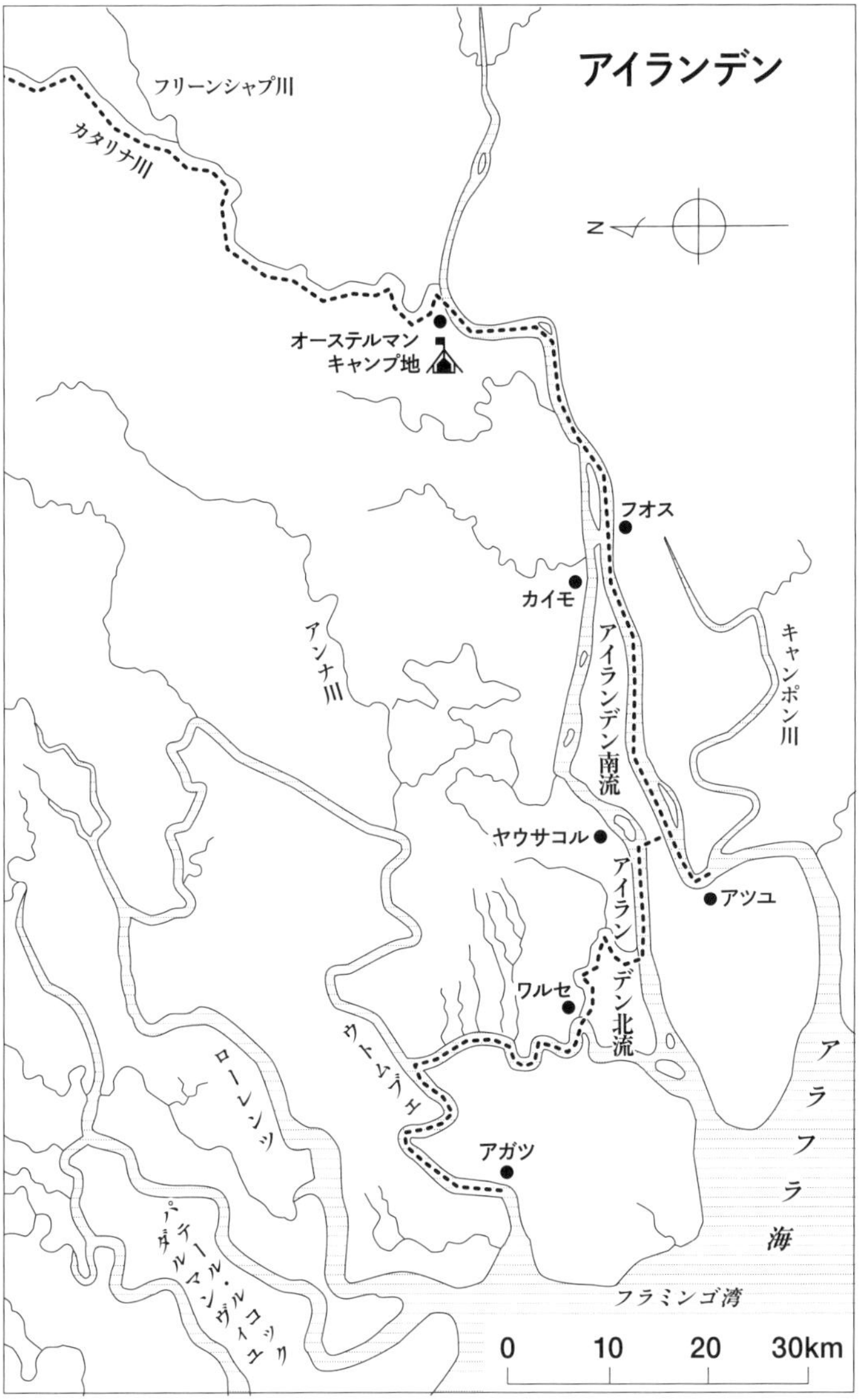
アイランデン
フリーンシャプ川
カタリナ川
オーステルマン
キャンプ地
フオス
カイモ
アンナ川
アイランデン南流
キャンポン川
ヤウサコル
アイランデン北流
アツユ
ワルセ
ウトムブエ
ローレンツ
アガツ
アラフラ海
パテール・コック
ダルマン・ヴイユ
フラミンゴ湾
0
10
20
30km

ア人と島の北部の部族の間には、本質的な類似性はとぼしく、言語の相違はいちじるしく大きいようである。

六月一五日

一晩中バケツを叩くようなひどい雨がふり、朝九時になっても、まだ小降りにならない。ゲラルドと私は、もう一度現在の位置をたしかめるべく、下へくだって偵察を行なった。これによって、第一の出会いの地点にすでに来ているのだという確信を得た。しかし約束の警備艇のくるところまで、残念ながら、まだ大分遠くにいるらしいし、彼らの来た様子もない。またあてがはずれてしまった。

雨の幕がたえず周囲の風景を変える。ひどくふるので川の小島は影を水中に没し、山は見えなくなってしまう。そのために、もうわれわれは平原にいるのではないかという錯覚におそわれる。だが雨が止み、霧がはれると、美しいイリュージョンはたちまち消えてしまう。山とけわしい岩壁がふたたび眼前にそびえ立っているのだ。われわれがキャンプをした支流はおわりの一時間ばかり猛烈な雨が叩きつけたので、テントから三〇センチのそばまでごうごうと音を立てているほどだ。

われわれは川にそってずっと下りつづけている。カタリナ川のソムネグの合流点を過ぎて、確実な地点までたどりつかねばならない。しかし、このことは水が若干流れ落ちてしまうまで、待たねばならないことになる。前進するコースの大体の見当をつけるには、もう一度この地域の地図をよく調べなければならない。なるほど、川の中には沢山の小島が記入されているけれども、あまり信用すると大変なことになる。われわれの用いている地図にしても、二〇年ほど前のもので、すべて〈川の中〉にあることになっている。この地図は当時、空中撮影で作成したものだが、現在は全体の景観がまったくかわっているようだ。

とにかく、われわれが歩いてきたコースは、短いけれどもひどいところであった。峡谷や支流をわたるときには、腰まで水につかることは、はじめから覚悟していた。あまりに水深がひどかったので徒渉できないのではないかと思うことも、なんどかあった。そのために原住民ムユ人の徒渉方法を用いて樹木を橋にしたこともあり、これは前進のテンポをいちじるしくさまたげた。しかしついに川幅のひろくなった地域にはいって、完全にまいってしまった。川は滔々《とうとう》と流れ、歩いてわたることなどは、まったく絶望となった。人夫たちはただちに筏を組むことを提案した。

状況はまさに最悪だったので、当然この提案が採択された。川のほとりの、せまくるしい場所に、まずキャンプを設営し、人夫たちはすぐさま筏の組立てにとりかかった。彼らはこの事態をよく飲みこんで、仕事をてきぱきやってのけた。

まずはじめは、直径一メートル近い木を二本きりたおし、その皮をはいだ。外皮をはぐと、その中身はつるつると滑りやすく、ムユ人たちはころがしながら、六メートルもあるその木を水に抛《ほう》りこんだ。人夫たちがきりたおした木は約〇・五キロの理想的な重さのもので、半分ほど水面に浮かぶ。皮をはいだ材木を三本、ムユ人たちは流れに浮かべ、静かな支流の方にひいてゆき、そこで、川の流れに流される危険もなく組立てていった。まず最初に材木に三つの切れ込みをつけ、それに比較的うすい木を、さらに、厚い木をという順序で組み合わせ、藤蔓でがっちりしばりつけた。ここでは藤蔓が無数茂っていて、ジャングルの中では、歩くたびに足にひっかかるほどだ。二〇〇メートルも長く蔓をのばしている。

それで、三本の縦の材木と、同じく三本の横の材木からなる格子状の筏を水上に浮かばせた。うすい丸太を三層にして水に濡れないようにし、この骨組の上に、さらに沢山の材木を藤蔓でしばりつけ、分厚い甲板をつくり上げた。

昼になって、筏はまだ完全にでき上がらなかったが、昨晩から降りつづいていた雨が急にあがった。これと同時に支流の水面はにわかに低下しはじめた。人夫たちは早く筏をつくり上げなくてはならないと張り切った。水位が減じて坐礁しないうちに、なお強く流れている本流の方へ曳いてゆかなければならないのだ。やっと一応の形ができ上がると、本流の方へと曳いてゆき、藤蔓で樹にしばりつけ、さらに細部の仕事をつづけた。

夕方になりはじめた頃、ムユ人たちは鼻の穴をふくらませ、歯をむき出して得意げに、われわれのところにやってきた。筏はついに完成したのだ。一同だいぶ空腹になっていた。このような骨の折れる仕事のあとでは、ただ米だけの食事では、やりきれない。折も折、天からの贈り物のように、テントの上に一羽の鳩があらわれた。ゲラルドは銃をとって、ねらいをつけて一発放った。鳩は真逆様に落ちてきた。川のあたりにも幸運がありはしないかと、釣糸を垂れた。すると数匹の魚が餌にくいついた。三〇センチぐらいの大きさで、ひげをはやした魚だ。こういった幸運を無性によろこんだムユたちは、早速椰子の芯をさがしにでかけ、かなり沢山とってきた。こんなわけで、おもいがけず夕食には、舌を鳴らしてよろこぶ大饗宴にありついたのである。

朝になって、この探検の最後の試みとして、筏下りの旅の見込みがついた。われわれは今日もう一度おいしそうな魚を釣りあげたので、私はこのキャンプ地と同じようにこれからは、相当食糧にありつけるのではないかと期待するようになった。これからは、もうジャングルに小径をきり開いたり、けわしい山をよじのぼったり、石灰岩地帯で一夜を明かしたりする必要はなくなった。昼夜を分たず流れる川の流れに駆り立てられながらすすむではあろうが、筏の上でほっと一息つけるようになるだろう。

とくに膝と肩の傷の痛みが、最後の二日間全然悩まないですむことは、わたしにとって幸いだ。しかも川の上に浮かんで傷を汚したり濡らしたりしないで、手当をつづける機会《チャンス》にめぐまれることになるだろう。

六月一六日

私は腹ばいになって日記をつづる。私の下で川の流れが同じように流れつづけ、ひたひたと揺れ動かす。私の真向かいに腰をかけているゲラルドの顔はうれしそうだ。

しかしわれわれの筏の就航はいつ走り出してもよいほど、万事うまくいっているが、まだ岸につないである。夜になっても雨は降らず、水位はずっと下がった。われわれがキャンプ地から筏のもとにやって来て、数百メートル上流に遡り、昨夜よりは四メートルも深いところにしっかりむすびつけておいた。それなのに、やっと水底に触れずに波の上に揺れているほどである。そしてわれわれのやとったこの人夫たちが川ぞいの部落の出身であることがどんなに役立ったことか。彼らは昨日筏づくりに懸命だったが、今日は重大な任務を引き受けている。川の流れに、たくみに舵《かじ》をあやつることは問題ではなかった。こういった問題は、経験の基礎に立って支配できることがらではなかった。注意深く専門的に彼らは水深を太い枝で測った。それから、筏の上に荷物を乗せ、真中に大きな荷物を積み、丈夫な藤蔓でしばりつけた。すべて支度をととのえると、われわれはもう一度つり竿を投げて釣をしたが、今度は無駄だった。朝食は椰子の実と若干の米でつくった。

互いに気の合った仲間がこの船に、二人の主人《トウアン》と一〇人の人夫が乗りこんだ。この重さのために筏は水に四分の三ほど沈んだ。川底に触れて、筏は川の流れに動かなくなってしまった。ただちに数人のムユ人たちがとび下り、樹の枝をひきよせ、角材をしたにあてがって、筏を少しずつ梃子で動かした。けれども、もう五〇メートルもすすむと、私のきえかかった深い溜め息は、また疑いの呻きに変わっていった。流れの弱い支流の真中では水位が低くなり、岸の樹木の茂るへりをつたって行かなければならなかった。そこは水がゆるやかに流れていたが、ずっと深かった。いまやわれわれは三週間来、連日ジャングルで味わったのと同じようなことを川の上で味わうことになった。二人のムユ人が河岸の垂れ下がっている樹の皮をなたできり落とさねばならなかったし、川の上にでても、斧をしまうことはなかったといってよい。小刀をもった男たちがそのためにさきに水の中を徒渉し、その間、あとの者は筏をしっかり押えていた。ほとんど一時間以上もついやして、ついに筏下りをさまたげるジャングルのような茂みをきりひらいた。

皆、ほっと息をついた。しかし満足感はほんの数分にすぎなかった。すぐに筏の材木が川の石の上でぎしぎしとふれ、筏はもうその場所から動かなくなった。今度はみんな筏からおり、半時間ほど太い丸太でつよく押し出しては川の流れに筏をうかべた。

それからは私は溜め息をつかなかった。しかし、こういったことは人生の途上よくあることだが、この最後の茂みの障害をうまくきり抜けて以来、もう樹木の枝は航行をさまたげず、浅い川床にのり上げることもなかった。われわれは五時間ないし六時間の間、川の流れをすべるように下っていった。ゲラルドと私は、ムユたちが舟にさまたげになるようなそびえたつ河岸の樹木の枝をどんなにすばやくあざやかに取り除いたり、押えたりしたか、二人で驚くばかりであった。

しかし人間はかるがるしくものごとを予言すべきものではない。調子のよい航行のテンポにもなれ、ほぼ五、六時間ほど下っていったとき、過去数週間の中の一日のうちにおこったことよりも大きな珍事がこの一時間のうちにおこった。筏下りのテンポは突如早くなり、ひじょうに早くなってきたことが分ってきた。なぜならば、われわれの前の川の中にさかさに突き立っている樹木の幹が浮上し、筏はその幹の太い枝に突込んだ。くわしくいえば、この樹に約時速一五キロの速さで突込んでいった。状況は完全に絶望的であった。ムユ人たちも流れの迅さと樹木の危険を早くも察知し、口々に叫びながら、方向を変えようとかいを一生懸命にこいだが――何の助けにもならなかった。見えざるつなにひっぱられるように、われわれはその大きな樹木にひきよせられてしまった。

人間はこのような状況において驚くほど敏感に反作用するものだ。とにかく、私は破局がきたとおもい、この筏下りの終末をカメラにおさめようとする意識だけしかなかった。なぜならばこの終末は不可避的にやってきたからである。私は筏の一方に立ち、手にカメラをもち、この最後の瞬間をうつそうとした。私はできるだけ長く立ったままでいようとして、直接樹木にぶっつかったら、その樹木の枝に逆とびに跳んで、自分を救おうと試みた。この浮木はいく分水の上に浮かんでいるので、筏はその下を通過するだろうと、私は思った。しかし、この樹木の幹は荷物と筏の上にある人間の頭をなぎ倒し、めちゃめちゃにするかもしれない。なし得ることはただ、しばらくこの樹木の枝にとびうつり、太い枝でなぎ倒された筏の他方の側にうつることだけである。私は撮影しながら、このことをゲラルドに向かって叫んだ。

しかし万事はまったくちがっていた。われわれはその樹木の幹からまだ数メートルもはなれていたが、おそるべき衝突がおこるだろうと、おもわずわたしの筋肉は跳躍のために緊張していた。瞬間、三人のムユ人たちは流れの中に弧をえがいてとび込み、私は突然脛骨に刺すような痛みを感じた。

一瞬、私は全然なにも分らなかった。数秒後、激烈な流れのいきおいで、水の下によこたわっている樹木の強い枝をはねあげるかもしれないということが明らかとなった。私も、アルミ製の菓子の箱が脛打ちではね上げられ、そのはずみで一しょにほうり出されるかと思った。

それ以上、考える余裕はなかった。筏は円をえがいてまわり、水の中の障碍物にぶっつかってめりめりと音がし、目に見えない巨大な鉄槌に打たれたように、そこを走り過ぎた。一連の小さな衝撃がつづいておこった。徐々にわれわれと筏におこったできごとが分ってきた。最初の衝撃はまず筏を左へと押しやった。これは幸運なことであった。なぜなら、障碍の樹木が左手にわずかではあるが、水路をひらいてくれた。つまり筏をまっすぐ通すようにしてくれた。第二の衝撃とつづくいくつかの衝撃がますますわれわれを左へ左へと、救いの間隙に押しやったのだ。

万事は当然のごとく瞬間ごとにおこった。この倒木のうしろの水の流れは、ひじょうに静かになり、突然まったく静かになり、徐々に流れに浮かんでいるのに気がついたときは、われわれは胆を冷やし、同時にあきれかえってしまった。

水の中にとび込んだムユ人たちは、ふたたび浮かび上がり、われわれの方に泳いできて、筏につかまり、あわてた顔つきで、あがってきた。

最初の衝撃からいままで、われわれの間には一言も言葉が発せられなかった。しかしふたたび言葉がでてき、もはや正方形の筏ではなく、菱形にゆがんだ材木の上にのって川を下っているのだということに気がついた。筏の上に散らばっているフィルムとカメラをまずよせ集めた。ありがたいことに、大切なものは何一つ落ちていなかった。藤蔓でもう一度これらをしっかり結びなおした。変形した筏もできるだけ組みなおした。

またふたたび筏の航行をつづけた。太陽は突風をともなう驟雨にかわった。しかし、われわれや原住民の仲間たちを喜びにかり立てることもおこらず、太陽にきらめくしずかな水の表面をはやく何の苦労もなくすすんでいった。とにかくこのことがもっとも大切なことである。

まもなく樹木との衝突のことも忘れられた。ふたたびこういった出来ごとがおこるまでは、ひどいショックですべてを乱雑にしてしまったので、まずカメラをきれいに乾かそうとひろげた。そのとき、急に筏が動かなくなった。何がおこったのだろうか。また太い樹の幹が筏にひっかかり、動かなくなった。もはやどうすることもできなかった。静かな流れの中の水に洗われたこの小島に坐りこんでしまったのだ。ムユ人の中の何人かがすばやく飛び込んで、川底の樹木の位置をたしかめようとした。彼らがそのおおよその位置をたしかめたとき、みんなで筏の片側によって筏を傾け、ひっかかっている樹木の枝をはずそうとした。しかしうまくゆかなかった。三人のムユ人たちは、水の中に沈んでいる樹を、足で押えつけたり、筏を肩でもち上げたりした。そのうちに筏はふたたび流れにのって走るようになった。この衝突のおかげで、菱型に歪んだわれわれの筏は長方形のもと通りの形となったのである。

それ以来私はずっと慎重になり、私の水びたしになった携帯品を日に乾すことは諦めた。一同はたえず水の様子をうかがい、また衝突がおこりはしないかと心を配った。事実、何度か危険な瞬間にでくわしたが、しかし、いままでのような激突はもうおこらなかった。

まわりはまったく静かであった。なんのざわめきもなく、ただ筏の丸太にぴたぴたとたわむれる水の音だけがきこえるだけであった。昼近くなって、突然、規則正しいモーターボートの音が遠くからきこえてきた。ところがそれは長くは続かず、やがて砂岸にカーキー色の制服をつけたパプア人の警官がいるらしいことがわかった。同時にヨーロッパ人が考案したと思われるモーター付きのカヌーであることが輪郭からわかった。むろん、これはアガツからやってきたオランダの役人のものにちがいない。よろこびのあまり、挨拶の射撃をはなち、数回カヌーを旋回させた。ムユの人たちは、興奮のあまり、流れからつき出ている樹の幹のあたりで両者が出会うだろうといったりした。

手を鳴らしてデ・イオングがわれわれに挨拶した。最初と同じように、彼は縦断成功を心から祝福してくれた。彼はこの地域のことをよく知っており、このあとわれわれにまだのこっている艱難を突破するためにこれからは彼が万事案内しましょうとなんども約束してくれた。

石器時代の原始的な人間の生活条件のもとですごした困難と欠乏の数週間ののち、われわれはふたたび文明に直接接触することとなった。イオングはまさに文明世界からの使者であった。〈アスマトへどうぞ！〉と彼は、われわれに向かって叫んだ。われわれが遅れたことを怒っているらしい様子は、その温和な顔に全然見られなかった。それにしても約束の日より、四日間も遅れ、待ちぼうけさせたのだから、すまないような気がした。けれども大したことではありません、万事とどこおりなく準備完了していると彼が言ってくれたので、大分焦《い》ら立たせたかもしれないというわれわれの心づかいは不必要だった。デ・イオングにとってこの旅は〈奉仕〉であったし、ずい分役立つことでもあった。官吏としての彼は今まで生まれ故郷のアガツからはるか北方の奥地へ訪れることなどはまだなかったからである。それにもかかわらず、思いがけずこうして邂逅できたことに感謝した。なぜならば、語り合ってみると、われわれが予想していた出会いの地点は、全然見当ちがいであった。デ・イオングも、われわれも別の地点を考えていた。それはとにかくとして、われわれはお互いにめぐり合えたのだし、新しい快適な川下りをすることになった。カタリナ川のしずかな小さい支流の入江、砂州のところにつないである、大きな船がしずかな波に揺れていた。それはディーゼルエンジンの汽艇《ランチ》で、日覆いもあり、全員収容できるぐらい大きかった。こういったランチは、このあたりでマッピーボートといっているが、ディグ川の近くにある東のマッピー川の名にちなんでつけた名前である。われわれがいま乗っている船《ボート》は、〈サハム〉という名をつけた。サハムとはミミカ語でカンガルーの意味である。

デ・イオングとともに設営のためにきた原住民の丸木舟と一緒に筏の荷物などを〈サハム〉に移し

かえなければならない。細長い原住民のカヌーは水の抵抗をすくなくするためにスマートに削られていて、その舳には見事な彫刻がほられていた。

われわれののっているカヌーをランチにつないだとき、すばらしい熟しきったバナナの大きな束がランチに吊してあった。食欲をそそられ、私はおもわずぐっと唾を飲みこんだ。手をのばしてもぎとろうとはしなかったが、私ばかりでなく、ゲラルドも教養の誇りを忘れずにいることが、どんなにむずかしいかを感じたにちがいない。われわれが甲板にうつるやいなや、肥えた鶏がすばやく走っていった。鶏のたのしげな啼き声すらも、つかまえて歓声をあげ、ただちにフライパンであげて、ぽりぽり焼肉を食べるという私の幻想をさまたげることはできなかった。この鳥を買うことができるかどうか、またこのランチの艇長から私に手渡された果物も、買うことができるかどうかをわたしは即座にたずねた。彼以外に、二人のパプア人の警備官とランチの助手が同乗していた。軽快な船旅がはじまり、エンジンの音とともに砂の河岸のそばをもう一度とおりすぎた。今まで苦労をともにした、あの筏に、われわれは最後の別れの一瞥を与えた。筏はぽつんと寂しげに岸辺に浮かんでいたが、やがてしだいに視界から消えていった。

苦労なくわれわれはモーターボートでもって警備の主署に到着した。そこには、デ・イオングが第二の出会いの地点としてすでに連絡をとっておいたために設営の準備ができていた。彼は今日、そこからはじめて出会いの地点へ遡上したというわけだった。なぜなら、それまでは川の水量が大きなランチの航行をさまたげていたからである。デ・イオングは、われわれが筏で突然あらわれたとき、われわれの到着のしらせを原住民に委せて、主署に戻ろうとしていたときであった。この幸運なめぐり合いは、われわれにさらに幾日かの筏下り、とくに幾日かの饑飢を省かせてくれた。筏なら一日以上かかるところを、われわれは〈サハム〉でもって、ほぼ一時間で旅を終えた。

われわれは主署のベース・キャンプに着いた。そこは川から五メートルも上のすばらしい、広々としたテラスのようなところであった。しかし、デ・イオングの話によると、昨日まではこの上の方まで河水が氾濫していて、彼もその同行者もみな、安全なランチで引き返さなければならなかったという。数週間も不潔と湿気に悩まされたわれわれのために、警備官のこの立派な野営地ビバークはまさに楽園である。オランダ人が意識的にきちんと清潔にキャンプをつくっていた。これによって原住民にも秩序と清潔にたいするよき模範を与えることになるだろう。そこには二つの洗面所、大きなテントがあり、すべては長い柱の上に建てられていた。さらに木材でつくった橋には粘土で固めた小径をつけ、その上に砂がまいてあった。降雨があると、水位が高くなり、橋と柱にまでとどく。柱の上につくってあるキャンプ小屋から直接船にのりこめるようになっている。反対にとくに水位が低い場合、この陸橋は地面にぽつんと立ち、水面まで長い傾斜面をはしごをつたっておりてゆかねばならない。

万事ととのえられた慎重な配慮にすっかりおどろかされた。大部分の作業は原住民の努力によるものであることも同時に分った。ここでもパプア人たちはほとんどが裸で走り回っていた。ただ少数のものが、役所から支給された格子模様の袖なしのシャツとトレーニング・パンツを着ているだけだ。彼らはみんなこの河畔にある一番奥の部落の出身者であり、デ・イオングが数日前にここに到着したとき、真っ先に逃走した。けれども、次の日には、半ば好奇心、半ば不安に駆られてこっそり近づいてくるようになった。デ・イオングが斧や若干の衣料を与えると、その日から進んでおそれず訪れるようになった。彼らは高地パプア人の部落のダニ人よりもずっと原始的である。彼らが私にわけの分らない土語で話しかけたとき、私は、彼らと楽しく仲間にはなれなかったために、きわめて未開な人間であると思いこんだ。けれども、おそらく彼らにしてみれば、オランダ人にたいする不安から、私に本当のことを話さなかったのかもしれない。

夕食には、デ・イオング自らが調理したすばらしいインドネシア風の料理と、今日の王冠ともいうべきフランスのコニャックが食卓をかざった。いまとなっては、ついに飢えと湿気と危険を克服したのだという感慨が私を圧倒するに至った。まったく衝撃的に、私はゲラルドと乾杯し、もう一度、彼の友情に感謝の意を表わした。われわれは急に話をはじめた。たいていのひとがそうであるように、人間は危険を克服すると、突然、たのしい思い出が浮かんでくるものだ。ゲラルドの不平や、筏の衝突などを心から笑い合った。そしてわれわれに起こった過ぎし数週間の冒険の状況や、そのとき語ったことなどをもう一度思い返した。とくに、最後の一四日間が私にとって思い出深い。私の身体の調子はずっと快方に向かい、いま最終地点にやって来て、私は探検のはじめの頃よりもずっと活動できそうに思うようになった。身体のあちこちの傷ももう癒りかけたし、幾度も転落したけがのあともだんだんにとれていった。

今日、午後、デ・イオングは、メラウケ向けの無線電信士と連絡し、われわれ一行の無事到着を報じてくれた。私は家族あての頼信紙を彼に手渡した。おそらく、カタリナ川からヨーロッパ向けの無線電信の最初のものであったろう。

六月一七日

われわれはウリーンシャプとアイランデンの二つの大きな川の合流地点に到着した。ここはオーステルマン・ビバークとよばれ、オランダ政庁から派遣された役人の設営地である。ここで一夜を明かすこととなった。

昨日の夜から今日にかけて、数週間来、はじめて雨が降ったのは、うれしい。まず第一にわれわれは船で、ぬれた携帯品を乾かすひまができるし、第二には、川の水量が増すので、急流に乗じて、時速一五キロで下ることができるからである。私は午前中ほとんど甲板で心地よく椅子に身をうずめ、軽くつめたパイプをふかし、今日まですっかりなじみとなった川の流れをじっと見つめた。湿気をおび、一部すでにかびの出はじめていた荷物は、熱い川の風で乾いてしまった。ただときどき、水中にかくれている樹の幹に、〈サハム〉は衝突したが、別に問題をおこすことはなかった。間もなく、ベース・キャンプに近いところにある同行の原住民たちの生まれ故郷の部落に到着した。遠くからすでに部落に赤い布切れが光って見えてきた。はじめ、わたしはびっくりしたが、それは警備官デ・イオングの贈り物であることを知った。パプア人たちは頭飾りに赤い布切れをつけていたが、そのほかは裸体である。

われわれはこの部落で、しばらく休息をとった。女性や子供たちは姿を見せなかった。原住民は明らかに彼らをどこかに匿《かく》まっていた。ただ数人の男たちが小屋の間から様子をうかがっていたが、みじめな様子をしており、みんなカスカド病をもっているようだった。ところで、彼らのもとで二つの小刀と交換で、原始的な石斧といくつかの石矢を手に入れることができた。この石斧はむろん北方のイエ・リ・メ産のものではなかった。石斧はパプア人が川床で掘り出した硅石でつくったもので、柄《え》は竹の根を用いている。

昼二時頃、カタリナ川のおわる地点にあるフリーンシャプについた。四時間してのち、われわれはフリーンシャプとアイランデンの合流点の設営地についた。

河流にそっての探検をおえたいま、わたしはその流れの状態をもう一度ふり返って考えてみることにする。大きなバリエム川はその源をニューギニア高地の北方に発し、山岳地帯でバリエム渓谷となって流れ、平原のジャングル地帯に至ってカタリナ川とよばれる。流れはだいたい南に向かっており、さらに北東から流れてくるもっと大きな川フリーンシャプ川と合流する。ところが、この河は、われわれの現在いる設営地オーステルマン・ビバークの地点で、東から流れてくるもっと大きな川アイランデン川と合流する。ここから、しばらく南に流れをかえ、アイランデン川はたえず川幅をひろげながら、西に進路をとり、河口では一キロ以上にひろがり、アラフラ海に注ぐ。この河口のあたりで、昨年の九月、若いマイケル・ロックフェラーが行方不明になるという悲劇的事件のあったところだ。

われわれは雨洩りのしないこの設営地の小屋にねそべったが、夜になって大きな不安におそわれた。なぜならば、われわれはわずか数キロ下っただけなのに、たちまち、アガスといわれるはえが飛んできた。このはえにさされると、たまらない痒みと痛みを感じ、私はもう日記をつけることもできず、デ・イオングは川の上のこの小さな厄介物から逃げ出して船に坐りこんでいた。

今日のたのしい出来事といえば、夕食に肥えためんどりを平げたことだ。朝から昼まで、船中ですこし休む。

六月一八日

この低地帯にはいってから出会う原住民はダニ族よりやせているけれど、いくらか身体が大きい。しかし、実際はあまり強靭でも忍耐強くもなさそうだ。一般にタロいもを常食するので、お腹がふくれ上がってはいるが、筋肉は肥えておらず、食物にたいして節度がない点で両者は共通である。もし彼らに米や、甘藷、サゴ椰子の澱粉などを多量にあたえたら、新しい食物を調理するために、もっと食事を控え目にするだろうと思う。彼らの胃の中へ何物もはいらなければ、嘔吐をもよおし、新しい食物を食べると、下痢するかもしれない。とくに、豚で饗宴をするときには、そのために何百頭も屠殺するが、彼らは一日中それだけを夢中になって食べているという有様である。

昨日、ここではじめて鰐捕りの名人に出会った。それは奇妙な光景であった。ひとりのパプア人が外側にモーターを取りつけたカヌーにのっていた。この猟師は、鰐の皮をとるために、仲間の猟師たちのところへゆく途中だった。鰐捕りの仲間たちの場合にも、きびしいおきてと固有の観念がある。それゆえ、二六センチ以上の肩幅をもつ鰐でなければ、殺すことは許されない。捕獲場所の範囲は厳格に定められている。あとになって別の区域の二人の鰐捕りに出会ったとき、警備官に引き返すように彼らは命ぜられていた。

この地域のパプア人は、ほとんどヨーロッパのものを身につけている。あみとか、革バンド、古ぼけたフリッツ帽、ぼろぼろの下着のシャツなど、しかし鼻や髪には彼ら特有の装飾をほどこしていた。

われわれのつぎの目的地はフオスという部落である。この部落のすこし手前の地点でアイランデン川は南流、北流に分流する。そこからわれわれは大きな船にのり、アツユへすすんだ。この原住民の小さな集落地で、民俗学的資料としてパプア人の民芸品をあつめたいと思う。他方、われわれのムユたちは〈サハム〉にのこって、直接アガツに向かって航行することになる。

私は、デ・イオングと一緒に海岸地方のアスマトという部落にいる有名な木彫師をたずねた。彼らは原始芸術の彫刻ですでに定評がある。しかし、現在ではこの海岸地域のパプア人は、数週間もつづく仮面舞踏の祭りを行なうので、鉄木でつくった工芸品を伝えてゆくことは、ひじょうにむつかしくなったという話である。彫刻師たちは、こういった時代になり、人々が万事甘い菓子などを食べるから、その仮面《マスク》も堅くならず、鉄木のような堅い木で彫れないのだと信じこんでいる。しかし、デ・イオングはアガツの設営地でまだ幾人かの彫刻師がいて、その作品を入手できると思っている。

けれども、われわれは船でさらにさきへ行かねばならない。折よく火のように赤い冠毛《とさか》をつけた、すばらしく美しい黒い大王いんこが、われわれの頭上を飛んでいった。この鳥は輸送の途中大抵死んでしまうので、ヨーロッパではひじょうに高価な鳥だ。

夕方になり、われわれはアツユに到着した。ここで一夜を過す予定である。

今日早く、一一時に、われわれはフオスに到着した。ここにはオランダ人が学校を建てている。数百人の住民しか数えない部落に、こういった施設ができたことは、偉大な進歩だ。わたしに印象的だった建物は、成人の家である。これは部落の真ん中に長くつづいている立派なものだ。ここは一二世帯の家族を宿泊させる能力がある。若い仲間がここで生活し、彼らと一緒に既婚の男子と妊娠した女性も生活している。家の床は竹張りで、ひじょうにうす手である。わたしは自分の重みで踏み破らないように、注意して歩かなければならなかった。けれども、このうすい竹編細工の床は、ひじょうに長所もある。汚れたもの、ごみなどは竹のすき間から下に落ちてしまい、ここのパプア人たちはふつう考えられているよりははるかに清潔な生活をしていることがわかる。

わたしはフオスでパプア人の女性をすこし撮影しようと思ったが、彼女たちはわれわれが上陸すると、ただちに自分たちの家族小屋に走ってかくれてしまう。小屋の中はうす暗いのでうつすことができない。けれども、二人の女性をのせた船がやって来たとき、滅多にないチャンスであったので、数メートルの距離で彼らをいろいろな角度で撮影した。彼らは椰子の樹皮で編んだ短いズボン様のものをまとい、それ以外は裸である。この部落の女子と同じように、男子もすらりとした身体つきで、ごつごつしたダニ族と対照的であるが、しかし、彼らはダニ族と同じように、鼻に奇妙なかたちの竹や骨角製の飾りを通し、色とりどりの木の実や犬の牙を首飾りとしてつけている。

かねて報せのあった大きなランチがやってきた。しばらく停泊してから、われわれはつぎの目的地アツユに航行することになった。満月と上げ潮で、そこでは今夜、仮面の踊りのお祭りが最高潮に達するかもしれない。この行事をフィルムにおさめられる希望でいっぱいになった。豚祭りと同じように原住民たちは興奮して大騒ぎをする。ただ高価なご馳走として肥えた蛆が必要だ。長い行列をつくって、太鼓を叩き、お祭りの舞踏をしながらこれを食べる。そのために、有毒なサゴ椰子の樹液でつくった酒で原住民は彼らを誘い出すのだ。

ここに到着すると、まっさきに失望させられるしらせをうけとった。まだ十分蛆があつまっていないので、仮面の祭りが行なわれないということだ。祭りを一日延期するらしい。だがわれわれはそれまで待っている時間の余裕はなさそうだ。

一〇〇〇人位の原住民のいる部落をとおって、沈んでゆく最後の太陽の光をあびながら、広い通りへと出ていった。がやがやさわぎながらもの珍しそうに子供の群があとについてきたが、私はぶらぶら歩き、このあたりの風俗をもうすこしフィルムに収めようと思った。通りの両側に原住民の小屋がたちならび、フオスの部落の小屋よりもゆかが高くつくられた沢山の成人の家があり、原住民の沢山のカヌーが川の岸に静かによこたわっているのにはおどろいた。さまざまに彩色をほどこし、才能ゆたかなパプアの彫刻師たちがつくり上げたこれらのカヌーは、彼らの芸術創作のよろこびをあらわしていた。直接、川のそばに小屋をもっている原住民は、ずっと大きい舟をあやつっていた。たいてい真裸な人間だ。ただ少数の原住民だけが、みじかいズボンか、警備官から友好のしるしとしておくられた布切れをまとっていた。

私の元気のよい同行者たちにはぐれないように、三〇分ばかり気ぜわしく、私は部落を歩きまわった。彼らは私の撮影の行動を一部始終見守っていた。ここでも、女性たちは全部かくれていたが、しかしきらきらするはでなガラス製の真珠を出して見せたおかげで、まもなく小屋から姿をあらわした。

われわれ一行の出発のときが迫った。六月二七日水曜日、都合によって、メラウケからホーランディア向けの飛行機で行かなければならないことになった。なぜならば、いままでは政治的軍事的情勢に全然無関係でわれわれはずんずん奥地へ探検を企ててはいっていったが、これからはこういった事情を顧慮しなければならない。海岸地帯に近づけば近づくほど、一般の空気にただよっている一種の不安がはっきり分ってくる。ひとびとは毎日、インドネシア軍が新たな進撃を行なうのではないかと噂し合っている。われわれにとっても、今後のあり方を状況に応じてきめることが緊急のこととなった。明後日にはオランダ政庁の船舶がアガツで待っている。この船が長い間われわれのために待っているとは考えられないし、絶対に遅れることはできない。この船は最長三日のうちに、アガツからアラフラ海をとおってメラウケまで、運んでくれることになっているのだ。この問題に関しては、われわれの間で、すべてくわしく論議され、準備もよくなされている。にもかかわらず、探検の場合には、順調にいかないことがあるということを、私はいままでの経験からよく分っているし、それだけに、オランダ政庁の官船にのりそこねれば思いがけない事件にぶちあたることも心配していた。ニュージーランドの山岳会の友人、コーリン・プットは、二艘の丸木舟《カヌー》にとりつけた帆船をつくる計画を、最後の細部に至るまで立ててくれた。船造りの道具や大切な器具などは、ずっと前からえらんでおいてあるのだが——ちゃんと探検の装備の中に用意してある。もちろん、こういった用意は不測の出来事のために考えたものである。けれども、こういった不測の大事が毎日起こり得るのだ。いや、いつ起こるかもしれない。インドネシア軍の新たな上陸作戦にたいする一般的な不安な情勢がこういったことをいっそうつのらせた。それで予定していたふつうの帰途の道をとり得ないこともあり得る。その場合、われわれのとるべき方法は、ニューギニアの海岸から、オーストラリアへ帆船で横断するか、あるいは、トレス街道をぬけて、オーストラリア領の一部であるニューギニアの島の東部にたどりつくかである。けれども、あらかじめ決めていたアガツとメラウケをとおってホーランディアへゆくコースはむろん全然駄目だというわけではない。
私の意識は、もっと民俗学的収集品を集めてゆこう、今までの不十分なものを補っておこうとする気持に向かっていた。私はすでにパプアの装飾の槍やきらびやかに彫った人頭獣頭の櫂《かい》、樹の皮で編んだ愛すべきかごなど、沢山に手に入れていたが、偶然にもここでまったく貴重なものを見つけた。それは十字架のキリストである。しかも新しい木彫の女性であらわした胸ゆたかなキリスト像である。こういった作品は、まず観念的にひじょうにわたしを悩ました。しかしまもなく、その奇妙な表現の説明がつくようになった。ここではすでに宣教師がはいりこんで布教している。原住民たちは、キリストがいつも腰布をつけているのを知っている。樹皮で編んだ腰布は、パプアの女性たちの唯一の衣服である。他方、男たちはまったく裸で走りまわっている。だから、彼らの単純な考え方で、キリストは女性であるという結論を下したのではなかろうか。

六月一九日

出発の時間が迫っている。朝早く、警備官デ・イオングから船がアガツにきて、われわれを待っているという報せを受けとった。この船はオランダ政庁のメラウケの管轄下にあるので、出発を延ばすわけにはいかない。それにもかかわらず、デ・イオングは隣りの部落の争いを調停させるために出かけてしまった。その間、アツユになお数時間滞在することになれば、おもしろい原始的な演劇を見る好運にめぐまれるかもしれない。この地方のパトロール警備官は、カヌーにのっている原住民の大へんな見物の争いを取りしずめていた。双方から二五艘ほどの舟が争いの場に出むいていった。アスマトのパプア人たちは喚声をあげて、同じ調子でこいでゆく。ちょっとした布切れを彼らの茶色の筋肉質の身体にまとっているだけだ。彼らは猫のようにしなやかに動きながら、しだいに早く突進し、接近したときは、じつに見事であった。しかし、彼らがさまざまの野性的な叫び声をあげて戦闘を開始したときは、もっとすばらしかった。敵味方ともに相手にたいする攻撃が終わると、羽根飾りのついた櫂で船べりを叩いて歓声をあげた。パプア人たちが櫂以外に、はなやかな盾を手にもち、中世の騎士を思わせるようなものものしい武装をしている祭りのときは、絵になるようなすばらしい光景だろう。

オランダ政庁によってしかれた治安体制はまだきわめて新しい。なぜならば、ここの原住民たちはつい最近まで首狩りの習慣があり、狂暴な部族として生活していた。政庁の監督がなかなかとどかず、海岸地帯のなかでも今日まで未開のままのところだからである。アスマトでうつした私の写真に見られるように、人肉は〈滋養のある〉食物である。なぜならば、とくに年寄りたちやいまだに野蛮な行為をよしとする人々の間では、それは、すばらしいもの、とくに筋肉隆々たる若者の肉はすばらしいものと信じられていた。古い習慣とか、肉体の軟弱化の様子はいささかも見られない。そのために彼らは狩猟、船つくり、櫂つくりなどに没頭して、その力をたえず鍛えていた。

こういった戦闘的な劇のあとで、いろいろな人々が、とりどりの物を売りに私のところへやってきた。私はその申し出にたいし手に入れる最後の機会に出会った。ナイフ、真珠、時計などと、二つのすばらしい太鼓、一対の盾、鰐革製の柄のついた短刀、種々の首飾りと鼻飾りなどである。さらに二〇丁もの石斧は、柄がついていないが、すべてこのあたりの川で見出される硅石でつくったものである。

かれこれしている間に、警備官は〈調停の役目〉をおえてかえってきた。彼は完全に成功したようだ。パプア人の場合、ときどきおこる争いは、たいてい女性にたいする他部族の暴行によって生ずることが多い。彼女の男たちは、この出来事を全部族に激怒して語り、彼らの近隣の仲間の部族をも召集した。彼らはすべて船にのり、相手の部族へと押しよせた。本来この二つの部族は同一の種族であったが、事実上、争いとなったのである。警備官が到着したとき、腕を折ったものがある以外、まだなにもおこっていなかった。とにかく彼は争い合う双方を引き分けた。しかし、戦闘はまた機会があればふたたび起こるであろうし、復讐にたいする再復讐もあるかもしれないと彼は語っていた。

数分ののちに、われわれはここを立ち去るのだ。

しばらくの間、われわれはアイランデン川の南の支流をふたたびさかのぼり、せまい水路をとおって北の支流にたどりつく。この航行が無事にすすみ、夕方おそくアガツについてくれるようにと思っている。数時間もかかって無数に枝のように分流している川を船はすすんでいった。その水路はいくたびもせまくなり、両岸の椰子や灌木が船のすすむのを妨げた。われわれはウトムブエ川に行かねばならない。そこにアガツの部落があるのだ。ところが暗くなりはじめ、われわれの〈船長〉は両側に枝のような岐れた水路と細い流れの迷路にまよってしまった。最後には水路がまったくせばまり船を引き返さねばならないこともあった。遅くなったが、ウトムブエにたどりついた。さらに暗さをものともしないで航行をつづけ、夜九時すぎになってアガツにやっと到着した。ここの原住民が夜の航行になれていたことと、船が強い照明燈をつけていたおかげで、万事うまくはかどったのである。

六月二〇日——アガツにて

われわれが昨夜ここに到着したとき、海潮は最高点に達していたが、徐々に潮がひきはじめ、朝早く起きてみると、なんと六メートルも水位が下がり、ひろびろと汚らしい泥濘の干潟から、高く組み上げられた栈橋がそびえたっているのを見て、私は眼を疑ってしまった。昨夜われわれと同じ高さであった栈橋が、今船よりずっと高いところにある。いくたびも原住民のカヌーがわれわれのそばをしずかに通りすぎた。水面に雨がふり、昨日あわてて出発したために、警備艇はまだ来ていなかった。予定の一時間まえになって、船は二日ばかり遅れるかもしれないという報せがとどいた。ここでは我慢づよく待つ能力が大切であること、まったく別の物差しでものごとを測る必要があること、とくにこの辺では船の航行が潮の干満にひどく依存していることを、あらためて知らされた。

今日、傷の包帯を新しいのにとりかえることにした。熱帯地方特有の腫れは急速に癒ったし、淋巴腺の痛みもほとんど消えていた。ほぼ一四日以上一〇〇にあまる留め針の頭ほどの腫瘍が頭全体にふきでて、ひどいかゆみを感じた。ニューギニア探検の経験者が、こういった腫瘍ができると、燃える針をあてられる思いがすると忠告してくれたことがある。いつも膿んだ傷を吟味してくれるゲラルドにかわって、ここでは医務室で処置してもらうことができる。アガツはすこし休養できそうな場所である。蚊は多少いるが、とにかくいままでとちがい、ちゃんと窓と扉のついた部屋があり、夕方には部屋をしめて殺虫剤を噴霧状にまき、蚊帳なしでねむることができるのだ。

おくれた船をここで待つことにしたが、いつ到着するかわからないので、デ・イオングが無線で別の船便を連絡してくれた。この船はメラウケからピリマプンへゆく便である。ピリマプンはメラウケとアガツの間にあり、ここから東にほぼ九時間行程のところだ。はじめのプランが変わったことは、ひじょうによいチャンスにめぐまれることになるかもしれない。なぜならば、ピリマプンの原住民はこの海岸地帯の中でもあまり文明に接触していないから、彼らを見ておくことはひじょうに興味をそそられる。こんな風に予定通りにならず、かえって思いがけない収穫が得られることもあるのだ。

ときどき、船の到着について矛盾した無線の通告があったり、遅延していることなどは、拡大しつつある政治的軍事的な情勢によるのではないかと、ふと不安を感じる。つまり、こういった通告を敵側から盗聴されるのをおそれて、くわしい指示を避けたり、あるいは意識的に誤った通告をつたえることがあるからだ。

六月二一日

今日午前中に、私は近くにあるスルの部落をおとずれた。天候はじつに変わりやすい。一度川で雨にふられたが、また太陽がぎらぎら照りつける。水位がすっかりおちてしまったウトムブエの水路をカヌーははいっていった。この水路の両岸に分れてスルの部落がある。裸で荒れはてた岸の泥濘地と、その上によこになっているカヌーは、悲しそうで、ほとんど落莫とした光景を呈していた。そのかわり、わたしはウトムブエの水路の入口の景色のよい場所に、成人の家があるのを見出した。その家にそってはしごがかかっていて、男たちは幸福そうに何もしないですわり込んでいる。彼らの頭飾りや幅ひろい鼻輪が光っている。小屋の一つから、呻くような叫び声がきこえてきた。理由をたずねると、父親を亡くしたひとだということであった。ここでもまた部族の人々が買ってくれるようにといろいろな品物をもそもそさしだした。しかし、こういった品物は、自分たちが使用するためでなく、旅行者に売るためのものである。わたしはすでに警備官デ・イオングの世話してくれたよい本物の民芸品を見ていたので、それとは決定的なちがいがはっきり分った。しかし原住民たちは、船員や旅行者が土産品を買おうとして彼らのもとに入れかわりおとずれるから、この価値のない品物をひっこめることはないだろう。アガツ在住のただひとりの中国人の店で一・五〇グルデンの平べったいタバコのケースを売っていた。

午後しばらく、スコールと太陽が追いつ追われつした。様子を見てはルックザックを乾かした。この中には最後の筏下りの日から湿ったまま放って置いたカメラの諸道具などがある。これを取り出して乾かすことにした。

ピリマプンで舟便がおくれ、なおしばらく滞留できるのをわれわれはよろこんだ。移植民の部落がクック川の河口にある。二〇〇年前、この偉大な世界の探検家クックは、ここに上陸しようとしたが、蛮人たちに襲撃され、命からがら逃走した。しかし、彼はハワイ上陸に際して生命を失ったのである。

六月二二日

また別の情報がはいった。わたしがピリマプンの部落を親しく見ている間に、デ・イオングは無線電信を受信した。それによれば、われわれがはじめから予定していた船がやはり来るらしいとのことである。みんな今日の航路を待ちうけていたが、いよいよ今度は本当に明日の昼頃ここを出発することになる。

昨夜私はカトリックの宣教師を訪問した。その際、マイケル・ロックフェラーの悲劇的な死について、改めてくわしく、とくにその真相を知ることができた。私がニューギニアにきて以来、半年近くなるが、何度も新しい信じがたい奇妙な噂を耳にした。蛮人の部落に彼の腕時計があったとか、人間の骨でつくられた小刀があったなどという噂だ。こういったことはすべて事実に反していることを知った。ロックフェラーのもので見出された唯一つの携帯品は彼が海水パンツにはめておいた二つの赤いブリキ製の金具で、これだけが岸にうち上げられたのである。

マイケル・ロックフェラーがここへやってきたのは、海岸地帯の原住民の民芸品を収集するためであった。万一の場合に際してわれわれがオーストラリアへの航行のために考えておいたアガツからアツユのコースをとったのだが、これは結果的にみて、運命が彼を死へと歩ませることとなった。彼はわれわれが帰途でとったような陸路にそっての河航をえらばず、海岸にそって海づたいにすすんだ。このコースが彼の興味をひいたらしい。彼は同行者のルネ・ワッシングと一緒に木板と生子《なまこ》型のトタンの屋根のついた二艘のカヌーでつくったカタマランを建てた。風浪や水勢で航行がさまたげられずに確実にすすむようにと、特別なモーターもとりつけてあった。二人は朝早くアガツを出発して、午前中のうちに出入りの自由な海岸のエペムとペルの二つの部落を訪れた。そこには彼らの手に入れようとする原住民の民芸品があった。これらを買い求めて午後ふたたび海へと出ていった。彼らは交換のための鉄製の斧のほかに、さきに収集した民芸品を船の中に満載しており、そのためにカタマランは水に深く沈み鈍重になっていた。彼らは午後おそく、北アイランデン川の支流の河口にたどりついた。そこから、彼らはさらに南アイランデン川に溯ろうとした。この岸べをすこしさかのぼれば、目的地のアツユがある。しかしこの目的をマイケル・ロックフェラーは達せられなかったらしい。北アイランデン川の数キロにおよぶ河口で、カタマランは、強風で高まったアラフラ海の波と、海へそそぐ川の流れとがぶっつかり合うところに巻込まれてしまった。一瞬にして波は船におそいかかり、特別装置のモーターは停止し、航行不能におちいり、広い外洋へ流されてしまった。それは午後四時頃であった。ロックフェラーとワッシングに同行した二人の原住民は、水に飛びこみ、約一キロ近くも泳いで岸にたどりついた。彼らは無事だった。すでに真夜中の一時で、部落にこの危急を知らせた。この間にロックフェラーとワッシングはアイランデン川の河口からずっと遠く外洋に押し流されてしまっていた。船を陸地にすすめようとするロックフェラーの希望はうちくだかれた。この二人の青年に残酷な夜のとばりがおりた。

彼らは沖へと流されてしまい、波は高まり、カタマランは、転覆してしまった。難破船をなんとか維持しながら夜の明けるまでそのまま漂流していた。夜が明けると、二人は決断した。難破船にこのままとどまって捜索船かなにかが発見してくれるのを待つならば、救助される見込みはいくらかあるというのがワッシングの意見であった。この考えは正しかった。ワッシングは事実救助されたのである。ところがロックフェラーは陸から一五キロもはなれた場所、昨夜二人の原住民が一キロのところで生命からがら泳いだ距離よりも一五倍もあるところから陸地に向かって泳ごうと決心した。この決心は狼狽によってなされたわけではなかった。なにもせずに救助を待望しているのは、元気のよい青年の心理としてさけがたいものであったろう。彼は一度飛び込んで、波の高低をたしかめ、岸までの距離をいかに克服すべきかを見きわめた。マイケル・ロックフェラーは二つのかるい赤い金具を身にまとって、ワッシングの強い制止をもふりきって海に飛び込んだ。それは勇敢なことではあったが、おそらく受身でいることに耐えられず行動へと駆り立てられるこの青年の決心はまことに悲運となった。あとになって、ひとはそれは無謀なやり方だったという。なぜならば、たとえ、ロックフェラーが陸地に泳ぎつくだけの体力があったにしても、アラフラ海のさめや北アイランデン川の岸近くに群がっている鰐をどうしてのがれることができるだろうかと。すべてこういったことは、マイケル・ロックフェラーが海にとび込んでから長くは耐えられなかったという事実を物語っている。

まったく想像もできないことではあるが、彼がこの死の危険を自己の力と幸運で克服して、慣れない湿気と暗いジャングルにたどりついたとしても、そこには径もなければ小屋もない、ただ鰐と血を吸うヒルと毒蛇がいるだけのところである。

それにもかかわらず、マイケル・ロックフェラーの姿を見かけたという、いろいろな話がいく度もでてくるが、しかし、すべては厳然として悲しい事実をくつがえすことのできない噂にすぎないのだ。

六月二三日

われわれを迎えに船が来るという事実は、しだいに不愉快な気持にさせる。このために私はいたずらに神経質になるのを抑えなければならない。今日は土曜日で、来週の水曜日頃、つまり四日のうちに、私たちの飛行機はメラウケからホーランディアへ飛ぶのだ。しかし船はメラウケまですくなくとも三日はかかる。やがて今日も暮れるだろう。しかし無線連絡の不確実な報道にもかかわらず、インドネシアにたいする意識的な誤った情報の犠牲にふたたびなりたくないと思う。

私はもう一度スルの部落に赴いた。そこでヨーロッパ人と一緒に土産品目あての仕事をしている木彫師をたずねた。とくに技巧をこらした品物は、石斧の柄にあつらえむきにできている。華奢ではあるが、実際の斧仕事には全然利用価値がない。でも、わたしの収集した石器時代の斧のために、いくつか買うことにした。

スルからアガツへの帰り道で、この地の医者に出会った。彼はちょうどアツユの近くへきたところで、そこであのデ・イオングが最後の勤務の日におこった部落間の争いで腕を折られた男にギプスをあててきたところであった。オランダ人は原住民にたいし、大へんな努力をはらってはいるが、彼らを統治するのはいかにむずかしいかを、あらためて感じた。たとえば、この医者によれば、原住民の患者は彼が帰るとギプスの包帯をはずしてしまい、ぶらぶらになった腕でもってあちこち歩きまわるので、炎症が一層ひどくなったといっていた。

六カ月目の今日はじめて床屋の代りにパプア人に頭髪を刈ってもらった。彼の腕前はヨーロッパ的な感覚とはちがっているが、とにかく、私は文明の世界に一歩近づいたような感じがする。あごひげはホーランディアまでそのままにしておこう。そこへゆけば剃刀もあるし、もっと信用できる腕前の原住民の理髪屋がいるからだ。

午後おそくなって、まだ予想もしていなかった予定の船が到着した。朝早くこの旅の最後のコースをとることになる。ピリマプンまで九時間を要する。潮の具合でとりあえず夕方ごろ、クック湾にはいることになるだろう。

われわれがやとった人夫たちは別の船でゆくので、彼らに今日支払いをしなければならない。彼らの労賃にたいし、あわせて一五〇〇グルデンをわたさなくてはならない。そのために人夫たちに私の腕時計を与えたり、着古した衣類をくれてやった。最後に彼らの故郷のタナ・メラへかえるための食糧、一日分の煙草などを与えた。

このようにして、とにかく六週間もの長い間苦労をともにした忠実な人夫たちと別れをつげた。感情をあらわすことは、彼らはまだ不慣れであるが、彼らが故郷へ無事帰ってくれるだろうということははっきりわかった。

六月二四日

今日はあいにく日曜日で、このことはわれわれの出発をさまたげた。コルフ島出身の船長は、この聖日を聖めるべく、出港したがらないので、デ・イオングは強い言葉を発せざるを得なかった。本来なら八時には出帆するはずであったが、船長との談合が長びき、八人の乗組員のサゴ椰子の食糧を積込むために、九時すぎになってしまった。出発にあたって、ムユ人の人夫の二人がさようならを言おうとしてもう一度引き返してきた。別離という感情的なことがらに、彼らの示すこういった純真な気持には感動させられる。

　半時間もかかっていっそう川幅の広くなったウトムブエを下り、やがて、河口から広々とした海に出た。船長は方位浮標の浮かんでいるそばで一たん船をとめ、方向を確認し悪評たかいアラフラ海を目ざして南東の航路をとった。船長の不評はたちまち名誉を回復した。船は左右上下に揺れたが、船酔いも、それにともなう一切のことも、全然おこらなかった。船室には四つの寝台が用意されていた。ゲラルドとわたしのために二つ、船長とアメリカ人の宣教師のために二つ。この宣教師は航行の間、酔って具合が悪く、ずっと横になっていた。

　午後四時には、予定よりもずっと早く、舟はピリマプンについて、停泊した。この地の若い警備官がひじょうに英語が堪能なことには驚いた。彼がよろこんですぐに開いてみせた三カ月前の古い旅行鞄がそこにあったのだ。ここピリマプンは干満の状態の差がとくにひどく、原住民の小屋は水位から五ないし六メートルも高く立っている。海岸地方にでてから、いままでにもよく見かけたように、ここでも男たちだけがいて、女たちは姿を見せなかった。別に目的もなく歩くと河岸に祖先や死者を祀る柱が立っている。これらは工芸的にすこぶる価値のあるものだ。ほんのわずかな金でこれらを手に入れることができるし、ヨーロッパ各地の民芸博物館の内容を賑かにすることはまちがいない。残念だが、見るだけで満足しなければならない。公務で来たわけではないわたしにとって、輸送費が法外にかさんでしまうからだ。

　とにかくピリマプンには、草が生い茂り、でこぼこではあるが滑走路のある飛行場と名のつくものがある。夕方暗くならないうちにそこを見渡したが、飛行機は見えなかった。その後、船でわれわれが受信した情報によって、いままでの謎が解決した。飛行機はメラウケに向けて飛んだのだ。その後の情報によると、メラネシア航空会社の旅客機は離陸に失敗してムリアにとどまっているとのことだ。

三人の乗客は、カルステンツ山遠征に参加してくれたベルト・ホイツェンガと他二名の人々であった。一同みな生命の危険に至らない程度の怪我であったことはありがたかった。

一年前に、グッソーが最初のニューギニア縦断を試みるまえに、世界の映画界で有名となった記録映画を、このピリマプンで撮影した。

出航したこのコルフ号がアラフラ海をわたるとき、わたしはふたたび船室でねころんだ。クトマレオに咬まれてできた傷がほとんど癒ったことを神に感謝したい。最後の膿の芯がでてしまい、痛みを感じないでねそべることができる。ただわたしの膝頭の骨がまだ心配である。動くたびにぎしぎし音を立てた。アガツで診察してくれた医者は、わたしがこんなひどい怪我をして五〇〇キロも歩きとおしたということを、どうしても信じてくれなかったぐらいである。

長い間恐れていた情報をラジオでキャッチした。それはインドネシアの落下傘部隊が、メラウケの付近に降下したということである。なるほどオランダ軍はまだ飛行場を確保してはいるが、しかし明後日われわれがメラウケに到着したときには、どうなるだろうか。

われわれの乗るはずの飛行機はまだそこにいるのか、それとも離陸できないのではないだろうか。今日は日曜日だが、水曜日にはその飛行機が、ホーランディアに向かう予定だ。こうなっては、万一の場合、船ですぐにも、いや止むを得なければ歩いてでもオーストラリア統治の島の一部に向かって出発しなければならない、と決心した。情報がはっきりするまで、待っていられない。どんなふうになってゆくか、だれにも分らない。

六月二五日

昨晩、海は静まらず、荒れ狂った。われわれはさんざんに揺すぶられて、ねむることができなかった。私は甲板にでて、すばらしい夜の空をながめた。一方は見通しのきかない黒い威嚇するような空、他方は南十字星とともに明るくちりばめたような星の海である。

また日が沈み、暗くなった。今日この船の名付親コルフ中尉に発見されたというマリアンネ海峡を通過する。これと一緒に彼はフレデリック・ヘンドリック島も発見したという。一時間ごとに海峡はせまくなり、広い海に出るまで、しばらくそこに投錨した。沢山のさんご礁があるので、船長はまず昼のうちにそこを通り抜けてさきへ進むように命じた。明日の午後メラウケに到着するだろうと、彼は約束した。軍事情勢がメラウケ方面でどのように進展するか、私は極度に心が緊張した。

六月二六日――メラウケ

船長は寝室から、もう四時には起床して、三〇分後に出帆させた。淡黄色の半月が光を投げていた。そして三〇分たつと船は外海へとでてゆき、私が生涯忘れ得ない日が訪れた。このアラフラ海の直線航路は悪評高いもので、ことに今日はひどく荒れた。アメリカの宣教師はねたきりで具合がわるく、ゲラルドも私も立ってはいられず歯を噛みながらねている始末であった。ほとんど一三時間われわれは食事もとらず、わずか数語を交わしただけである。

メラウケの港にはいると、N・G海航路の巨船の一つカシムバク号がポート・モレスビーに向かって出発するところで、ドラを鳴らしていた。もうすこし前に、この便船があることを知っていたなら、どんなに助かっただろうか。わたしはホーランディアへ大回りの航路をとり飛行機の旅券を入手すべくどんなにしてでも時間を間に合わせ、どんなに金をつかってでも惜しくはなかったのに。しかしいまとなっては、われわれは万難を排して、無線で飛行機の搭乗の申込みをしなければならない。そうすればかえって飛行機で早く帰ることになる。とにかく、荷物は来週船便で到着するだろう。

正真正銘、現代風のホテルにいるのだということがなんとしてもまだ実感とならない。とにかくホテルは超満員であった。世界中のジャーナリストが、イリアンの政治・軍事問題を報道すべく、このメラウケに集まっている。オランダ人はこれらの人々を現地で生活し、オランダに信頼をよせている原住民と区別して取り扱っていた。そうすることによって、ジャーナリストたちに悪感情をもたせないためであった。もしそうしなければ、いろいろ複雑で面倒なことがおこるし、つぎにオランダ政庁は、インドネシアとの軍事的な紛争にまで発展するようなことを新聞に書き立てられるのを好んでいなかったからである。

メラウケそのものは、まったくそんなことに無関心だ。むしろ全然逆である。メラウケ市に二〇キロの地点にインドネシアの落下傘部隊が降下したが、街は平穏で、すこしも戦争気分など感じられない。

朝早く六時に、われわれはホーランディアに飛ぶために飛行場に向かった。ここでも大勢の見送りの人々が私についてきた。ポーターが私のためにたくさん雇われた。金曜日となり、ＴＡＡの飛行機でラエやモレスビーを通ってシドニーに向かうのだ。

六月二七日――ホーランディア

ほぼ半年前、二月一一日に、私はここからニューギニアの高地への探検に向かうために島を斜めによこぎって出発した。私はもう一度思い返してみる。ワメナ、イラガ、カルステンツ山脈の未登峰、石斧の源泉地、バリエム渓谷、アガツ、それからわれわれの旅の最後の日のメラウケなどを。そして、その長い行程で一緒であった友だちのことを思い返してみる。バート・フィゼンガ、フィリップ・テンプル、ラッセル・キパックス、ゲラルド・バン・デル・ヴェーゲンのことなどを。われわれは困難をともにし、すばらしい、忘れがたい数週間を一緒に体験した。私がまたふたたび探検にゆくとすれば、この人たちと一緒にすることが、もっともすばらしいと断定してさしつかえない。私はこの探検の出発点に帰ってきたのだ。それは同時にこの探検の終着点でもある。

今朝早く四時頃、われわれはメラウケのホテルで目を覚ました。アラフラ海の船旅で大分やられたので、私はあまりよく眠れなかった。二時間後に、われわれの飛行機は出発した。もう一度平野の一部と山脈の一部を旅客機の窓ごしに私は見下ろした。三時間後に、われわれはセンタニーに着陸した。ここはホーランディアから四〇キロの飛行場である。

ホーランディアへ帰ることはすでに母国に帰ることと同じである。明後日には、ここともお別れである。おそらく、ふたたびまみえることのない別れとなるだろう。

あとがき

大きな探検の体験は、つねに二重の目的をもつ。まず、探検における印象、観察、知識、資料などの収集であり、つぎに、デスクに帰って、見聞したことを思い出し、持ち帰った材料を評価し、整理したり、分類を行ない、とくに探検中の日記を読みなおし、当時わたしが考えたことなどをいろいろ思い返してみることである。しかし、時間がさし迫っていたり、岩場があまりに濡れていたり、またあまりに生々しい出来事であるために日記に書きもらしてしまったりしたことなどを、いろいろ思い出してみた。

けれどもそういったことばかりではない。われわれが体験したり、夢中になって没頭したり、怒ったりよろこんだりしたいろいろなことは、いまになってみれば、全然別のもののようにみえる。私とフィリップ・テンプルがひどく喉が渇いたとき、帰国したら、すぐに冷えたビールを飲もうと話し合ったことなどを思い返す。しかし、帰ってからは、全然そんなことをしなかった。またゲラルド・バン・デル・ヴェーゲンとバリエム渓谷を歩いていた最後の日のことを思い出す。ふつうの分別はだんだん消えてゆき、飢えで胃袋がさわぎ出した。特別においしいというわけではないじゃがいものフライのことを何時間も考え、その他のことは考えなかった。たべたいという欲望の幻想が私をいっぱいにした。その当時は、もっとも単純でそまつな食事よりほかにのぞむまいと誓うこともできた。そして日曜日に卵を一個わって食べることが、私に思い浮かぶ最高のぜいたくであった。

ところがいまはどうだろう。苦しいときに、心で誓った誓いは忘れ去り、じゃがいものフライや卵以上のたくさんのご馳走を考えるぜいたくがまた支配している。不愉快なことを忘れさせてくれる祝福にみちた天の贈り物に人間は感謝するがいい。

しかし、欲望や憧憬がこのように変わるのとは、逆の方向もわたしは体験した。私がヨーロッパの文化生活の強い刺戟をうけていたときは、たえず原始人の単純な生活に憧れていた。人間の生活の魅力とは、おそらく自己が現にもたない反対のものの中にあるらしい。ニューギニアへの出発の前にも、こういった憧れを強く感じた。そして何年も大自然の中にはいって、原始生活がやれる能力を私はもっているのだと信じ込んでいた。石器時代の生活をつづけている原始人の間で、ほぼ六カ月間も生活しているうちに、逆に私は寝台の価値や、発電所やエアコンディションの意味が、以前よりもずっとはっきり分るようになった。人間はそれぞれ自己が属する生活環境をもっているものである。

しかしまた、われわれ文明人とはまったくちがう原始人は、尊敬をはらわねばならない独自な生活環境をつくっているのだ。こうしたわけで、パプア人をふつう〈未開人〉とよんでいるが、このことに別に反対はしない。しかし、このような概念が人間の低い価値づけを意味するならば、私は反対である。いわゆる〈未開人〉といえども一個の立派な人間であり、私たちはお互いに人間的にふれ合い、親しく交際できる人間なのである。彼らは生活について、われわれ文明人とは別のことを考えているのだろうか。彼らは誤った考え方をしているのだろうか。私は、彼らとちがう文明の証拠の一つとして、鉄製の斧を彼らのところにもっていった。けれども進歩という進行でこり固まっているわれわれが想像するほど、その結果は圧倒的な衝撃を彼らに与えなかった。なるほど、パプア人たちは鉄製の斧の鋭さや刃のかがやきにおどろきもしたし、これを所有することを誇りにも思った。けれども、鉄の斧を使えば石の斧の半分の時間で仕事をすることができるとわれわれは思いたがるが、(このことはわれわれの観念にとってたしかに大きな特徴である)、こういった考えは、パプア人の場合、全然不可解なのだ。なぜ石斧よりも鉄斧の方が早いのか。それがどういうことなのか、パプア人には全然分らないのだ。私はかつてチベット人にジェット機は、ふつうの飛行機よりもずっと早く、海を二〇分位で横断してしまうということを話したことがあるが、こういったことにたいし、彼らは不可解な、当惑したような沈黙を示した。そしてチベット人の一人は「早いことがどんな意味があるのか」とたずねた。なるほど〈どんな意味があるのか〉と私も考えざるを得ない。わたしはそれを彼にどうしても説明してやれなかった。

こういった現代の文明とは別の生活形態を忘れてしまうのに都合のよい条件をそなえた途上にわれわれはいる。このことは私をいつもひじょうに奇妙な想いにさせる。この最後の〈石器時代への探検〉は、強い印象を私にやきつけた。二〇〇〇年、ないし三〇〇〇年前のわれわれの祖先と同じような人間がそこに生活し、しかも彼らの生活についてほとんどわれわれは無知なのだ。全島は地球の最大の自然史の博物館であり、無限に研究すべきものがのこされている。しかし原始人の生活しているここよりも、月の世界の方をよく知るときがやがてやってくるだろう。私は彼らのことをけっして忘れたくない。この書の中から、原始人の存在とその生活形態をぜひ知っていただきたいと願っている。

パプア人の世界への探検は、私がこれまでになした探検の中でもっとも苦しい探検であった。日記の中でそのときの状況や困難をいく度かしたためておいたが、これほど打ちのめされた気持で帰国したことはなかった。この探検ほど、つぎからつぎへと死の身近さを感じたことはなかった。膝頭をくだいてしまったので、いまでも運動することができないし、私の頭には、ジャングルの七面鳥にたかっているダニに咬まれたあとがまだ化膿している。なんども、ころげたりすべり落ちたりして筋肉をいためたり、筋を切断したために身体の一部が麻痺している。ニューギニアの奥地への道はけっして坦々たる道ではなく、険しい岩壁、危ない吊橋であった。飢えや渇き、毒虫などはものの数ではない。

最大の困難は水であった。想像を絶する高い瀑布、激怒する渓流、アラフラ海の荒い浪など、この水の原始的な力のすさまじさに比較できるものは、世界中、ここよりほかにどこにもないだろう。〈石器時代への源泉〉に至る道には、無数の瀑布の障害があることをはっきり知ったが、こうしたことをわたしは、もう二度と経験することはあるまい。

この探検のすべてが終わった直後、私はもう一度、間一髪の思いで死からのがれた。私はホーランディアからオーストラリア、インド経由でヨーロッパへ帰るように申請した。わたしが飛行場を飛び立つ直前、アメリカの〈ライフ〉誌の記者から問い合わせがあり、途中でインタビューしたいと申し込んできた。私は、インタビューのできる場所としてシドニー、バンコック、カルカッタ、フランクフルトなどを提案した。同誌の記者はバンコックで会見してほしいと回答してきたので、そこで飛行機を乗りすてた。二時間後にその飛行機はボンベイ市の近くで事故をおこし、旅客と、ニューギニアから私を運んでくれた操縦士を含めて九四人の人々が、生命を失ったのである。もしインタビューがなかったとすれば、当然私もその飛行機に乗っていたわけだ。〈ライフ〉のおかげで、私は生命《ライフ》を捨てずにすんだのである。

しかしすべてが実際におわりをつげ、克服されてしまった現在、とくにわたしが、真先に果たしたいと思う大切な義務がのこっている。私は石器時代への探検が成功するよう援助して下さったすべての方々に、心から感謝したいと念願している。私はここにハーグ市のオランダ官憲の人々、ホーランディアのデンハーン氏、現地の地理学研究所のファルク博士などの名を挙げたい。この方々からは、探検の諸準備に際して、とくに懇切な協力を得たからである。私がニューギニアの島、パプア人、石器時代などのすばらしい体験をなし得たことにたいし、好意を示して下さった人々の名をすべてあげつくすことはできないが、これらの人々にも心から感謝したい気持でいっぱいである。

訳者解説

近藤等

　この本の著者ハインリヒ・ハラーは、オーストリアの生んだ偉大な登山家であり探検家である。ハラーは一九一二年、オーストリアのケルテンに生まれ、グラーツ大学で地理学を専攻し、のちに世界の秘境を探検する基礎を固めた。スキーの名手でもある彼は、一九三六年には、冬季オリンピック大会にオーストリア・チームの一員として活躍し、翌年には世界学生スキー選手権大会の滑降競技に優勝した。

　一九三八年には、魔の岩壁として、登攀が絶望視され、多数の犠牲者を出していたアイガーの北壁の初登攀に成功し、アルプス登山史上永遠に輝く記録を樹立したのである（ハラー、横川文雄訳『白い蜘蛛』白水社刊）。一九三九年には、ヒマラヤのナンガ・パルバット遠征隊に参加したが、たまたま第二次大戦が勃発し、ハラーの一行はインドでイギリス官憲にとらわれてしまった。しかし、ハラーは数回にわたってイギリス軍捕虜収容所から脱出を企て、一九四四年、ついに成功、多くの苦難を体験してヒマラヤを越え、チベットに潜入した。それ以後、一九五一年三月までの七年間、ダライ・ラマの顧問としてラッサに滞在、中共軍がチベットに進入したとき、ダライ・ラマに従ってインドにのがれ、これを機会にオーストリアに帰った。帰国後に著わした『チベットの七年』（近藤等訳、新潮社刊）は十数カ国語に訳されて世界中のベスト・セラーとなったが、ハラーはその後もひきつづき、世界をとびまわり、一九五三年にはアマゾン流域を探検し、アンデスの高峰オーサンガテを征服、翌五四年にはアラスカにとび、ドルム、デボラの未登峰に初登頂し、五七年にはアフリカのルーエンゾリに登り、五八年にはオーストリア・ゴルフ選手権大会に優勝といった活躍ぶりをつづけた。

一九六二年、ハラーはニューギニアに渡った。

熱帯地方における世界最大の島ニューギニアには氷河を抱く高山があるということは、三〇年来ハラーの心を魅惑しつづけていたからであった。ハラーは数人の勇敢な仲間を得て、地球上の最後の人跡未踏地ニューギニアの奥深く入りこみ、未開のジャングルと山岳地帯でいくたびか生命の危険にさらされながら、まず第一の目標として、カルステンツ山群を踏破し、最高峰カルステンツ・ピラミッドをはじめ、三〇のピークの初登頂をやってのけたのである。

ハラーの第二の目標は、〈石斧の源〉をつきとめることであった。ニューギニアのジャングル地帯には、ちょうど石器時代の段階に目覚めたばかりの未開のパプア族が住んでいるが、ハラーは、彼らが石斧をつくる秘密の場所を、ヨーロッパ人としてはじめてつきとめ、また一切の文明と隔絶し、石器時代に生きている彼らが、道具も使わずに、どうやって固い石を砕いて斧を作るのかを、くわしく見聞し、カメラにおさめることに成功したのである。

ハラーの最後の目標は、北部ホーランディアから、ニューギニアを南北に縦断して、南岸のメラウケに出ることであった。それは波乱に富んだ苦難な冒険旅行であったが、意志あれば道は通じる、という固い信念によってこの踏破行は成功し、ニューギニアの未開の自然と、人類学的に重要な意義をもつ石器時代に生きる人々の姿が、ハラーのこの探検によって見事に記録され、世界の人々に公開されたのである。

一九六四年盛夏

ハインリヒ・ハラー（1912 － 2006）

オーストリアの登山家で探検家。グラーツ大学で地理学を専攻し、後に世界各地の秘境探検の基礎を築いたスキーの名手としても高名。1936年冬期オリンピックにオーストリア・チームの一員として参加、翌年の世界学生選手権大会の滑降競技で優勝。1938年には登攀が絶望視されていたアイガー北壁の初登攀に成功、アルプス登山史上に不朽の名を刻みこんだ。

近藤等（1921 － 2015）

早稲田大学文学部仏文科を卒業。早稲田大学商学部教授。フランス紀行文学の研究家として活躍する一方、登山家としても著名で、ヨーロッパ・アルプスのすみずみまでを知りつくしている。山岳・紀行文学を中心に著訳書、山岳写真集など多数。

植田重雄（1922 － 2006）

1943年早稲田大学文学部哲学科を卒業。早稲田大学商学部教授。専攻は比較宗教哲学。主な著書に『会津八一とその芸術』『旧約の宗教精神』『宗教者のことば』などがある。

［監修］　井上靖・梅棹忠夫・前嶋信次・森本哲郎

［ブックデザイン］　大倉真一郎
［カバー装画・肖像画・地図（見返し）］　竹田嘉文
［編集協力］　清水浩史
［地図（本文）］　株式会社 ESSSand（阿部ともみ）

本書は『世界探検全集16 石器時代への旅』（1978年、小社刊）に新たな解説を加え復刊したものです。本書には、今日の人権意識では不適切と思われる表現が使用されています。しかし、差別助長の意図がなく、資料的・歴史的価値が認められること、および著者が故人であるため表現の変更ができないことを考慮し、発表時のままといたしました。また、地名・人名をはじめとする固有名詞や用語に関しては、当時と現在とでは呼称に一部相違があるものの、前掲の事情を考慮して発表時のままといたしました。近藤等氏のご連絡先がわかりませんでした。著作継承者もしくは関係者にお心当たりのある方は、編集部までご一報ください。（編集部）

ICH KOMME AUS DER STEINZEIT : Expedition Heinrich Harrer Neuguinea
by Heinrich Harrer
First published in 1953.

世界探検全集 16
石器時代への旅

2022年10月20日　初版印刷
2022年10月30日　初版発行

著　者　ハインリヒ・ハラー
訳　者　近藤等、植田重雄
発行者　小野寺優
発行所　株式会社河出書房新社
〒151-0051
東京都渋谷区千駄ヶ谷2-32-2
電話 03-3404-1201（営業）
03-3404-8611（編集）
https://www.kawade.co.jp/

印　刷　株式会社亨有堂印刷所
製　本　加藤製本株式会社

Printed in Japan
ISBN978-4-309-71196-6

01 東方見聞録 マルコ・ポーロ 青木富太郎（訳）
02 三大陸周遊記 イブン・バットゥータ 前嶋信次（訳）
03 アジア放浪記 フェルナン・メンデス・ピント 江上波夫（訳）
04 カムチャツカからアメリカへの旅 ゲオルク・ヴィルヘルム・シュテラー 加藤九祚（訳）
05 ニジェール探検行 マンゴ・パーク 森本哲郎・廣瀬裕子（訳）
06 アマゾン探検記 ウィリアム・ルイス・ハーンドン 泉靖一（訳）
07 天山紀行 ピョートル・セミョーノフ＝チャン＝シャンスキイ 樹下節（訳）
08 アフリカ探検記 デイヴィッド・リヴィングストン 菅原清治（訳）

09 黄河源流からロプ湖へ ニコライ・プルジェワルスキー 加藤九祚（訳）
10 世界最悪の旅 アプスレイ・チェリー＝ガラード 加納一郎（訳）
11 恐竜探検記 ロイ・チャップマン・アンドリュース 斎藤常正（監訳） 加藤順（訳）
12 ゴビ砂漠探検記 スウェン・ヘディン 梅棹忠夫（訳）
13 中央アジア自動車横断 ジョルジュ・ル・フェーヴル 野沢協・宮前勝利（訳）
14 コン・ティキ号探検記 トール・ヘイエルダール 水口志計夫（訳）
15 エベレスト登頂 ジョン・ハント 田辺主計・望月達夫（訳）
16 石器時代への旅 ハインリヒ・ハラー 近藤等・植田重雄（訳）

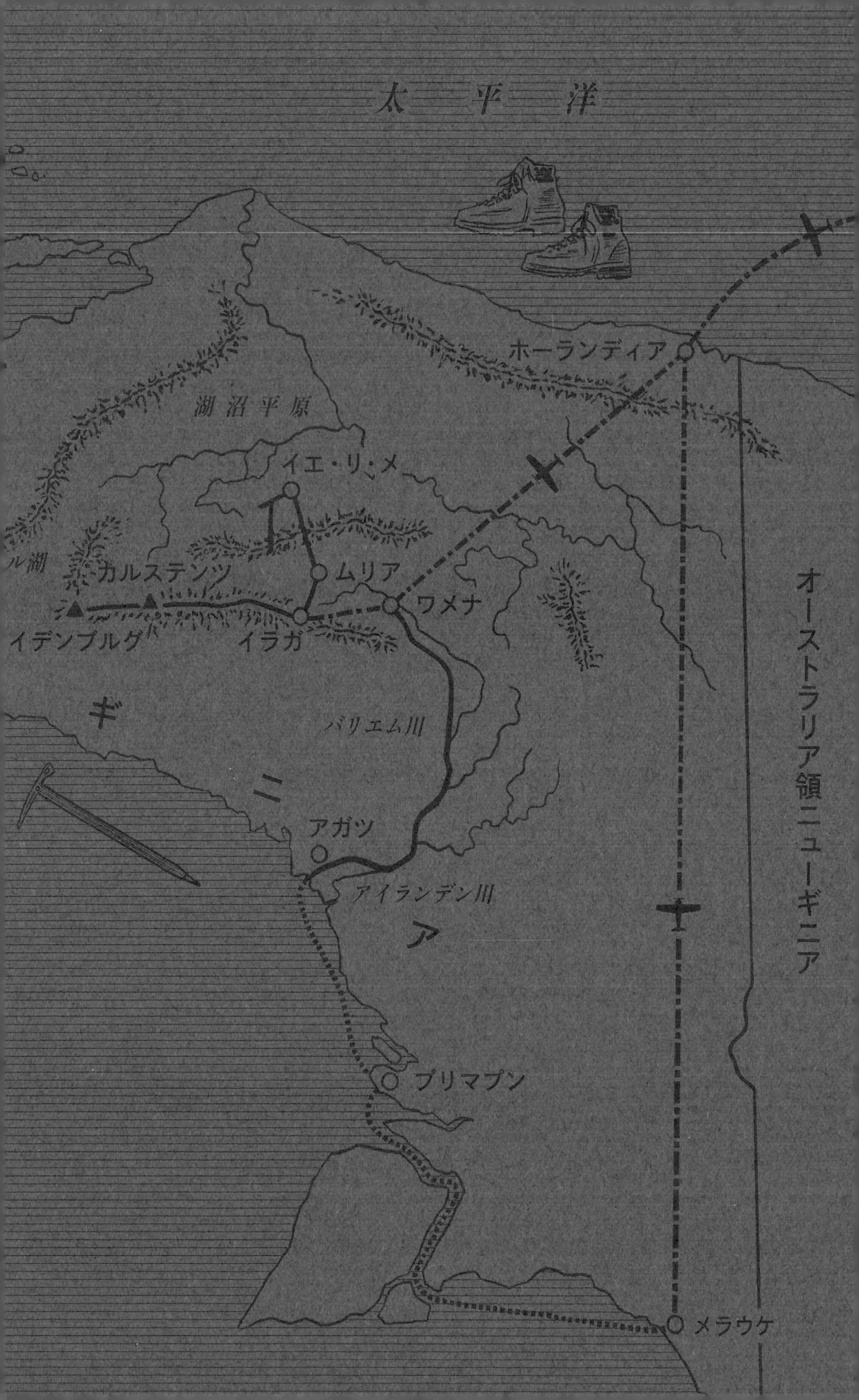

太平洋
ホーランディア
湖沼平原
イエ・リ・メ
ムリア
ワメナ
カルステンツ
イデンブルグ
イラガ
ル湖
ギ
ニ
ア
バリエム川
アガツ
アイランデン川
プリマプン
メラウケ
オーストラリア領ニューギニア